सहज गीता

बबीता अग्रवाल

प्रथम अध्याय

धृतराष्ट्र उवाच

धर्मक्षेत्रे कुरुक्षेत्रे समवेता युयुत्सवः ।
मामकाः पाण्डवाश्चैव किमकुर्वत संजय ॥ 1 ॥

भावार्थ :— हस्तिनापुर की गद्दी पर महाराज पाण्डु की मृत्यु के बाद उनके पुत्रों के बड़े होने तक एक संरक्षक के रूप में पदासीन महाराज धृतराष्ट्र नेत्रहीन होने के साथ ही अत्यधिक पुत्रमोह के कारण अपना आध्यात्मिक ज्ञान भी भूल चुके थे । इसलिये वे अपने ही भतीजों (पाण्डवों) के न्यायोचित अधिकार को हड़पना चाहते थे और अपने पुत्रों को किसी भी कीमत पर राजगद्दी दिलाना चाहते थे, पर वे अंधे होने के कारण राजगद्दी के लिये हो रहे इस युद्ध में शामिल नहीं हो पाये थे । इसलिये वे संजय (धृतराष्ट्र के एक मंत्री जिन्हें महर्षि व्यास से युद्ध की घटनाओं को धृतराष्ट्र को बताने के लिये दिव्य दृष्टि प्राप्त हुई थी) से युद्ध की घटनाओं की जानकारी ले रहे थे । इसी क्रम में वे संजय से पूछते हैं कि कुरुक्षेत्र की पवित्र भूमि पर युद्ध करने की इच्छा से एकत्रित होने के पश्चात् मेरे और पाण्डु पुत्रों ने क्या किया ।

संजय उवाच

दृष्ट्वा तु पाण्डवानीकं व्यूढं दुर्योधनस्तदा ।
आचार्यमुपसंगम्य राजा वचनमब्रवीत् ॥ 2 ॥

भावार्थ :— धृतराष्ट्र के पुत्र दुर्योधन (जो कि बड़ा ही अधर्मी था और पाण्डवों के पूरे राज्य को हड़प लेना चाहता था) को उम्मीद नहीं थी कि पाण्डव इतनी बड़ी सेना लेकर युद्ध करने के लिये आयेंगे । संजय कहते हैं कि हे राजन् ! जब उसने व्यूहरचना (युद्ध करने की एक कला) के साथ खड़ी पाण्डवों की विशाल सेना का अवलोकन किया तो उसके मन में अपनी जीत को लेकर कहीं न कहीं आशंका उत्पन्न हो गई । इसलिये वे गुरु द्रोणाचार्य के पास इस विषय में चर्चा करने के लिये पहुँचे और अपने हार के डर को छुपाते हुए बोले –

दुर्योधन उवाच

पश्यैतां पाण्डुपुत्राणामाचार्य महतीं चमूम् ।
व्यूढां द्रुपदपुत्रेण तव शिष्येण धीमता ॥ 3 ॥

भावार्थ :— हे आचार्य ! इस बड़ी भारी पाण्डव सेना को देखिये । जिन पाण्डवों पर आप विशेष स्नेह रखते हैं, उन्हीं पाण्डवों ने आपके विपक्ष में, खास आपकी मृत्यु के उद्देश्य से पैदा हुए आपके बुद्धिमान शिष्य द्रुपद पुत्र धृष्टद्युम्न को सेनापति बनाया है, और उसी ने पाण्डवों की इस भारी सेना को व्यूहरचना करके खड़ा किया है।

अत्र शूरा महेष्वासा भीमार्जुनसमा युधि ।
युयुधानो विराटश्च द्रुपदश्च महारथः ॥ 4 ॥

धृष्टकेतुश्चेकितानः काशिराजश्च वीर्यवान् ।
पुरुजित्कुन्तिभोजश्च शैब्यश्च नरपुंगवः ॥ 5 ॥

युधामन्युश्च विक्रान्त उत्तमौजाश्च वीर्यवान् ।
सौभद्रो द्रौपदेयाश्च सर्व एव महारथाः ॥ 6 ॥

भावार्थ :— हे गुरुदेव ! पाण्डवों की इस विशाल सेना में कई बड़े-बड़े शूरवीर हैं जो कि बल में भीम के समान और अस्त्र-शस्त्र की कला में अर्जुन के समान हैं । जिनमें से युयुधान, विराट्, द्रुपद, धृष्टद्युम्न, चेकितान, काशिराज, पुरुजित, कुन्तिभोज, शैव्य, युधामन्यु, उत्तमौजा, सुभद्रा पुत्र अभिमन्यु तथा द्रोपदी के पाँचों पुत्र भी हैं । युद्ध में ये सभी भीम और अर्जुन के समान हैं । लेकिन -

अस्माकं तु विशिष्टा ये तान्निबोध द्विजोत्तम ।
नायका मम सैन्यस्य सञ्ज्ञार्थं तान्ब्रवीमि ते ॥ 7 ॥

भावार्थ :— हे ब्राह्मणों में श्रेष्ठ। जिस प्रकार पाण्डवों की सेना में कई शूरवीर महारथी हैं, उसी प्रकार हमारी सेना में भी कई बड़े-बड़े शूरवीर महारथी है और जिनकी संख्या भी पाण्डवों की सेना के महारथियों से ज्यादा ही है, उनके नाम भी मैं आपको बताता हूँ।

भवान्भीष्मश्च कर्णश्च कृपश्च समितिंजयः ।
अश्वत्थामा विकर्णश्च सौमदत्तिस्तथैव च ॥ 8 ॥

भावार्थ :— हमारी सेना में आप, भीष्म पितामह, कर्ण, अश्वत्थामा, संग्राम विजयी कृपाचार्य आदि महा पराक्रमी योद्धा हैं। ऐसे पराक्रमी तो पाण्डव सेना में कोई भी नहीं हैं। साथ ही हमारी सेना में विकर्ण, भूरिश्रवा आदि कई बड़े धर्मात्मा भी हैं, इसलिए हमारे लिये डरने की कोई बात ही नहीं है। साथ ही -

अन्ये च बहवः शूरा मदर्थे त्यक्तजीविताः ।
नानाशस्त्रप्रहरणाः सर्वे युद्धविशारदाः ॥ 9 ॥

भावार्थ :— मैंने अभी तक अपनी सेना के जिन शूरवीरों का नाम लिया है, उनके अलावा भी हमारी सेना में बाह्यलीक, शल्य, भगदत्त, जयद्रथ आदि बहुत से शूरवीर महारथी हैं, जो मेरी भलाई के लिए तथा मेरी ओर से लड़ने के लिये अपने जीने की इच्छा का त्याग करके यहाँ आये हैं तथा वे सभी युद्ध की कलाओं में भी बड़े निपुण है। लेकिन—

अपर्याप्तं तदस्माकं बलं भीष्माभिरक्षितम् ।
पर्याप्तं त्विदमेतेषां बलं भीमाभिरक्षितम् ॥ 10 ॥

भावार्थ :— अपनी सेना की इतनी सारी विशेषताएँ बताने के बाद भी दुर्योधन के मन में कहीं न कहीं शंका है कि उनकी सेना पाण्डवों पर विजय पाने में असमर्थ है क्योंकि उनकी सेना के सेनापति भीष्म है, जिनके मन में कौरवों तथा पाण्डवों दोनों के प्रति समान रूप से प्रेम हैं, इसकी विपरीत भीमसेन द्वारा रक्षित पाण्डवों की सेना कौरवसेना पर विजय पाने में समर्थ है क्योंकि पाण्डव सेना में विचारों का कोई मतभेद नहीं है। लेकिन साथ ही –

अयनेषु च सर्वेषु यथा-भाग-मवस्थिताः ।
भीष्म-मेवाभिर-क्षन्तु भवन्तः सर्व एव हि ॥ 11 ॥

भावार्थ :— वे यह भी जानते हैं कि पितामह भीष्म उनकी सेना के सबसे मजबूत स्तम्भ हैं, इसलिए वे पितामह भीष्म को प्रसन्न करने के लिये गुरु द्रोण से कहते हैं कि हे आचार्य ! पितामह भीष्म हमारी सेना के सेनापति हैं और हमारी सेना के सबसे वीर योद्धा भी । उनकी मृत्यु का अर्थ है, हमारी सेना का युद्ध में हार की तरफ बढ़ना, इसलिए हमें अपने-अपने मोर्चों पर डटे रहते हुए हर ओर से उनकी रक्षा करनी चाहिये।

तस्य संजनयन्हर्षं कुरूवृद्धः पितामहः ।
सिंहनादं विनद्योच्चैः शंखः दध्मौ प्रतापवान् ॥ 12 ॥

भावार्थ :— दुर्योधन के बार-बार कहने पर भी गुरु द्रोणाचार्य ने उसकी बात का कोई उत्तर नहीं दिया, लेकिन भीष्म पितामह दुर्योधन के मन के इस भय को समझ गये थे। यद्यपि वे भी जानते थे कि पाण्डवों की सेना में स्वयं पुरुषोत्तम भगवान् श्रीकृष्ण है,

इसलिये वे इस युद्ध को जीत नहीं सकते, फिर भी वे दुर्योधन को यह विश्वास दिलाना चाहते थे कि वे युद्ध करने रूपी अपने इस कर्तव्य को भलीभांति निभाएंगे और इसलिए उन्होंने दुर्योधन के हृदय में हर्ष उत्पन्न करने के लिये सिंह के समान गरजकर जोर से शंख बजाया ।

ततः शंखाश्च भेर्यश्च पणवानकगोमुखाः ।
सहसैवाभ्यहन्यन्त स शब्दस्तुमुलोऽभवत् ॥ 13 ॥

भावार्थ :— यद्यपि पितामह भीष्म ने युद्ध आरंभ करने की घोषणा के लिए शंख नहीं बजाया था, बल्कि दुर्योधन को हर्षित करने के लिये ही शंख बजाया था, फिर भी कौरव सेना ने भीष्म पितामह के शंख वादन को युद्ध की घोषणा ही समझा । अतः भीष्म पितामह के शंख बजाने पर कौरव सेना के भी शंख, भेरी, ढ़ोल, मृदंग आदि बाजे एक साथ बज उठे । जिसके बाद पांडव सेना के वीरों ने भी अपने-अपने शंख बजाये ।

ततः श्वेतैर्हयैर्युक्ते महति स्यन्दने स्थितौ ।
माधवः पाण्डवश्चैव दिव्यौ शंखौ प्रदध्मतुः ॥ 14 ॥

भावार्थ :— अर्जुन को चित्ररथ नामक गंधर्व से कभी न मरने वाले घोड़े तथा अग्नि देव से दिव्यरथ प्राप्त हुआ था । कौरव सेना की तरफ से शंखों की ध्वनि सुनकर तथा उसे युद्धारंभ की घोषणा मानकर उन सफेद घोड़ों से युक्त दिव्य रथ पर बैठे हुए पाण्डु पुत्र अर्जुन और लक्ष्मीपति भगवान श्रीकृष्ण ने अपने-अपने शंखों को जोर से बजाया ।

पांचजन्यं हृषीकेशो देवदत्तं धनंजयः ।
पौण्ड्रं दध्मौ महाशंखं भीमकर्मा वृकोदरः ॥ 15 ॥

भावार्थ :— अन्तर्यामी भगवान श्रीकृष्ण ने पंचजन नामक राक्षस को मारकर प्राप्त हुआ पांचजन्य नामक शंख बजाया जबकि अर्जुन ने भगवान इन्द्र से प्राप्त देवदत्त नामक शंख बजाया और बड़े भयंकर राक्षसों का वध करने वाले वृकोदर भीम ने एक बहुत बड़े आकार का पौण्ड्र नामक शंख बजाया ।

अनन्तविजयं राजा कुन्तीपुत्रो युधिष्ठिरः ।
नकुलः सहदेवश्च सुघोषमणिपुष्पकौ ॥ 16 ॥

भावार्थ :— इसके बाद कुन्तीपुत्र राजा युधिष्ठिर ने अनन्त विजय, नकुल ने सुघोष और सहदेव ने मणिपुष्पक नामक शंख बजाया ।

संजय उवाच

कारयरच परमेष्वासः शिखण्डी च महारथः ।
धृष्टद्युम्नो विराटरच सात्यकिरचापराजितः ।। 17 ।।
द्रुपदो द्रौपदेयारच सर्वशः पृथिवीपते ।
सौभद्ररच महाबाहुः शंखान्-दध्मुः पृथक्-पृथक् ।। 18 ।।

भावार्थ :— संजय कहते हैं कि हे राजन् । काशिराज, महारथी शिखण्डी, धृष्टद्युम्न, राजा विराट, अजेय सात्यकि, राजा द्रुपद, द्रोपदी के पांचों पुत्र और सुभद्रापुत्र अभिमन्यु इन सभी ने भी सभी ओर से अपने-अपने शंख बजाये ।

नोट :- संजय ने शंख बजाने के क्रम में कौरव सेना के शूरवीरों में से केवल भीष्म पितामह का ही नाम लिया जबकि पाण्डव सेना के शूरवीरों में से अठारह वीरों के नाम लिये। इससे पता चलता है कि मन से वे भी धर्म के साथ है, जिसके कारण उन्हें पाण्डवों तथा भगवान श्रीकृष्ण के पक्ष का वर्णन करने में ज्यादा आनंद आ रहा है ।

स घोषो धार्तराष्ट्राणां हृदयानि व्यदारयत् ।
नभरच पृथिवीं चैव तुमुलो-व्यनु-नादयन् ।। 19 ।।

भावार्थ :— संजय आगे कहते है कि पाण्डव सेना की यह शंखध्वनि इतनी विशाल, गहरी, ऊँची और भयंकर हुई कि उससे आकाश और पृथ्वी दोनों ही गूंज उठे, जिससे कि अन्याय पूर्वक राज्य हड़पने वाले दुर्योधन आदि के हृदय विदीर्ण हो गये । उस शंख ध्वनि ने कौरव सेना में जो युद्ध का उत्साह था, उसको कमजोर कर दिया, जिससे उनके हृदय में पाण्डव सेना का भय उत्पन्न हो गया ।

अथ व्यवस्थितान् दृष्ट्वा धार्तराष्ट्रान्-कपिध्वजः ।
प्रवृत्ते शास्त्रसम्पाते धनुरुद्यम्य पाण्डवः ।। 20 ।।
हृषीकेशं तदा वाक्यमिदमाह महीपते ।

भावार्थ :— दोनों सेनाओं की तरफ से शंख बजने के बाद उनके बीच अस्त्र-शस्त्र चलने की तैयारी हो ही रही थी कि उसी समय अर्जुन ने अन्यायपूर्वक अपने राज्य को हड़पने में दुर्योधन की मदद करने वाले राजाओं और उनके साथियों को व्यवस्थित रूप से युद्ध के लिये खड़ा हुआ देखकर, वीरता में भरकर अपना धनुष उठा लिया और वे अन्तर्यामी भगवान श्रीकृष्ण से शूरवीरता, उत्साह और अपनी कर्तव्य भावना से भरे हुए वचन बोले ।

अर्जुन उवाच

सेनयोरुभयोर्मध्ये रथं स्थापय मेऽच्युत ॥ 21 ॥
यावदेतान्निरीक्षेऽहं योद्धुकामानवस्थितान् ।
कैर्मया सह योद्धव्यमस्मिन्रणसमुद्यमे ॥ 22 ॥

भावार्थ :– हे श्रीकृष्ण ! मेरे रथ को दोनों सेनाओं के बीच में तब तक के लिये खड़ा कीजिये, जब तक मैं देख न लूँ कि हमारे साथ युद्ध करने के लिये कौन-कौन से राजा तथा संबंधी आये हैं और इनमें से किन-किन के साथ युद्ध करना मेरे लिये उचित है, साथ ही कौन मेरे समान बल वाले है, कौन मुझसे अधिक तथा कौन कम बल वाले हैं, उन सब को मैं देखना चाहता हूँ ।

योत्स्यमानानवेक्षेऽहं य एतेऽत्र समागताः ।
धार्तराष्ट्रस्य दुर्बुद्धिर्, –युद्धे प्रिय-चिकीर्षवः ॥ 23 ॥

भावार्थ :– साथ ही मैं उन राजाओं को भी देखना चाहता हूँ जो ये जानते हुए भी कि दुर्योधन ने सदा ही अन्याय और अधर्म किया है, उसका साथ देने के लिये खड़े है। ये लोग उसके मित्र होते हुए भी उसे सही सलाह ना देकर उसका अहित ही कर रहे हैं। ऐसे युद्ध के लिये उतावले राजाओं को भी मैं एक बार देखना चाहता हूँ ।

संजय उवाच

एवमुक्तो हृषीकेशो गुडाकेशेन भारत ।
सेनयोरुभयोर्मध्ये स्थापयित्वा रथोत्तमम् ॥ 24 ॥
भीष्मद्रोणप्रमुखतः सर्वेषां च महीक्षिताम् ।
उवाच पार्थ पश्यैतान्समवेतान्कुरूनिति ॥ 25 ॥

भावार्थ :– संजय आगे कहते है कि हे राजन् । अपने सखा भक्त अर्जुन के ऐसा कहने पर भगवान श्रीकृष्ण ने दोनों सेनाओं के बीच में अर्जुन के श्रेष्ठ रथ को ऐसी जगह पर खड़ा किया, जहाँ से अर्जुन को अपने पारिवारिक संबंध वाले भीष्म पितामह, विद्या के संबंध वाले आचार्य द्रोण और कौरव सेना के मुख्य-मुख्य राजालोग अच्छी प्रकार दिखाई दे सके। इसके बाद वे अर्जुन से कहते हैं कि हे पार्थ । इन इकट्ठे हुए कुरुवंशियों को देख ।

नोट :– श्रीकृष्ण कुरुवंशी शब्द का उपयोग इसलिए करते हैं क्योंकि कुरुवंशियों में कौरव

और पाण्डव दोनों ही आ जाते हैं। वे चाहते थे कि इस शब्द को सुनकर अर्जुन का पारिवारिक मोह जाग जाए और अर्जुन को निमित्त बनाकर वे विश्व को गीता का ज्ञान दे सके, क्योंकि गीता के ज्ञान में जीवन की हर समस्या का हल है, किस स्थिति में हमें कैसा निर्णय लेना चाहिए, यह हमें गीता ही बताती है ।

तत्रापश्यत् स्थितान् पार्थः पितृ्ननथ पितामहान् ।
आचार्यान्मातुलान्भ्रातृृन्पुत्रान्पौत्रान्सखींस्तथा ॥ 26 ॥
श्वशुरान्सुहृदश्चैव सेनयोरूभयोरपि ।

भावार्थ :— महाभारत का युद्ध एक ऐसा युद्ध था, जिसमें एक ही परिवार के लोग, मित्र, रिश्तेदार आदि दो भागों में बंट गये थे और उन्हें निर्णय करना था कि उन्हें धर्म का साथ देना है या अधर्म का, इसलिये महाभारत के युद्ध को धर्मयुद्ध भी कहा जाता है। श्रीकृष्ण के कहने पर अर्जुन ने जब दोनों ही सेनाओं की तरफ देखा तो उन्होंने उन सेनाओं में अपने ही भाइयों, पिता के भाइयों, पितामहों, आचार्यों, मामाओं, सुहृदों आदि को पाया जो कि अपने-अपने मत (समझ) के अनुसार अपने-अपने धर्म का पालन करने आए थे, लेकिन उनका सही धर्म क्या है, यही समझाने के लिए श्रीकृष्ण ने गीता का ज्ञान दिया और समझाया कि धर्म हर सही-गलत में अपनों का साथ देने में हैं या फिर सही का साथ देते हुए अपनों को भी सही रास्ते पर ले जाने का प्रयास करने में हैं ।

तान् समीक्ष्य स कौन्तेयः, सर्वान् बन्धु-नवस्थितान् ॥ 27 ॥
कृपया परयाविष्टो, विषीदन्-निदमब्रवीत् ।

भावार्थ :— इस प्रकार दोनों ही तरफ की सेनाओं में अपने ही बन्धु-बान्धओं को देखकर अर्जुन के मन में यह विचार आया कि युद्ध में चाहे इस पक्ष के लोग मारे जाएँ, चाहे उस पक्ष के, कुल तो हमारा ही नष्ट होगा, संबंधी तो हमारे ही मारे जाएँगे। ऐसा विचार आने से अर्जुन की युद्ध की इच्छा मिट गई, वे बहुत दुःखी हो गए और उसी अवस्था में वे कायरता से भरे हुए इस प्रकार के वचन बोले ।

अर्जुन उवाच
दृष्ट्वेमं स्वजनं कृष्ण, युयुत्सुं समुपस्थितम् ॥ 28 ॥
सीदन्ति मम गात्राणि मुखं च परिशुष्यति ।
वेपथुश्च शरीरे मे रोमहर्षश्च जायते ॥ 29 ॥
गाण्डीवं स्रंसते हस्तात्त्वक्चैव परिदह्यते ।
न च शक्नोम्यवस्थातुं भ्रमतीव च मे मनः ॥ 30 ॥

भावार्थ :— अर्जुन बोले – हे श्रीकृष्ण ! अपने इस परिवार और संबंधियों को युद्ध के लिये खड़ा देखकर मेरे शरीर का एक-एक अंग ढीला पड़ रहा है, मुख सूखता जा रहा है, शरीर में कंपकंपी हो रही है और रोंगटे भी खड़े हो रहे है। जो गाण्डीव धनुष आज तक मेरी ताकत बना हुआ था, आज वही गिर रहा है, मेरे शरीर में चिंता के कारण जलन हो रही है। मुझे समझ ही नहीं आ रहा कि मुझे क्या करना चाहिये, क्या नहीं और मैं खड़ा भी नहीं रह पा रहा हूँ। ऐसा लगता है कि मुच्छित होकर गिर पड़ूँगा। साथ ही-

निमित्तानि च पश्यामि विपरीतानि केशव ।

न च श्रेयोऽनुपश्यामि हत्वा स्वजनमाहवे ।। 31 ।।

भावार्थ :— हे माधव ! अभी युद्ध के समय पर मेरे शरीर के अंगों का शिथिल होना, कंपकंपी होना, मुख का सूखना आदि जो लक्षण हो रहे है, ये व्यक्तिगत सकुन भी ठीक नहीं हो रहे है। युद्ध में अपने कुटुम्बियों को मारने से हमें कुछ लाभ होगा, ऐसी बात भी नहीं है। कुल का नाश करने से तो हमें पाप ही लगेगा, जिससे हमें नरकों की ही प्राप्ति होगी। इतना ही नहीं –

न कांक्षे विजयं कृष्ण, न च राज्यं सुखानि च ।

किं नो राज्येन गोविन्द किं भोगैर्जीवितेन वा ।। 32 ।।

भावार्थ :— हे कृष्ण ! ये विजय, राज्य और भोग भी तभी सुख दे सकते है, जब हमारे मन में इनकी कामना हो, महत्व हो, परन्तु हमारे अंदर तो इनको पाने की कामना ही नहीं है। अतः ये हमें क्या सुख दे सकते है, साथ ही इन कुटुम्बियों को मारकर तो मेरी जीने की इच्छा भी नहीं है, क्योंकि जब ये परिवारजन ही मारे जाएंगे तो इन भोगों को तथा राज्य को कौन भोगेगा। परिवारजनों के बिना न तो राज्य जीतने का कोई लाभ है और न ही जीने का। इसके अलावा –

येषामर्थे कांक्षितं नो राज्यं भोगाः सुखानि च ।

त इमेऽवस्थिता युद्धे, प्राणांस्त्यक्त्वा धनानि च ।। 33 ।।

भावार्थ :— आज हम जिस राज्य, भोग, सुख आदि को पाने की आशा से युद्ध के मैदान में खड़े है, उनको हम अपने व्यक्तिगत सुख के लिये नहीं चाहते, बल्कि अपने कुटुम्बियों, मित्रों आदि के लिये ही चाहते है, पर ये सब के सब तो अपने प्राणों की और धन की आशा को छोड़कर युद्ध करने के लिये हमारे सामने इस रणभूमि में ही खड़े है। अगर-

आचार्याः पितरः पुत्रास्तथैव च पितामहाः ।
मातुलाः श्वशुराः पौत्राः श्यालाः सम्बन्धिनस्तथा ॥ 34 ॥
एतान्न हन्तुमिच्छामि घ्नतोऽपि मधुसूदन ॥
अपि त्रैलोक्यराज्यस्य हेतोः किं नु महीकृते ॥ 35 ॥

भावार्थ :— ये मेरे आचार्य, पिता, पुत्र और उसी प्रकार पितामह, मामा, ससुर, पौत्र, साले और अन्य जितने संबंधी यहाँ खड़े है वे अपनी कामना पूर्ति के लिये क्रोध में आकर मुझ पर प्रहार करके मेरा वध भी करना चाहें तो भी मैं अपनी इच्छा पूर्ति के लिये लोभ में आकर इनको मारना नहीं चाहता अर्थात् लोभ तथा क्रोध में आकर इनका वध करके मुझे अपने लिये नरक का द्वार नहीं खोलना है । इतना ही नहीं, अगर इनको मारकर मुझे त्रिलोकी का राज्य भी मिलता हो तो मैं उसके लिये भी इनको मारना नहीं चाहता तो फिर पृथ्वी के राज्य के लिये तो इन्हें मारने का प्रश्न ही नहीं उठता । साथ ही-

निहत्य धार्तराष्ट्रान्नः का प्रीतिः स्याज्जनार्दन ।
पापमेवाश्रयेदस्मान्हत्वैतानाततायिनः ॥ 36 ॥

भावार्थ :— हे जनार्दन ! ये जो धृतराष्ट्र के पुत्र और उसके सहयोगी हैं, उनको मारकर हमें क्या प्रसन्नता होगी । अगर हम क्रोध या लोभ के आवेग में आकर इनको मार भी दें तो इनको मारने से तो हमें पाप ही लगेगा । इसके उपरान्त युद्ध को हर दृष्टिकोण से सर्वथा अनुचित बताते हुए अर्जुन कहते है कि –

तस्मान्नार्हा वयं हन्तुं धार्तराष्ट्रान् स्व-बान्धवान् ।
स्वजनं हि कथं हत्वा सुखिनः स्याम माधव ॥ 37 ॥

भावार्थ :— अपने ही बान्धव इन धृतराष्ट्र संबंधियों को मारने का कार्य हमारे लिये सर्वथा ही अयोग्य है क्योंकि हे माधव, जिन कुटुम्बियों के मरने की आशंका से ही हमें इतना दुःख हो रहा है तो फिर क्रोध और लोभ के वशीभूत होकर अगर हम उनको मार दें तो हमें कितना दुःख होगा । उनको मारकर हम कैसे सुखी हो सकते हैं ।

यद्यप्येते न पश्यन्ति लोभोपहतचेतसः ।
कुलक्षयकृतं दोषं मित्रद्रोहे च पातकम् ॥ 38 ॥
कथं न ज्ञेय-मस्माभिः पापा-दस्मान्-निवर्तितुम् ।
कुल-क्षय-कृतं दोषं, प्रपश्यद्भिर्-जनार्दन ॥ 39 ॥

भावार्थ :— अपने लालच के कारण दुर्योधन आदि की तो सोचने-समझने की शक्ति नष्ट हो गई है, जिसके कारण वह कुल का नाश होने से होने वाले दोषों को तथा अपनों

से शत्रुता करने से होने वाले पाप को नहीं देखते, तो भी हमें तो इन पाप तथा दोषों को देखना ही चाहिये क्योंकि हम तो कुल का नाश होने से होने वाले दोषों को भी अच्छी तरह से जानते है और मित्रों के साथ वैर-द्वेष से होने वाले पाप को भी अच्छी तरह से जानते है, तो फिर हमें इससे बचने का विचार क्यों नहीं करना चाहिये । साथ ही-

कुल-क्षये प्रणश्यन्ति कुलधर्माः सनातनाः ।
धर्मे नष्टे कुलं कृत्स्न, मधर्मोऽभि-भवत्युत ॥ 40 ॥

भावार्थ :— हे अच्युत ! युद्ध में जब सारे कुल का नाश हो जाता है तो उसके साथ ही उस कुल में सदियों से चली आ रही पवित्र परंपराएँ, रीतियाँ तथा मर्यादाएँ भी नष्ट हो जाती है और अधर्म पूरे कुल पर अधिकार कर लेता है। और –

अधर्माभिभवात्कृष्ण प्रदुष्यन्ति कुलस्त्रियः ।
स्त्रीषु दुष्टासु वार्ष्णेय जायते वर्णसंकरः ॥ 41 ॥

भावार्थ :— युद्ध में कुल का नाश होने से जब अधर्म अधिक बढ़ जाता है तो उससे युद्ध में बाकी बचे हुए परिवार के सदस्यों का आचरण अशुद्ध होने लगता है अर्थात् वे लोग अपना मनमाना आचरण करने लगते है। हे कृष्ण ! इस विपरीत बुद्धि के कारण कुल की स्त्रियाँ दूषित अथवा परपुरुषगामी हो जाती है तथा स्त्रियों के दूषित होने पर वर्णसंकर पैदा होता है ।

नोट :- स्त्री और पुरुष दोनों अलग-अलग वर्ण (जाति) के होने पर उनसे जो संतान पैदा होती है, वह वर्णसंकर कहलाती है ।

संकरो नरकायैव कुलघ्नानां कुलस्य च ।
पतन्ति पितरो ह्येषां, लुप्तपिण्डोदकक्रियाः ॥ 42 ॥

भावार्थ :— वर्णमिश्रण से पैदा हुई इस संतान में धार्मिक बुद्धि तथा पितरों के प्रति आदर-बुद्धि भी नहीं होती, इसलिए उनमें पितरों का श्राद्ध-तर्पण करने की भावना भी नहीं होती और अगर वे ऐसा करते भी है तो शास्त्र-विधि के अनुसार उनका श्राद्ध-तर्पण में अधिकार न होने से वह पिण्ड-पानी पितरों को मिलता ही नहीं और जब पितरों को पिण्ड-जल नहीं मिलता तो उनका अपने स्थान से पतन हो जाता है और इस प्रकार-

दोषैरेतैः कुलघ्नानां वर्णसंकरकारकैः ।
उत्साद्यन्ते जातिधर्माः कुल-धर्माश्च-च शाश्वताः ॥ 43 ॥

भावार्थ :— इस वर्णसंकर पैदा करने वाले दोष के कारण उन कुलघातियों (जिनके मेल से वो संतान उत्पन्न हुई है) के परिवारों के कुलधर्म और जाति-धर्म दोनों का नाश

हो जाता है और इस प्रकार कुलधर्म नष्ट होने से उनके परिवार का तथा जातिधर्म नष्ट
होने से उनके पूरे समाज का नाश हो जाता है । साथ ही–

उत्सन्नकुलधर्माणां मनुष्याणां जनार्दन ।
नरकेऽनियतं वासो भवतीत्यनुशुश्रुम ॥ 44 ॥

भावार्थ :– हे जनार्दन ! जब मनुष्य सुख भोगने के लालच में आकर अपने कुल
और समाज की मर्यादा को, उसके धर्म को नष्ट कर देते है तो इस लोक में तो उसकी
निन्दा, अपमान और तिरस्कार होता ही है। साथ ही परलोक में भी उसकी दुर्गति होती है
तथा उनका नरकों में वास होता है, ऐसा हम बुजुर्गों से सुनते आए हैं। इसके अलावा–

अहो बत महत्पापं कर्तुं व्यवसिता वयम् ।
यद्राज्यसुखलोभेन हन्तुं स्वजनमुद्यताः ॥ 45 ॥

भावार्थ :– हे श्रीकृष्ण ! ये दुर्योधन आदि तो दुष्ट है। इन पर तो लोभ सवार हो गया
है, इसलिए ये इस युद्ध को करने के लिये तैयार हो जाएँ तो इसमें कोई आश्चर्य की बात
नहीं है, परन्तु हम लोग तो धर्म–अधर्म को, पाप–पुण्य को जानते हैं, फिर भी हम
सबकुछ जानते–समझते हुए भी अज्ञानियों की तरह युद्ध करने के लिये तथा अपनों को
मारने के लिये अस्त्र–शस्त्र लेकर खड़े हो गए है, यह हमलोगों के लिये बहुत ही आश्चर्य
और दुःख की बात है। इसलिए –

यदि मामप्रतीकारमशस्त्रं शस्त्रपाणयः ।
धार्तराष्ट्रा रणे हन्युस्तन्मे क्षेमतरं भवेत् ॥ 46 ॥

भावार्थ :– हे अच्युत् । इस युद्ध को रोकने के लिए अगर मैं युद्ध से पूरी तरह हट
जाऊँ तो शायद युद्ध ही न हो, क्योंकि जब हम इनसे कुछ चाहेंगे ही नहीं तो युद्ध होगा
ही नहीं और अगर शत्रुता के कारण, हाथों में अस्त्र–शस्त्र लिये हुए धृतराष्ट्र के ये
पक्षपाती लोग, युद्ध न चाहने वाले मुझ शस्त्रों से रहित को मार भी दें तो उनका वह
मारना भी मेरे लिए हितकारक ही होगा, क्योंकि तब मेरे हाथों युद्ध में परिवारजनों और
गुरूजनों को मारने रूपी भारी पाप भी नहीं होगा और मेरे कुल का नाश भी नहीं होगा ।

संजय उवाच
एवमुक्त्वार्जुनः सङ्ख्ये रथोपस्थ उपाविशत् ।
विसृज्य सशरं चापं शोकसंविग्नमानसः ॥ 47 ॥

भावार्थ :– संजय, जो इस युद्ध का आँखों देखा हाल धृतराष्ट्र को सुना रहे थे, कहते हैं कि इस प्रकार अर्जुन ने युद्ध को सर्वथा अनुचित मानकर तथा शोक से अत्यंत व्याकुल होकर युद्ध न करने का पक्का निर्णय कर लिया। जिस रणभूमि में वे हाथ में धनुष लेकर बड़े उत्साह के साथ आये थे, उसी रणभूमि में उन्होंने अपने बाण को और गाण्डीव धनुष को रथ पर रख दिया और रथ के बीच वाले भाग में शोक मुद्रा में बैठ गए।

इस प्रकार ऊँ तत् सत् इन भगवन्नामों के उच्चारण के साथ ब्रह्मविद्या और योगशास्त्रमय श्रीमद् भगवद् गीता रूपी उपनिषद् के श्रीकृष्ण और अर्जुन के संवाद में 'अर्जुन विषाद् योग' नामक पहला अध्याय पूरा हुआ।

द्वितीय अध्याय

संजय उवाच

तं तथा कृपयाविष्टमश्रुपूर्णाकुलेक्षणम् ।
विषीदन्तमिदं वाक्यमुवाच मधुसूदनः ॥ 1 ॥

भावार्थ :— संजय आगे कहते हैं कि हे राजन् । जिस अर्जुन में युद्ध के लिये इतना उत्साह था, वीरता थी, वे ही अर्जुन युद्ध में अपने परिवार के लोगों को शामिल देखकर तथा उनके मरने की आशंका से मोहग्रस्त होकर इतने शोकाकुल हो गये है कि विषाद में भरकर अपने अस्त्र-शस्त्र त्यागकर रथ में बैठ गये है। साथ ही, उनके नेत्रों में इतने ज्यादा आँसू भर गये हैं कि वे ठीक से देख भी नहीं पा रहे हैं ।

श्रीभगवान् उवाच

कुतस्त्वा कश्मलमिदं विषमे समुपस्थितम् ।
अनार्यजुष्टमस्वर्ग्यमकीर्तिकरमर्जुन ॥ 2 ॥

भावार्थ :— अर्जुन की ऐसी दशा को देखकर भगवान श्रीकृष्ण आश्चर्य प्रकट करते हुए अर्जुन से कहते हैं कि हे अर्जुन । ऐसे युद्ध के मौके पर तो तुम्हारे में शूरवीरता और उत्साह होना चाहिये था, पर इस समय में तुम्हारे में कायरता कहाँ से आ गई है। तुम्हारी यह कायरता न तो स्वर्ग को देने वाली है और न ही यश को । अतः ऐसे अवसर पर तुम्हारे अंदर कायरता का आना सर्वथा अनुचित है ।

क्लैब्यं मा स्म गमः पार्थ नैतत्त्वय्युपपद्यते ।
क्षुद्रं हृदयदौर्बल्यं त्यक्त्वोत्तिष्ठ परन्तप ॥ 3 ॥

भावार्थ :— इस श्लोक में अर्जुन को इस स्थिति से बाहर निकालने का प्रयास करते हुए श्रीकृष्ण आगे कहते हैं कि हे अर्जुन ! युद्ध न करना धर्म की बात नहीं है, यह तो नपुंसकता है। इस लिये तुम इस नपुंसकता को छोड़ दो और अगर तुम्हें लगता है कि तुम धर्मात्मा हो और इसलिये यह युद्धरूपी पाप नहीं कर सकते तो वास्तव में यह तुम्हारे हृदय की दुर्बलता है। अपने हृदय की इस दुर्बलता का त्याग करके तुम अभी युद्ध के लिये खड़े हो जाओ । इस पर–

अर्जुन उवाच

कथं भीष्ममहं संख्ये द्रोणं च मधुसूदन ।

इषुभिः प्रतियोत्स्यामि पूजार्हावरिसूदन ॥ 4 ॥

भावार्थ :— अपने लिये श्रीकृष्ण द्वारा नपुंसक शब्द सुनकर अर्जुन उत्तेजित होते हुए कहते हैं कि हे कृष्ण ! मैं कायरता के कारण युद्ध से विमुख नहीं हो रहा हूँ, बल्कि धर्म के लिये ऐसा कर रहा हूँ । मैं अपने पितामह भीष्म और आचार्य द्रोण के ऊपर बाणों से प्रहार कैसे कर सकता हूँ? ये दोनों ही मेरे द्वारा पूजा तथा सेवा किये जाने के योग्य है। ऐसे पूज्यजनों पर मैं बाण कैसे चलाऊँ ?

गुरूनहत्वा हि महानुभावान्,

श्रेयो भोक्तुं भैक्ष्यमपीह लोके ।

हत्वार्थकामांस्तु गुरूनिहैव

भुंजीय भोगान्रूधिरप्रदिग्धान् ॥ 5 ॥

भावार्थ :— फिर अपनी वाणी को थोड़ा संतुलित करते हुए अर्जुन आगे कहते हैं कि अगर मैं पितामह भीष्म, गुरु द्रोण आदि पूज्यजनों के साथ युद्ध नहीं करूंगा तो अधिक से अधिक मुझे राज्य नहीं मिलेगा, मेरा जीवन निर्वाह भी कठिनता से होगा तथा मुझे क्षत्रियों के लिये निषिद्ध भिक्षा का अन्न भी खाना पड़ सकता है, लेकिन अगर मैं युद्ध करूंगा तो परिवार के लोगों और गुरु की हत्या के बाद प्राप्त भोगों को ही भोगूंगा । ऐसे भोगों को भोगने से मुझे शांति थोड़े ही मिलेगी । और फिर –

न चैतद्-विद्मः कतरन्नो गरीयो,

यद्वा जयेम यदि वा नो जयेयुः ।

यानेव हत्वा न जिजीविषाम –

स्तेऽवस्थिताः प्रमुखे धार्तराष्ट्राः ॥ 6 ॥

भावार्थ :— मैं युद्ध करूँ या ना करूँ, इन दोनों बातों का निर्णय भी मैं नहीं कर पा रहा हूँ लेकिन मैं अगर आपकी आज्ञा के अनुसार युद्ध करता भी हूँ तो युद्ध में वे हमें जीतेंगे या हम उनको जीतेंगे, इसका भी हमें पता नहीं है। साथ ही, अपने ही हाथों से अपने ही परिवारजनों इन धृतराष्ट्र संबंधियों को मारकर तो हम जीने की इच्छा भी नहीं रखते, राज्य भोगने की बात तो बहुत दूर है ।

कार्पण्यदोषोपहतस्वभावः
पृच्छामि त्वां धर्मसम्मूढचेताः ।
यच्छ्रेयः स्यान्निश्चितं ब्रूहि तन्मे
शिष्यस्तेऽहं शाधि मां त्वां प्रपन्नम् ॥ 7 ॥

भावार्थ :— स्वयं पर लगे कायरता के दोष से व्याकुल अर्जुन आगे कहते हैं कि हे श्रीकृष्ण ! एक तो कायरतारूपी दोष के कारण मेरा क्षत्रिय स्वभाव पूरी तरह से दब गया है। साथ ही, मैं अपनी बुद्धि से धर्म के विषय में भी कुछ निर्णय नहीं कर पा रहा हूँ। मैं आपका शिष्य हूँ और आपकी शरण में हूँ। कृपया आप ही मुझे मार्ग दिखाइये ।

न हि प्रपश्यामि ममापनुद्याद् –
यच्छोकमुच्छोषणमिन्द्रियाणाम् ।
अवाप्य भूमावसपत्नमृद्धं
राज्यं सुराणामपि चाधिपत्यम् ॥ 8 ॥

भावार्थ :— हे माधव ! मैं एक बात और कहना चाहता हूँ कि यदि पृथ्वी का धनधान्य संपन्न और निष्कंटक राज्य मिल जाए तथा साथ ही स्वर्ग का अधिपत्य भी मिल जाए तो भी मेरा यह अत्यंत ही कष्ट देने वाला शोक दूर नहीं हो सकता और अपने परिवारजनों को मारकर तो मैं सुखी भी नहीं हो सकता ।

संजय उवाच
एवमुक्त्वा हृषीकेशं गुडाकेशः परन्-तप ।
न योत्स्य इति गोविन्दमुक्त्वा तूष्णीं बभूव ह ॥ 9 ॥

भावार्थ :— संजय कहते हैं कि हे धृतराष्ट्र ! इतना कहकर जब अर्जुन अपना और श्रीकृष्ण दोनों का पक्ष सामने रखकर सोचते हैं तो वे इस निर्णय पर पहुँचते हैं कि युद्ध करने से तो अधिक से अधिक राज्य प्राप्त हो जाएगा, संसार में यश हो जाएगा, परन्तु मेरे हृदय की चिंता और दुःख दूर नहीं होंगे । अतः उन्हें युद्ध न करना ही ठीक लगा और वे 'मैं युद्ध नहीं करूँगा' ऐसा स्पष्ट कहकर चुप हो गए ।

तमुवाच हृषीकेशः प्रहसन्निव भारत ।
सेनयोरुभयोर्मध्ये विषीदन्तमिदं वचः ॥ 10 ॥

भावार्थ :— संजय आगे कहते हैं कि हे राजन्। अर्जुन ने बड़ी शूरवीरता और उत्साहपूर्वक विपक्षी योद्धाओं को देखने की इच्छा से अपने सखा श्रीकृष्ण को दोनों

सेनाओं के बीच में रथ खड़ा करने के लिये कहा था, लेकिन अर्जुन के भावों को वीरता से दुःख और चिंता में बदलते हुए देखकर श्रीकृष्ण को हंसी आ गई और वे अर्जुन के अज्ञानता से भरे हुए वचनों को सुनकर बोले ─

श्रीभगवान् उवाच

अशोच्यानन्वशोचस्त्वं प्रज्ञावादांश्च भाषसे ।
गतासूनगतासूंश्च नानुशोचन्ति पण्डिताः ॥ 11 ॥

भावार्थ :─ हे अर्जुन ! एक तरफ तो तू पण्डिताई की बातें कर रहा है और दूसरी तरफ शोक भी कर रहा है । जो मर गये है, उन मनुष्यों के लिये शोक करने से उनकी आत्मा को दुःख पहुँचता है और जो अभी जी रहे हैं उनके लिये तो शोक करने का कोई कारण ही नहीं है। इसलिये ज्ञानी मनुष्य, जो प्राणी मर गये है और जो अभी जी रहे है, उन दोनों के लिये ही शोक नहीं करते । क्योंकि ─

न त्वेवाहं जातु नासं न त्वं नेमे जनाधिपाः ।
न चैव न भविष्यामः सर्वे वयमतः परम् ॥ 12 ॥

भावार्थ :─ ऐसा कोई समय या कोई युग नहीं था, जब मैं नहीं था या तू नहीं था या ये राजालोग नहीं थे और आगे आने वाले समय में भी मैं, तू या ये राजालोग नहीं रहेंगे, ऐसी बात भी नहीं है। ये तो समय का चक्र है। कोई भी व्यक्ति सदा के लिये जीवित नहीं रह सकता या सदा के लिये मरा हुआ भी नहीं रह सकता ।

देहिनोऽस्मिन्यथा देहे कौमारं यौवनं जरा ।
तथा देहान्तरप्राप्तिर्धीरस्तत्र न मुह्यति ॥ 13 ॥

भावार्थ :─ जैसे शरीर की बालकपन, जवानी आदि अवस्थाएँ होती है, वैसे ही शरीर की मृत्यु हो जाने पर आत्मा को दूसरे शरीर की प्राप्ति हो जाती है। यह तो जीवन का एक अटल सत्य है जो सदा से चला आ रहा है और जिसे कोई बदल भी नहीं सकता। मृत्यु तो शरीर के तथा जीवन के कष्टों से छुटकारा दिलाकर प्राणी को एक नये जीवन में प्रवेश कराती है। इसलिए जिस तरह बचपन से बुढ़ापे तक की अवस्था परिवर्तन के लिये मनुष्य शोक नहीं करता, उसी तरह ज्ञानी महापुरुष किसी की मृत्यु के लिये भी शोक नहीं करते ।

मात्रास्पर्शास्तु कौन्तेय शीतोष्णसुखदुःखदाः ।
आगमापायिनोऽनित्यास्तांस्तितिक्षस्व भारत ॥ 14 ॥

भावार्थ :– हे कुन्तीनंदन ! ये जो हमारी इन्द्रियाँ हैं तथा उनके जो विषय (कार्य) है, जैसे देखना, सुनना, सूंघना, स्वाद लेना और स्पर्श करना । ये दोनों मिलकर अच्छी और बुरी परिस्थितियाँ पैदा करते हैं, जिसके कारण मनुष्य को सुख या दुःख प्राप्त होता है। जैसे - आँखे क्या देखती हैं और कान क्या सुनते हैं आदि हमारे जीवन में परिस्थितियों के निर्माण में काफी महत्वपूर्ण भूमिका निभाते है। लेकिन कोई भी परिस्थिति सदा रहने वाली नहीं है इसलिए, उनको तुम सहन करो । परन्तु-

यं हि न व्यथयन्त्येते पुरूषं पुरूषर्षभ ।

समदुःखसुखं धीरं सोऽमृतत्वाय कल्पते ॥ 15 ॥

भावार्थ :– हे पार्थ ! सुख-दुःख में समान भाव रखने वाले ज्ञानी मनुष्यों को ये अच्छी-बुरी परिस्थितियाँ विचलित नहीं करती, क्योंकि वे जानते हैं कि कोई भी परिस्थिति सदा के लिए रहने वाली नहीं है। इसलिए, इन परिस्थितियों को लेकर उनके मन में किसी के प्रति ममता, मोह, ईर्ष्या आदि भाव नहीं आते । इतना ही नहीं, उन्हें तो जन्म-मृत्यु रूपी सुःख-दुःख भी प्रभावित नहीं करते, जिससे वे अमरता के भाव को अनुभव कर लेते है ।

नासतो विद्यते भावो नाभावो विद्यते सतः ।

उभयोरपि दृष्टोऽन्तस्त्वनयोस्तत्त्वदर्शिभिः ॥ 16 ॥

भावार्थ :– श्रीकृष्ण आगे कहते है कि यह शरीर तो जन्मने और मरने वाला है। अतः यह शरीर असत्य (झूठ) है। इसी तरह संसार भी प्रतिक्षण बदल रहा है। इसलिये, यह भी असत् है अर्थात् जो वस्तु नाशवान है, वह असत्य है और जिसका कभी नाश नहीं होता, वही सत्य है। तत्वदर्शी महापुरूषों ने कहा है कि इस संसार में यह आत्मा ही एकमात्र सत्य है क्योंकि यह सदा रहने वाली है। शरीरों का नाश होने पर भी इसका नाश नहीं होता । इस प्रकार-

अविनाशि तु तद्विद्धि येन सर्वमिदं ततम् ।

विनाशमव्ययस्यास्य न कश्चित्कर्तुमर्हति ॥ 17 ॥

भावार्थ :– हे पार्थ ! ये आत्मा तो अविनाशी है, अर्थात् नष्ट होने वाली नहीं है। परन्तु ये शरीर नाशवान् है, इसको नष्ट होने से कोई नहीं रोक सकता । तू अगर सोचता है कि तेरे युद्ध न करने से तेरे ये परिवार के लोग नहीं मरेंगे तो तू गलत सोच रहा है। तेरे युद्ध करने से या नहीं करने से कोई फर्क नहीं पड़ेगा । आत्मा तो सदा रहेगी ही और शरीर का तो नाश होगा ही । यही जीवन का सबसे बड़ा सत्य है और इस सच्चाई को तू

भी अच्छी तरह समझ ले ।

अन्तवन्त इमे देहा नित्यस्योक्ताः शरीरिणः ।
अनाशिनोऽप्रमेयस्य तस्माद्युध्यस्व भारत ।। 18 ।।

भावार्थ :─ इस अविनाशी (जिसका नाश न हो सके), अप्रमेय (जिसे प्रमाण की आवश्यकता नहीं) और नित्य (सदा रहने वाली) आत्मा के आज तक जितने भी शरीर हुए है, उन सभी का नाश हुआ ही है। इसलिये हे अर्जुन ! तुम इस शरीर और आत्मा के तत्व को अच्छी तरह समझकर युद्ध करो । क्योंकि –

य एनं वेत्ति हन्तारं यश्चैनं मन्यते हतम् ।
उभौ तौ न विजानीतो नायं हन्ति न हन्यते ।। 19 ।।

भावार्थ :─ जो मनुष्य इस आत्मा को मरने वाला अथवा किसी को मारने वाला मानता है, वे दोनों ही सही नहीं जानते क्योंकि आत्मा न तो मरती है और न ही किसी को मारती है । इसलिये, अगर तुम सभी प्राणियों को शरीर न मानकर आत्मा ही मानो, जो कि सच्चाई भी है, तो तुम न किसी को मार रहे हो और न ही कोई मारा जा रहा है। साथ ही –

न जायते म्रियते वा कदाचिन् –
नायं भूत्वा भविता वा न भूयः ।
अजो नित्यः शाश्वतोऽयं पुराणो
न हन्यते हन्यमाने शरीरे ।। 20 ।।

भावार्थ :─ यह आत्मा न तो बार-बार जन्म लेने वाली है, न ही कभी नष्ट होने वाली है और न ही इसमें अवस्था परिवर्तन होता है। यह तो सदा एक समान रहने वाली है। शरीर की मृत्यु होने पर भी ये नहीं मरती । अर्जुन युद्ध में कुटुम्बियों के मारे जाने की आशंका से विशेष शोक कर रहे थे । इसलिए उनके इस शोक को दूर करने के लिये श्रीकृष्ण कहते हैं कि जीव तो मूल रूप से एक आत्मा ही है और शरीर के मरने पर भी आत्मा नहीं मरती, इसलिये इसके लिए शोक करना अनुचित है ।

वेदाविनाशिनं नित्यं य एनमजमव्ययम् ।
कथं स पुरूषः पार्थ कं घातयति हन्ति कम् ।। 21 ।।

भावार्थ :─ हे अर्जुन ! इस तरह जो मनुष्य आत्मा को सदा रहने वाला, कभी नष्ट न होने वाला और जन्म-मृत्यु से रहित जानता है, वह मनुष्य न तो किसी को मारने का

अभिमान करता है और न ही किसी के मरने का दुःख । जो मरता या मारता है, वह तो केवल शरीर है । उदाहरण के लिये –

वासांसि जीर्णानि यथा विहाय

नवानि गृह्णाति नरोऽपराणि ।

तथा शरीराणि विहाय जीर्णा –

न्यन्यानि संयाति नवानि देही ॥ 22 ॥

भावार्थ :– जिस प्रकार मनुष्य पुराने कपड़ों को छोड़कर नये कपड़ों को पहन लेता है, उसी तरह आत्मा भी पुराने शरीर की आयु पूरी हो जाने पर उस शरीर को छोड़कर नये शरीर में चली जाती है, तथा जिस प्रकार कपड़े बदल लेने पर मनुष्य में कोई बदलाव नहीं होता, उसी प्रकार शरीर बदल लेने पर आत्मा में भी कोई बदलाव नहीं होता। इसलिए, शोक करने की कोई बात है ही नहीं। साथ ही –

नैनं छिन्दन्ति शस्त्राणि नैनं दहति पावकः ।

न चैनं क्लेदयन्त्यापो न शोषयति मारूतः ॥ 23 ॥

भावार्थ :– हे अर्जुन ! इस आत्मा तक किसी भी प्रकार के अस्त्रों-शस्त्रों की पहुँच नहीं हैं। इसे न तो अग्नि द्वारा जलाया जा सकता है, न जल द्वारा गीला किया जा सकता है और न ही वायु द्वारा सुखाया जा सकता है। आत्मा दुनिया की किसी भी वस्तु जैसी नहीं है और चूँकि वह तो स्वयं परमपिता परमात्मा का एक अंश है, इसलिये वह तो केवल उन जैसी है । अब इसका कारण बताते हुए श्रीकृष्ण कहते हैं कि –

अच्छेद्योऽयमदाह्योऽयमक्लेद्योऽशोष्य एव च ।

नित्यः सर्वगतः स्थाणुरचलोऽयं सनातनः ॥ 24 ॥

भावार्थ :– इस आत्मा को न तो काटा जा सकता है, न जलाया जा सकता है, न गीला किया जा सकता है और न ही सुखाया जा सकता है । आत्मा के अलावा संसार की प्रत्येक वस्तु, व्यक्ति तथा प्राणि नाशवान् है क्योंकि केवल आत्मा ही सदा रहने वाली, सबमें स्थित, स्थिर स्वभाव वाली और सृष्टि के आरंभ से निरंतर विद्यमान है ।

अव्यक्तोऽयमचिन्त्योऽयमविकार्योऽयमुच्यते ।

तस्मादेवं विदित्वैनं नानुशोचितुमर्हसि ॥ 25 ॥

भावार्थ :– श्रीकृष्ण अब आत्मा का असली स्वरूप बताते हुए कहते है कि आत्मा को हम अपनी इन सांसारिक आँखों के द्वारा नहीं देख सकते, सांसारिक बुद्धि के द्वारा

उसके स्वरूप को नहीं समझ सकते तथा इसके स्वरूप में भी कभी किसी प्रकार का कोई बदलाव नहीं आता । हम अपनी इन्द्रियों के द्वारा प्राणियों के केवल शरीरों को ही देखना, सुनना, सूंघना, स्पर्श करना, स्वाद लेना आदि कर सकते है। आत्मा इन सबसे परे है। आत्मा को समझने के लिए आध्यात्मिक ज्ञान की ही आँखें तथा बुद्धि चाहिये और इसलिये, जो ज्ञानी मनुष्य आत्मा को इस प्रकार जानते हैं, वे कभी किसी आत्मा के लिये शोक नहीं करते । लेकिन –

अथ चैनं नित्यजातं नित्यं वा मन्यसे मृतम् ।
तथापि त्वं महाबाहो नैवं शोचितुमर्हसि ॥ 26 ॥

भावार्थ :– हे अर्जुन ! अगर तुम आत्मा को शरीर की ही तरह बार–बार जन्मने और मरने वाला भी मानो तो भी जिसका जन्म हुआ है, उसके मृत्यु निश्चित है और जिसकी मृत्यु हुई है, उसका जन्म भी निश्चित है। इस नियम को कोई बदल नहीं सकता और इस नियम के अनुसार भी तुम जिनके लिये शोक कर रहे हो, उनको एक नया जन्म तो मिलेगा ही, यह जानकर भी तुम्हें शोक का त्याग कर देना चाहिये ।

जातस्य हि ध्रुवो मृत्युर्ध्रुवं जन्म मृतस्य च ।
तस्मादपरिहार्येऽर्थे न त्वं शोचितुमर्हसि ॥ 27 ॥

भावार्थ :– क्योंकि हे पार्थ ! इस जन्म और मृत्यु के चक्र को तो कोई रोक नहीं सकता। यह नियम तो सृष्टि के आरंभ से चला आ रहा है और सृष्टि के अंत तक ऐसे ही चलेगा, तुम इसमें कोई बदलाव नहीं कर सकते । इसलिये जिस घटना का होना निश्चित है, उसके लिये दुःखी होकर तुम अपने आपको भी कमजोर बना रहे हो और अपने क्षत्रिय धर्म के कर्त्तव्यों से भी मुँह मोड़ रहे हो । उदाहरण स्वरूप –

अव्यक्तादीनि भूतानि व्यक्तमध्यानि भारत ।
अव्यक्तनिधनान्येव तत्र का परिदेवना ॥ 28 ॥

भावार्थ :– जिस प्रकार सोने (नींद) के पहले भी स्वप्न नहीं था और जागने के बाद भी स्वप्न नहीं रहता, उसी प्रकार इन प्राणियों के ये शरीर जन्म के पहले भी नहीं थे और मृत्यु के बाद भी नहीं रहेंगे और वर्तमान में भी इन शरीरों की आयु प्रतिक्षण घट रही है। परन्तु यह आत्मा पहले भी थी, अभी भी है और बाद में भी रहेगी । अतः आत्मा और शरीर, इन दोनों के ही लिये शोक हो ही नहीं सकता ।

आश्चर्यवत्-पश्यति कश्चिदेन, माश्चर्यवद्वदति तथैव चान्यः ।
आश्चर्यवच्चैनमन्यः श्रृणोति, श्रुत्वाप्येनं वेद न चैव कश्चित् ॥ 29 ॥

भावार्थ :— आत्मा की विलक्षणता का और अधिक वर्णन करते हुए श्रीकृष्ण कहते हैं कि कुछ मनुष्य आत्मा को आश्चर्य की तरह देखते (जानते) है, कुछ उतने ही आश्चर्य के साथ इसका वर्णन करते है तथा सुनने वाले भी इसके बारे में उतने ही आश्चर्य के साथ सुनते है कि ऐसा कैसे हो सकता है क्या सच में ऐसी कोई चीज हमारे अंदर विद्यमान है। लेकिन ऐसा सुनकर और जानकर भी अधिकांश समय वे इसे मान नहीं पाते क्योंकि वे शरीर और संसार के मोहजाल में इतने फंसे है कि उससे बाहर निकलकर आत्मा पर ध्यान दे ही नहीं पाते । इसलिये -

देही नित्यमवध्योऽयं देहे सर्वस्य भारत ।
तस्मात्सर्वाणि भूतानि न त्वं शोचितुमर्हसि ॥ 30 ॥

भावार्थ :— हे भरतवंश में उत्पन्न अर्जुन ! जब इस आत्मा का वध हो ही नहीं सकता और ये जो शरीर है, इसका अंत और पुनर्जन्म निश्चित है, इसे तू बदल नहीं सकता, तो फिर तू किस बात के लिये शोक कर रहा है, तेरे हाथ में तो कुछ भी नहीं है ।

स्वधर्ममपि चावेक्ष्य न विकम्पितुमर्हसि ।
धर्म्याद्धि युद्धाच्छ्रेयोऽन्यत्क्षत्रियस्य न विद्यते ॥ 31 ॥

भावार्थ :— हे पार्थ ! इस स्थिति में तू केवल अपने कर्तव्य का पालन कर सकता है। तू क्षत्रिय है और इस समय युद्ध करना ही तेरा कर्तव्य है और अगर तू धर्मपालन की बात भी करे तो भी अन्याय के विरुद्ध और धर्म से युक्त युद्ध करना ही क्षत्रिय होने के नाते तेरा धर्म भी हैं और कर्तव्य भी । जिससे तुझे पीछे नहीं हटना चाहिये । साथ ही -

यदृच्छया चोपपन्नं स्वर्गद्वारमपावृतम् ।
सुखिनः क्षत्रियाः पार्थ लभन्ते युद्धमीदृशम् ॥ 32 ॥

भावार्थ :— यह युद्ध तो तेरे सामने अपने आप आया है। तुमने तो इसे टालने की बहुत कोशिश की थी । अपने आप जो युद्ध प्राप्त होता है, वह स्वर्ग को देने वाला होता है और जिन्हें ऐसा युद्ध प्राप्त होता है वे क्षत्रिय तो बड़े किस्मत वाले होते है क्योंकि उन्हें धर्म के लिये जीने-मरने का मौका मिलता है ।

अथ चेत्त्व-मिमं धर्म्य, संङ्ग्रामं न करिष्यसि ।
ततः स्वधर्म कीर्ति च, हित्वा पाप-मवाप्स्यसि ॥ 33 ॥

भावार्थ :— श्रीकृष्ण आगे कहते है कि यद्यपि तू युद्ध किए बिना नहीं रह सकेगा और अपने क्षत्रिय स्वभाव के वश में होकर तू युद्ध करेगा ही, फिर भी यदि ऐसा मान भी लिया जाए कि तू धर्म से युक्त इस युद्ध को नहीं करेगा तो इससे तेरा क्षत्रिय धर्म नष्ट हो जाएगा । क्षत्रिय धर्म नष्ट होने से तुझे पाप लगेगा और साथ ही तेरा यश और कीर्ति भी नष्ट हो जाएँगे । और –

अकीर्तिं चापि भूतानि कथयिष्यन्ति तेऽव्ययाम् ।
सम्भावितस्य चाकीर्तिर्मरणादतिरिच्यते ॥ 34 ॥

भावार्थ :— जिन मनुष्यों, देवताओं, यक्षों, राक्षसों आदि के साथ तेरा कोई संबंध नहीं है, वे भी तेरी अपकीर्ति, अपयश (निन्दा) करेंगे कि देखो अर्जुन कैसा डरपोक था कि क्षत्रिय धर्म से विमुख हो गया । वह खुद को कितना शूरवीर समझता था, पर युद्ध के मौके पर उसकी कायरता सामने आ ही गई आदि-आदि । यह अपकीर्ति श्रेष्ठ मनुष्यों के लिये मृत्यु से भी अधिक दुःखदायी होती है । साथ ही –

भयाद्रणादुपरतं मंस्यन्ते त्वां महारथाः ।
येषां च त्वं बहुमतो भूत्वा यास्यसि लाघवम् ॥ 35 ॥

भावार्थ :— तू तो ऐसा मानता है न कि मैं अपने कुल के नाश को रोकने के लिए तथा पाप से बचने के लिये युद्ध से हटा हूँ, परन्तु बड़े-बड़े महारथी लोग तो ऐसा ही मानेंगे कि युद्ध में मारे जाने के भय से ही तू युद्ध से हटा है और यदि तू धर्म का विचार करता तो युद्ध से हटता ही नहीं क्योंकि युद्ध करना ही तो क्षत्रिय का धर्म है और तेरे इस निर्णय के कारण से जिन महारथियों के मन में तेरे लिये श्रेष्ठता का भाव है, उनकी नजरों में भी तू गिर जाएगा । इतना ही नहीं –

अवाच्य-वादांश्च बहून्वदिष्यन्ति तवाहिताः ।
निन्दन्तस्-तव सामर्थ्यम्, ततो दुःखतरं नु किम् ॥ 36 ॥

भावार्थ :— तेरे ये जो दुर्योधन, दुःशासन, कर्ण आदि शत्रु है, वे तेरे युद्ध से हटने के असली कारण को न समझकर अथवा तेरे सामर्थ्य को जानते हुए भी तुझे दुःखी करने के लिये, तेरे भीतर जलन पैदा करने के लिये तुझसे न जाने कितनी न कहने लायक बातें कहेंगे । उनकी बातों को तू कैसे सहेगा ।

हतो वा प्राप्स्यसि स्वर्गम्, जित्वा वा भोक्ष्यसे महीम् ।
तस्मादुत्तिष्ठ कौन्तेय युद्धाय कृतनिश्चयः ॥ 37 ॥

भावार्थ :— इसी अध्याय के छठे श्लोक में अर्जुन ने कहा था कि हमलोगों को इसका भी पता नहीं है कि हम उनको जीतेंगे या वो हमको जीतेंगे । तो अर्जुन के इस संदेह का निवारण करते हुए श्रीकृष्ण इस श्लोक में कहते हैं कि हे अर्जुन ! अगर तू युद्ध में मारा गया तो तुझे स्वर्ग की प्राप्ति होगी और अगर तू जीत गया तो पृथ्वी का राज्य भोगेगा। इसलिए, तू दृढ़निश्चय के साथ प्रत्येक स्थिति में युद्ध के लिय खड़ा हो जा । लेकिन –

सुख-दुःखे समे कृत्वा लाभालाभौ जयाजयौ ।
ततो युद्धाय युज्यस्व नैवं पापमवाप्स्यसि ॥ 38 ॥

भावार्थ :— युद्ध करते समय तू जय-पराजय, लाभ-हानि और सुख-दुःख को समान समझते हुए युद्ध कर । तुझे न हार से मतलब होना चाहिये और न जीत से अर्थात् न तो जीतने पर तुझे खुशी होनी चाहिये और न ही हारने पर अफसोस । इस प्रकार जब तू इस युद्ध को बस अपना कर्तव्य समझकर तथा सबके प्रति समभाव रखते हुए लड़ेगा, तो तू पाप को भी प्राप्त नहीं होगा ।

एषा तेऽभिहिता सांख्ये बुद्धिर्योगे त्विमां शृणु ।
बुद्ध्या युक्तो यया पार्थ कर्मबन्धं प्रहास्यसि ॥ 39 ॥

भावार्थ :— हे अर्जुन ! अब तक मैं तुझे सांख्ययोग (ज्ञानयोग) की दृष्टि से बता रहा था कि हर स्थिति में समान भाव रख कर किस प्रकार तू अपने कर्तव्य का पालन करते हुए कर्मों के बन्धन से मुक्त हो सकता है, अर्थात् किस तरह तू आत्मा और शरीर को अलग-अलग समझकर तथा हर स्थिति में समान भाव रखकर युद्ध करने से पाप को प्राप्त नहीं होगा । अब मैं तुझे इसी समभाव को कर्मयोग की दृष्टि से समझाता हूँ अर्थात् अब मैं तुझे बताऊँगा कि किस प्रकार तू आत्मा और शरीर का ज्ञान प्राप्त किये बिना भी, निःस्वार्थ भाव से लोकहित में सबके प्रति समान भाव (समबुद्धि) रखते हुए अपना कर्तव्य कर्म करने से, सभी प्रकार के पाप-पुण्य के बंधनों से मुक्त हो जाएगा ।

नेहाभिक्रमनाशोऽस्ति प्रत्यवायो न विद्यते ।
स्वल्पमप्यस्य धर्मस्य त्रायते महतो भयात् ॥ 40 ॥

भावार्थ :— अब भगवान श्रीकृष्ण कहते हैं कि हे अर्जुन ! जो मनुष्य इस समबुद्धि रूपी धर्म का आश्रय लेता है अर्थात् सभी प्राणियों तथा परिस्थितियों को समान समझते हुए अपने कर्तव्य का निःस्वार्थ भाव से पालन करता है। ऐसा मनुष्य यदि अपने जीवनकाल में इस समबुद्धि रूपी योग की सर्वश्रेष्ठ अवस्था तक नहीं भी पहुँच पाता, पर उसने इस अवस्था की प्राप्ति के लिये पूरी लगन से प्रयास किया है, तो उसकी आत्मा को

८४ लाख योनियों में नहीं भटकना पड़ता । ईश्वर उसे वापस मानव जन्म देते है ताकि वह अपने इस समता रूपी योग को पूरा कर पाए । साथ ही इसे अपनाने का कोई उल्टा फल भी नहीं है। अर्थात इस समबुद्धि रूपी योग की जिस स्थिति तक मनुष्य पहुँच जाता है, वह ईश्वर के पास उसकी जमा पूंजी के रूप में संचित हो जाता है तथा अपने अगले जन्म में वह अपनी इस संचित पूंजी के साथ ही जन्म लेता है ।

व्यवसायात्मिका बुद्धिरेकेह कुरूनन्दन ।
बहुशाखा ह्यनन्ताश्च, बुद्धयोऽव्यवसायिनाम् ॥ 41 ॥

भावार्थ :– हे कुरुनंदन ! इस समबुद्धि की प्राप्ति के लिये मन में हर स्थिति में तथा हर प्राणी के लिए समान भाव होना आवश्यक है, किन्तु मन की इस स्थिति तक पहुँचने के लिये संसार के व्यक्तियों तथा वस्तुओं का मोह बाधक है। इस मोह को हटाने का तथा समबुद्धि की प्राप्ति करने का, बुद्धि में जो दृढ़निश्चय होता है, उसको व्यवसायात्मिका बुद्धि (दृढ़निश्चयात्मिका बुद्धि) कहते हैं। इस दृढ़निश्चयात्मिका बुद्धि द्वारा ही मनुष्य मन को वश में करके समभाव की प्राप्ति कर सकता है। जबकि अव्यवसायी मनुष्यों में समबुद्धि की प्राप्ति के लिये एक दृढ़निश्चयात्मक बुद्धि नहीं होती, जिससे उनका मन उनके वश में नहीं होता और वे समभाव की प्राप्ति के लिये अलग-अलग तरीके ढूंढते रहते है। साथ ही-

यामिमां पुष्पितां वाचं प्रवदन्त्यविपश्चितः ।
वेदवादरताः पार्थ नान्यदस्तीति वादिनः ॥ 42 ॥
कामात्मानः स्वर्गपरा जन्मकर्मफलप्रदाम् ।
क्रियाविशेषबहुलां भोगैश्वर्यगतिं प्रति ॥ 43 ॥

भावार्थ :– हे पृथानंदन ! ऐसे अव्यवसायी मनुष्य किसी भी कर्म को समबुद्धि रखते हुए दूसरों के हित की भावना से न करके सिर्फ इसलिये करते है कि उस कर्म को करने से उन्हें किसी इच्छित फल की प्राप्ति होगी । वे वेदों के भी सिर्फ उसी भाग का अध्ययन करते हैं, जिसमें स्वर्ग की अथवा अन्य इच्छित फलों की प्राप्ति के भिन्न-भिन्न साधनों का वर्णन है। सांसारिक भोग ही उनके लिये सब कुछ है और वे आपस में चर्चा भी उन्हीं कर्मों की करते हैं जिससे उन्हें किसी मनचाहे फल और स्वर्ग के सुखों की प्राप्ति हो । और फिर –

भोगैश्वर्यप्रसक्तानां तयापहृतचेतसाम् ।
व्यवसायात्मिका बुद्धिः समाधौ न विधीयते ॥ 44 ॥

भावार्थ :— स्वर्ग के सुखों तथा सांसारिक भोगों के बारे में जानकर ऐसे मनुष्यों के मन में उन भोगों की प्राप्ति की लालसा पैदा हो जाती है। किस तरह से उन्हें स्वर्ग मिलेगा अथवा धन, भोग, नाम, यश आदि प्राप्त होगा, वे यही सोचते रहते है और इसी तरह के कर्मो में भी लगे रहते हैं। कुछ लोग तो काम भी कम करते है, पर उसकी चर्चा बहुत करते है जिससे कि बिना कर्म किये ही उनका नाम और इज्जत हो जाए। ऐसे मनुष्यों का समभाव तथा परमात्मा की प्राप्ति के प्रति एक दृढ़ निश्चय नहीं होता। इसलिए —

त्रैगुण्यविषया वेदा निस्त्रैगुण्यो भवार्जुन ।
निर्द्वन्द्वो नित्यसत्त्वस्थो निर्योगक्षेम आत्मवान् ॥ 45 ॥

भावार्थ :— श्रीकृष्ण अर्जुन को वेदों के ज्ञान से भी ऊपर उठकर परमात्मा के ज्ञान को प्राप्त करने को कहते है। वे कहते हैं कि हे अर्जुन ! वेदों में प्रकृति के तीनों गुणों के अधीन होकर कार्य करने से जिन फलों की प्राप्ति होती है, केवल उसका ही वर्णन किया गया है। इसलिये तू इन तीनों ही गुणों से ऊपर उठ जा।

नोट :— ये तीन गुण है सतोगुण, तमोगुण और रजोगुण। सतोगुण के अधीन मनुष्य में प्रेम, दया, क्षमा, धैर्य, सेवा आदि गुण तो होते है, पर उसमें सूक्ष्मरूप से अपने अंदर उन गुणों के होने का अभिमान भी होता है। इसी तरह रजोगुणी मनुष्य में स्वार्थ, लोभ, लालच आदि गुण मुख्य होते है तथा तमोगुणी मनुष्य में निद्रा, आलस्य, लापरवाही आदि गुण मुख्यता से होते है अर्थात् ये तीनों ही गुण परमात्मा की प्राप्ति में बाधक होते है। इसलिये श्रीकृष्ण कहते हैं कि तू इन तीनों ही गुणों से ऊपर उठकर और हर स्थिति में समान भाव रखते हुए बस अपना कर्म कर। तू अपने जीवन-निर्वाह की भी चिन्ता मत कर और मेरी राह में लग जा क्योंकि मेरी राह में लगे हुए मनुष्यों के जीवन-निर्वाह का प्रबंध भी मैं स्वयं करता हूँ। और—

यावानर्थ उदपाने सर्वतः सम्प्लुतोदके ।
तावान्सर्वेषु वेदेषु ब्राह्मणस्य विजानतः ॥ 46 ॥

भावार्थ :— हे अर्जुन ! जिस प्रकार मनुष्यों को जब अपनी जल की आवश्यकताओं की पूर्ति के लिये बड़ा तालाब मिल जाता है तो वे छोटे तालाब की तरफ ध्यान नहीं देते। उसी प्रकार जब मनुष्य कर्मयोग को समझ लेता है अर्थात कर्म करते हुए कर्मबन्धन से मुक्ति पाने के तरीके को समझ लेता है तो उसकी वेदों तथा शास्त्रों में दिये गए स्वर्ग तथा उसके भोगों की प्राप्ति के तरीको को जानने में कोई रूचि नहीं रहती क्योंकि उसे तो परमात्मा की प्राप्ति का मार्ग मिल गया है, जिसकी प्राप्ति हो जाने के बाद कुछ भी पाना शेष नहीं रहता। इसलिये

कर्मण्ये-वाधिकारस्ते मा फलेषु कदाचन ।
मा कर्मफलहेतुर्भूर्मा ते संगोऽस्त्वकर्मणि ॥ 47 ॥

भावार्थ :— हे पार्थ ! तू बस अपने कर्म को, अपने कर्तव्य को करने पर ध्यान दे । कर्म के फल की चिन्ता तू मत कर । जैसे यदि तू दान करता है तो नाम, यश आदि की इच्छा तू मत रख । तू केवल निःस्वार्थ भाव से, सबके प्रति समान भाव (समबुद्धि) रखते हुए अपना कर्तव्य कर्म करता जा । साथ ही तुझे अपने द्वारा कर्म किये जाने का अहंकार भी नहीं होना चाहिये कि मैंने इस कार्य को करके किसी का भला किया है या मेरे बिना ये कर्म होता ही नहीं । इतना ही नहीं, तेरी अपने कर्तव्यों से दूर-भागने में भी रूचि नहीं होनी चाहिये। जिससे निद्रा, आलस्य, लापरवाही आदि तमोगुणी, प्रवृतियाँ तुझे न घेर पायें अर्थात् तुझे अपना काम पूरे लगन, ईमानदारी और उत्साह से करना चाहिए । साथ ही –

योगस्थः कुरू कर्माणि सङ्गं त्यक्त्वा धनंजय ।
सिद्ध्यसिद्ध्योः समो भूत्वा समत्वं योग उच्यते ॥ 48 ॥

भावार्थ :— तुझमें इतना समभाव होना चाहिये कि पूरे परिश्रम के बाद भी कार्यों की इच्छित रूप में पूर्ति हो या न हो, फल की प्राप्ति हो या न हो, मुझे तो बस निःस्वार्थ भाव से दूसरों की भलाई के लिये कर्म करना है । हो सकता है कि इस भाव को आने में समय लगे, पर जब मनुष्य इस भावना के साथ निरंतर कार्य करता रहता है तो समय के साथ उसे समता (समबुद्धि) की प्राप्ति हो जाती है और फिर उस समभाव में निरंतर बने रहना ही योग कहलाता है । साथ ही –

दूरेण ह्यवरं कर्म बुद्धियोगाद्धनंजय ।
बुद्धौ शरणमन्विच्छ कृपणाः फलहेतवः ॥ 49 ॥

भावार्थ :— इस समभावरूपी योग में जब दृढ़निश्चयात्मिका बुद्धि मिल जाती है तो उसे बुद्धियोग कहते है। इससे समभाव की प्राप्ति आसानी से हो जाती है । जो कर्म दृढ़निश्चयी बुद्धि के साथ समभाव की प्राप्ति के लिये किये जाते है, उनकी तुलना में फल की इच्छा रखकर किये गये कर्म बहुत ही निचली श्रेणी के होते है क्योंकि बिना समभाव की प्राप्ति हुए मनुष्य जब तक फल की इच्छा से कर्म करता रहता है तो उन कर्मो के फलस्वरूप उसे पाप या पुण्य की प्राप्ति होती है, जिसका फल भोगने के लिये उसे वापस जन्म लेना पड़ता है और इससे उनकी मुक्ति नहीं हो पाती, लेकिन उन्हीं कर्मो को जब वह समबुद्धि के साथ बिना किसी फल की इच्छा के करता है तो उसे उन कर्मो के लिये पाप अथवा पुण्य दोनों की ही प्राप्ति नहीं होती, जिससे उसके पुनर्जन्म का कारण ही

समाप्त हो जाता है और उसकी मुक्ति हो जाती है। इसलिये हे धनंजय ! तू समबुद्धि का आश्रय ले क्योंकि कर्मों से फल की इच्छा रखना ही बार-बार पुनर्जन्म होने का कारण हैं। साथ ही-

बुद्धि-युक्तो जहातीह, उभे सुकृतदुष्कृते ।
तस्माद्योगाय युज्यस्व योगः कर्मसु कौशलम् ।। 50 ।।

भावार्थ :— बुद्धियोग से युक्त मनुष्य अपनी जीवित अवस्था में ही पाप और पुण्य दोनों का त्याग कर देता है अर्थात् वह कर्मों को करते हुए भी न पाप को प्राप्त होता है और न पुण्य को । इसलिये हे अर्जुन ! तू इस दृढ़निश्चयात्मिका बुद्धि का सहारा लेकर समभाव रूपी योग में लग जा क्योंकि समभाव में स्थित होकर कर्म करना ही कर्मों को करने का सही तरीका है ।

कर्मजं बुद्धियुक्ता हि फलं त्यक्त्वा मनीषिणः ।
जन्मबन्धविनिर्मुक्ताः पदं गच्छन्त्यनामयम् ।। 51 ।।

भावार्थ :— जो मनुष्य बुद्धियोग से युक्त है, ऐसे मनुष्य अपने कर्तव्यकर्म को बिना किसी फल की इच्छा के हर परिस्थिति में समानभाव रखकर करते हुए परमपिता परमात्मा को प्राप्त कर लेते हैं क्योंकि समभाव में स्थित हो जाने से उनमें राग-द्वेष, कामना, वासना आदि दोष बिल्कुल भी नहीं रहते, जिससे उनके पुनर्जन्म का कारण ही नहीं रहता और वे जन्म-मरण के बन्धन से सदा के लिय मुक्त हो जाते है। इस बुद्धियोग की प्राप्ति का उपाय बताते हुए श्रीकृष्ण कहते हैं कि –

यदा ते मोहकलिलं बुद्धिर्व्यतितरिष्यति ।
तदा गन्तासि निर्वेदं श्रोतव्यस्य श्रुतस्य च ।। 52 ।।

भावार्थ :— शरीर से अपनापन तथा शरीर के रिश्ते के माता-पिता, भाई, स्त्री-पुत्र, पति, सांसारिक भोग की वस्तु आदि से लगाव रखना मोह है। लेकिन जब तू अपनी दृढ़ निश्चयी बुद्धि द्वारा अपने इस शरीर तथा शरीर से संबंधित संबंधियों के मोह से ऊपर उठकर सभी प्राणियों को समान समझने लग जायेगा । तो तू किसी के भी प्रति अपने कर्तव्य की पूर्ति सेवा भाव से करेगा, किसी मोह के कारण नहीं, तो उस समय तुझे सांसारिक भोगों से वैराग्य हो जाएगा । लेकिन-

श्रुतिविप्रतिपन्ना ते यदा स्थास्यति निश्चला ।
समाधावचला बुद्धिस्तदा योगमवाप्स्यसि ।। 53 ।।

भावार्थ :– सांसारिक भोगों से वैराग्य होने के बाद भी जब मनुष्य परमात्मा की प्राप्ति की राह पर चलने लगता है तो वेदों में दिये गए परमात्मा की प्राप्ति के अनेक तरीकों के बीच फंस जाता है कि परमात्मा की प्राप्ति के लिए मैं कौन से अनुष्ठान करूँ और कौन से नहीं अथवा पूजा, जप, ध्यान आदि का कौन सा तरीका अपनाऊँ जिससे मुझे परमात्मा की प्राप्ति हो सके तो इसका उत्तर भगवान इस श्लोक में देते हुए कहते है कि जब तेरी बुद्धि इस वैदिक ज्ञान से ऊपर उठ जाएगी तो तू समझ जाएगा कि परमात्मा की प्राप्ति के लिए किसी तरह के अनुष्ठान या नियम की नहीं, बल्कि विशुद्ध प्रेम तथा भक्ति की आवश्यकता है तो यह जानकर तेरा मन और बुद्धि पूरी तरह परमात्मा में स्थिर हो जाएगी और तू योग को प्राप्त कर लेगा ।

अर्जुन उवाच

स्थितप्रज्ञस्य का भाषा समाधिस्थस्य केशव ।
स्थितधीः किं प्रभाषेत किमासीत व्रजेत किम् ॥ 54 ॥

भावार्थ :– पिछले श्लोक में जब भगवान श्रीकृष्ण ने कहा कि हे अर्जुन ! जब तेरी बुद्धि मोह रूपी दलदल और शास्त्र रूपी जाल को पार कर जाएगी, तब तेरी बुद्धि परमात्मा में स्थिर हो जाएगी और तू योग (समभाव) को प्राप्त हो जाएगा तो अर्जुन श्रीकृष्ण से पूछते है कि हे केशव ! जिन मनुष्यों ने इस स्थिति को प्राप्त कर लिया है, ऐसे स्थितप्रज्ञ (स्थिरबुद्धि) मनुष्यों के क्या लक्षण होते है । वह कैसे बोलता है? कैसे बैठता है? और कैसे चलता है। इस पर-

श्रीभगवान उवाच

प्रजहाति यदा कामान्सर्वान्पार्थ मनोगतान् ।
आत्मन्येवात्मना तुष्टः स्थितप्रज्ञस्तदोच्यते ॥ 55 ॥

भावार्थ :– श्रीकृष्ण अर्जुन को स्थिर बुद्धि वाले मनुष्यों का पहला लक्षण बताते हुए कहते हैं कि हे पृथानंदन, जो मनुष्य अपने मन की सारी इच्छाओं का त्याग कर देता है तथा इस कारण उसके मन में सदा एक संतुष्टि का भाव रहता है, ऐसा मनुष्य स्थिर बुद्धि (स्थितप्रज्ञ) कहा जाता है ।

दुःखे-ष्वनुद्विग्न-मनाः, सुखेषु विगत-स्पृहः ।
वीत-राग-भय-क्रोधः स्थित-धीर्-मुनि-रूच्यते ॥ 56 ॥

भावार्थ :– दुःखों की प्राप्ति होने पर जिस मनुष्य का मन विचलित नहीं होता, सुखों की प्राप्ति में भी जिसके मन में हलचल नहीं होती तथा जिसके मन में सांसारिक व्यक्तियों और वस्तुओं का मोह पूरी तरह से समाप्त हो गया है। जिस कारण उसका उन व्यक्तियों तथा वस्तुओं को खोने का भय और उनके खोने पर उपजने वाला क्रोध भी मिट गया है, ऐसा मोह (राग), भय और क्रोध से रहित मनुष्य स्थिर बुद्धि कहा जाता है। साथ ही–

यः सर्वत्रानभिस्नेहस्तत्तत्प्राप्य शुभाशुभम् ।
नाभिनन्दति न द्वेष्टि तस्य प्रज्ञा प्रतिष्ठता ॥ 57 ॥

भावार्थ :– सब प्रकार के भोगों से आसक्ति रहित हुए जिस मनुष्य के सामने जब भाग्यवश शुभ-अशुभ, अच्छी-बुरी, अनुकूल-प्रतिकूल परिस्थिति आती है तो वह मनचाही परिस्थिति को देखकर खुशी नहीं मनाता और विपरीत परिस्थितियों में दुःखी नहीं होता, तो ऐसे मनुष्य की बुद्धि अटल कही जाती है। उदाहरणस्वरूप –

यदा संहरते चायं कूर्मोऽङ्गानीव सर्वशः ।
इन्द्रियाणीन्द्रियार्थेभ्यस्तस्य प्रज्ञा प्रतिष्ठिता ॥ 58 ॥

भावार्थ :– जिस प्रकार कछुआ अपने अंगों को चारों ओर से समेट लेता है, उसी प्रकार जब मनुष्य संसार में रहते हुए भी संसार की सुख-सुविधाओं, रिश्तों आदि में न उलझकर, अपनी इन्द्रियों को अपने वश में कर लेता है, तब ऐसे मनुष्य की बुद्धि स्थिर कही जाती है। लेकिन –

विषया विनिवर्तन्ते निराहारस्य देहिनः ।
रस-वर्ज रसोऽप्यस्य, परं दृष्ट्वा निवर्तते ॥ 59 ॥

भावार्थ :– कुछ मनुष्य सांसारिक भोगों से दूर रहने का प्रयास करते हुए केवल अपनी इन्द्रियों को उन भोगों, सुख-सुविधाओं से हटा लेते है। जैसे आँखों से भोगों को न देखना, कानों से भोगों के बारे में न सुनना आदि । जिससे वे मनुष्य उन भोगों से तो दूर हो जाते है पर उनके मन में उन भोगों के लिए जो सुखबुद्धि है, लगाव है, वह कम नहीं होता । लेकिन स्थितप्रज्ञ मनुष्य की भोगों को भोगने की, उनको प्राप्त करने की यह इच्छा भी परमात्मा का अनुभव करने से हट जाती है ।

यततो ह्यपि कौन्तेय पुरुषस्य विपश्चितः ।
इन्द्रियाणि प्रमाथीनि हरन्ति प्रसभं मनः ॥ 60 ॥

भावार्थ :– हे कुन्तीनंदन ! जब तक किसी भी मनुष्य के मन में इन भोगों को भोगने

की, उनको प्राप्त करने की थोड़ी भी इच्छा बाकी रहती है तो वह मनुष्य कितना भी ज्ञानी क्यों न हो, उसकी इन्द्रियाँ पूरी तरह से उसके वश में नहीं हो सकती, जिससे वे इन्द्रियाँ उस मनुष्य के मन को बलपूर्वक वापस उन भोगों की तरफ खींच ही लेती है। इसलिये –

तानि सर्वाणि संयम्य युक्त आसीत मत्परः ।
वशे हि यस्येन्द्रियाणि तस्य प्रज्ञा प्रतिष्ठिता ॥ 61 ॥

भावार्थ :– इन्द्रियों को वश में करने का उपाय बताते हुए श्रीकृष्ण कहते है कि जब भी कोई कर्मयोगी साधक अपनी इन्द्रियों को वश में करने का प्रयास करता है तो उसे मेरा ध्यान लगाकर तथा मेरे आश्रित होकर अपनी इन्द्रियों को वश में करने का प्रयास करना चाहिये क्योंकि जिस मनुष्य की इन्द्रियाँ उसके वश में है, उसी की बुद्धि प्रतिष्ठित (स्थिर) है। अब इसका कारण बताते हुए श्रीकृष्ण कहते हैं कि –

ध्यायतो विषयान्पुंसः संगस्तेषूपजायते ।
संगात्-संजायते कामः कामात्क्रोधोऽभिजायते ॥ 62 ॥
क्रोधाद्-भवति सम्मोहः सम्मोहात्स्मृतिविभ्रमः ।
स्मृतिभ्रंशाद् बुद्धिनाशो बुद्धिनाशात्प्रणश्यति ॥ 63 ॥

भावार्थ :– जब तक मनुष्य सांसारिक व्यक्तियों तथा वस्तुओं के मोह में फंसा रहता है तब तक हर पल वह उनके बारे में ही सोचता रहता है और उनके बारे में बार- बार सोचते रहने से उसे उन्हीं व्यक्तियों, वस्तुओं तथा भोगों के साथ रहना अच्छा लगने लगता है। उन्हें लगने लगता है कि उन व्यक्तियों, वस्तुओं अथवा भोगों के बिना वो जी ही नहीं पाएँगें, जिस कारण उन्हें उनको पाने की इच्छा पैदा होती है और यदि किसी कारण से उनकी ऐसी किसी इच्छा की पूर्ति नहीं हो पाती है तो उन्हें क्रोध आने लगता है, क्रोध आने पर वे न करने योग्य काम भी कर तथा न कहने योग्य बातें भी कह डालते हैं। क्रोध में उन्हें याद ही नहीं रहता कि उनका सामने वाले व्यक्ति अथवा प्राणी के प्रति कैसा व्यवहार सही है और कैसा व्यवहार गलत । इस प्रकार क्रोध उनकी याददाश्त शक्ति पर भी असर डालता है। याददाश्त शक्ति पर असर पड़ने से उनकी बुद्धि (ज्ञान) प्रभावित होता है और वह सही और गलत का निर्णय नहीं ले पाती, जिससे उस मनुष्य का पतन हो जाता हैं । लेकिन –

राग-द्वेष-वियुक्तैस्-तु विषया-निन्द्रियैश्-चरन् ।
आत्म-वश्यैर्-विधेयात्मा, प्रसाद-मधि-गच्छति ॥ 64 ॥

प्रसादे सर्वदुःखानां हानिरस्योपजायते ।
प्रसन्नचेतसो ह्याशु बुद्धिः पर्यवतिष्ठते ।। 65 ।।

भावार्थ :— जिस मनुष्य का मन उसके वश में होता है, ऐसा मोह-द्वेष से रहित तथा अपनी इन्द्रियों को वश में किया हुआ मनुष्य अपनी इन्द्रियों को उपयोग में तो लाता है, पर वे इन्द्रियाँ उसे किसी व्यक्ति या वस्तु के मोह में नहीं फंसा पाती, जिससे उसमें क्रोध अथवा लालच न रहकर एक संतुष्टि का, शांति का भाव रहता है। दूसरे मनुष्य जिस सुख को व्यक्तियों तथा वस्तुओं में ढूंढते रहते हैं, वह सुख उसे इन्द्रियों तथा मन के वश में होने से अपने अंदर ही महसूस होने लगता है, जिससे वह अपने हर कर्तव्य को पूरा करता हुआ भी मन की स्थायी शांति और प्रसन्नता को पा लेता है और इस तरह उसके सारे दुःखों का नाश हो जाता है । साथ ही, ऐसे मनुष्यों की बुद्धि बहुत जल्द ही परमात्मा में स्थिर हो जाती हैं ।

नास्ति बुद्धिरयुक्तस्य न चायुक्तस्य भावना ।
न चाभावयतः शान्तिरशान्तस्य कुतः सुखम् ।। 66 ।।

भावार्थ :— यह श्लोक भगवान श्रीकृष्ण ने पिछले श्लोक पर ही बल देते हुए उसे विपरीत क्रम में समझाया हैं । इस श्लोक में वे कहते हैं कि जिस व्यक्ति का मन और उसकी इन्द्रियाँ उसके वश में नहीं होती, उसकी बुद्धि में ईश्वर की प्राप्ति को लेकर भी कोई दृढ़ निश्चय नहीं होता, जिससे उसका मन भी भगवान के चिंतन में स्थिर नहीं हो सकता और जिसका मन परमात्मा के चरणों में नहीं लगता उसका मन सांसारिक भोगों में ही उलझा रहता है, जिससे उसका मन शांत नहीं हो पाता और जब तक किसी इंसान के जीवन में शांति न हो, वह सुखी कैसे रह सकता है ।

इन्द्रियाणां हि चरतां यन्मनोऽनुविधीयते ।
तदस्य हरति प्रज्ञां वायुर्नावमिवाम्भसि ।। 67 ।।

भावार्थ :— जिस प्रकार हवा तेज होने पर पानी में चलती हुई नाव को हवा अपनी बहाव की दिशा में बहा कर ले जाती है, उसी प्रकार जिस मनुष्य का मन उसके वश में नहीं होता, उस मनुष्य की किसी भी एक इन्द्रिय के भोग में लगने से वह इन्द्रिय उस मनुष्य के मन को उसी भोग की तरफ ले जाती है, फिर उसके मन में उस भोग को प्राप्त करने की इच्छा जागती है और यह इच्छा उसकी बुद्धि को हर लेती है। उदाहरण स्वरूप– यदि किसी व्यक्ति की जीभ किसी खाद्य पदार्थ के स्वाद के लोभ में पड़ जाती है तो उस व्यक्ति का मन उसमें उसी खाद्य पदार्थ की प्राप्ति की इच्छा पैदा कर देता है और उसकी

बुद्धि उस वस्तु को प्राप्त करने के प्रयासों में लग जाती है ।

तस्माद्यस्य महाबाहो निगृहीतानि सर्वशः ।
इन्द्रियाणीन्द्रियार्थेभ्यस्तस्य प्रज्ञा प्रतिष्ठिता ॥ 68 ॥

भावार्थ :— इसलिये हे महाबाहो ! जिस मनुष्य ने एक दृढ़निश्चय के साथ अपने मन तथा इन्द्रियों को सभी प्रकार के भोगों से पूरी तरह से हटा लिया है। उसी मनुष्य की बुद्धि स्थिर है। ऐसे मनुष्यों के सामने अपने सांसरिक कर्तव्यों को पूरा करते हुए कितने भी भोग-पदार्थ आ जाए पर वे उस मनुष्य के मन को विचलित नहीं कर सकते तथा उस मनुष्य का मन भी उन इन्द्रियों के साथ मिलकर उसकी बुद्धि को विचलित नहीं कर सकता। तब इस अवस्था में उस मनुष्य की बुद्धि स्थिर हो जाती है ।

या निशा सर्वभूतानां तस्यां जागर्ति संयमी ।
यस्यां जाग्रति भूतानि सा निशा पश्यतो मुनेः ॥ 69 ॥

भावार्थ :— हे कुन्तीपुत्र अर्जुन ! जो मनुष्य सांसारिक भोगों और सुख-सुविधाओं में उलझे हुए है, उनके लिए ईश्वर का ज्ञान उस रात के समान है, जिसके अंधेरे में इस ज्ञान को वे समझ तथा जान नहीं पाते, पर जो मनुष्य इस ज्ञान को प्राप्त करने की थोड़ी सी भी कोशिश करते है, परमात्मा की कृपा से वहीं अज्ञान रूपी रात उन मनुष्यों के लिये दिन के समान हो जाती है और वे इस ज्ञान को पाकर परमात्मा की प्राप्ति कर लेते हैं। जैसे– जब एक विद्यार्थी पढ़ने बैठता है तो जिस विद्यार्थी की पढ़ने में रुचि नहीं होती है, उसे पुस्तक का वह ज्ञान रात के अंधेरे जैसा लगता है, पर जो बच्चा लगन से पढ़ता है, पुस्तक का वहीं ज्ञान दिन के उजाले की तरह उसकी बुद्धि को प्रकाशित कर उसे परीक्षा में उत्तीर्ण (पास) करा देता हैं ।

आपूर्यमाणमचलप्रतिष्ठं
समुद्रमापः प्रविशन्ति यद्वत् ।
तद्वत्कामा यं प्रविशन्ति सर्वे
स शान्तिमाप्नोति न कामकामी ॥ 70 ॥

भावार्थ :— जिस प्रकार नदियों का जल जब चारों ओर से जल से परिपूर्ण समुद्र में आकर मिलता है तो समुद्र के जल में कोई हलचल पैदा नहीं होती, वैसे ही सांसारिक सुख-सुविधाएँ तथा भोग-पदार्थ जब उस संयमी (स्थिर बुद्धि) मनुष्य के पास आते है तो वह उनका उपयोग तो करता है, पर वे उसके मन में सुख-दुःख रूपी हलचल पैदा नहीं

कर पाते, जिससे वो मनुष्य परमशान्ति को प्राप्त हो जाता है, जबकि सुख-सुविधाओं की इच्छा रखने वाले मनुष्य को कितनी भी सुख-सुविधाएँ मिल जाएँ, उसकी कभी तृप्ति नहीं हो सकती, जिसके कारण उसका मन सदा अशांत रहता है । लेकिन –

विहाय कामान्यः सर्वान्पुमांश्चरति निःस्पृहः ।
निर्ममो निरहंकारः स शान्तिमधिगच्छति ॥ 71 ॥

भावार्थ :– जब कोई मनुष्य अपनी संपूर्ण इच्छाओं का त्याग कर देता है और संसार में रहकर अपने सभी कर्तव्यों को बिना किसी लाभ की इच्छा के पूरे लगन और ईमानदारी से पूरा करता है। न तो उसमें किसी कार्य को करने का अहंकार होता है और न ही किसी प्रकार के सुख या दुःख की प्राप्ति में उसके मन में कोई हलचल ही होती है तो ऐसा मनुष्य जीवन में परमशांति को प्राप्त कर लेता है ।

एषा ब्राह्मी स्थितिः पार्थ नैनां प्राप्य विमुह्यति ।
स्थित्वास्यामन्तकालेऽपि ब्रह्मनिर्वाणमृच्छति ॥ 72 ॥

व्याख्या :– हे अर्जुन ! जो मनुष्य इस स्थिति को प्राप्त कर लेता है उसे ब्रह्म अर्थात् परमात्मा का अनुभव हो जाता है । साथ ही, इस स्थिति को प्राप्त हो जाने के बाद उसे किसी के प्रति मोह, ईर्ष्या, शत्रुता आदि भाव तथा सांसारिक भोग विचलित नहीं कर पाते हैं। इतना ही नहीं, जीवन के अंतकाल में भी मनुष्य अगर इस स्थिति को प्राप्त हो जाए तो उसे परमपिता परमेश्वर की प्राप्ति हो जाती है ।

इस प्रकार ॐ तत् सत् इन भगवन्नामों के उच्चारण के साथ ब्रह्मविद्या और योग शास्त्र से युक्त श्रीमद्भगवदगीता रूपी उपनिषद् के श्रीकृष्ण और अर्जुन के संवाद में 'सांख्ययोग' नामक दूसरा अध्याय पूर्ण हुआ ।

तृतीय अध्याय

अर्जुन उवाच

ज्यायसी चेत्कर्मणस्ते मता बुद्धिर्जनार्दन ।
तत्-किं कर्मणि घोरे मां, नियोजयसि केशव ॥ 1 ॥
व्या-मिश्रेणेव वाक्येन, बुद्धिम् मोहयसीव मे ।
तदेकं वद निश्चित्य येन श्रेयोऽहमाप्नुयाम् ॥ 2 ॥

भावार्थ :– पिछले अध्याय में भगवान श्रीकृष्ण ने अड़तीसवें (३८वें) श्लोक तक सांख्ययोग (ज्ञानयोग) के बारे में बताया है कि किस तरह मनुष्य आत्मा और शरीर का ज्ञान प्राप्त करके सांसारिक व्यक्तियों तथा भोगों से आसक्ति रहित हो सकता है और फिर हर परिस्थिति में समान भाव रखकर कर्म करते हुए पापों से भी मुक्त हो सकता है। इसके बाद ३८वें श्लोक से वे बताते हैं कि मनुष्य कर्मयोग को अपनाकर बिना आत्मा और शरीर का ज्ञान प्राप्त किये भी सभी प्राणियों के प्रति तथा प्रत्येक परिस्थिति में समभाव रखते हुए, अपने कर्तव्यों को बिना फल की इच्छा के पूरी तत्परता और लोकहित की भावना से करते हुए मुक्ति को पा सकता है, परन्तु कर्मयोगी को सांसारिक मोह तथा आसक्ति को हटाकर समभाव की प्राप्ति के लिये एक दृढ़निश्चयात्मिका बुद्धि की आवश्यकता होती है। तो अर्जुन को लगता है कि जब वे बुद्धियोग द्वारा अपनी बुद्धि को परमात्मा में लगाकर ईश्वर की प्राप्ति कर सकते हैं तो फिर वे युद्ध जैसा घिनौना कर्म क्यों करें। इसलिए वे श्रीकृष्ण से पूछते है कि हे श्रीकृष्ण ! जब आप बुद्धि को कर्म से श्रेष्ठ मानते है तो मुझे घोर कर्मों में क्यों लगाते हैं ।

श्रीभगवान् उवाच

लोकेऽस्मिन्द्विविधा निष्ठा पुरा प्रोक्ता मयानघ ।
ज्ञानयोगेन सांख्यानां कर्मयोगेन योगिनाम् ॥ 3 ॥

भावार्थ :– अर्जुन पिछले अध्याय में कर्मयोग को ठीक से समझ नहीं पाए इसलिये इस अध्याय में श्रीकृष्ण अर्जुन को कर्मयोग के बारे में विस्तार से समझाते हुए कहते हैं कि हे अर्जुन ! इस लोक में ईश्वर की प्राप्ति होने के दो तरीके मेरे द्वारा कहे गये हैं – ज्ञानयोग (संख्ययोग) और कर्मयोग । दोनों में से किसी भी तरीके को अपनाकर ईश्वर

की प्राप्ति की जा सकती हैं। ज्ञानयोग में मनुष्य ज्ञान प्राप्त कर आत्मा और शरीर को अलग-अलग रूप में जान लेता है और इस प्रकार स्वयं को एक आत्मा मानकर सभी कार्यों को करते हुए भी उसमें कर्त्तापन के अभिमान का त्याग कर देता है अर्थात् उसके अंदर यह अभिमान नहीं रहता कि ये कर्म मैंने किया है या ये कर्म मेरे बिना होता ही नहीं। जबकि कर्मयोगी अपनी बुद्धि (विवेक) का उपयोग करते हुए एक दृढ़निश्चय के साथ अपने सभी कर्तव्य कर्मों को मोह-द्वेष आदि का त्याग करके निःस्वार्थ भाव से केवल लोकहित की भावना से करता है तथा कार्य के फलस्वरूप मिलने वाले सुख-दुःख में भी समान भाव रखता हैं ।

न कर्मणा-मनारम्भान्-नैष्कर्म्यम् पुरूषोऽइनुते ।
न च सन्यसना-देव, सिद्धिम् समधि-गच्छति ॥ 4 ॥

भावार्थ :— हे पार्थ ! कोई भी मनुष्य न तो सिर्फ कर्म करते रहने से ही कर्मयोगी बन सकता है और न ही कर्मों को पूरी तरह से त्याग कर अपने कर्तव्यों, अपने परिवार तथा संसार से मुँह मोड़कर वीराने में चले जाने से सन्यासी अथवा ज्ञानी बन सकता हैं ।

न हि कश्चित्क्षणमपि जातु तिष्ठत्यकर्मकृत् ।
कार्यति ह्यवशः कर्म सर्वः प्रकृतिजैर्गुणैः ॥ 5 ॥

भावार्थ :— कोई भी मनुष्य किसी भी स्थिति में पलभर भी कर्म किये बिना नहीं रह सकता, चाहे वह ज्ञानयोगी हो या कर्मयोगी । चलना-फिरना, खाना-पीना, सोना-जागना, सांस लेना, सोचना आदि भी क्रियाएँ ही हैं, सृष्टि में विद्यमान सभी चल-अचल जीव प्रकृति तथा उसके तीनों गुणों (सत्, रज और तम) के अधीन है। इसलिये, मनुष्य भी प्रकृति का ही हिस्सा होने के कारण कभी परिस्थिति के, कभी स्वभाव (प्रकृति) के और कभी आवश्यकता के वश में होकर कर्म करता ही रहता है ।

नोट :— प्रकृति शब्द के दो अर्थ होते है सृष्टि और स्वभाव, गीता में प्रकृति शब्द का प्रयोग दोनों ही अर्थों में जगह-जगह किया गया है ।

कर्मेन्द्रियाणि संयम्य य आस्ते मनसा स्मरन् ।
इन्द्रियार्थान्विमूढात्मा मिथ्याचारः स उच्यते ॥ 6 ॥

भावार्थ :— जबकि कई मनुष्य तो ऐसे होते हैं जो बाहरी दिखावे के लिये तो घर-परिवार, संसार सब त्याग कर साधु का वेश बना लेते है, लेकिन उनके मन में भोगों की तथा संसार की लालसा खत्म नहीं होती, ऐसे अज्ञानी मनुष्य को श्रीकृष्ण पाखंडी बताते हैं।

यस्त्विन्द्रियाणि मनसा नियम्यारभतेऽर्जुन ।
कर्मेन्द्रियैः कर्मयोगमसक्तः स विशिष्यते ॥ 7 ॥

भावार्थ :— अर्जुन युद्ध में परिवार जनों की मृत्यु तथा उनको मारने से पाप की प्राप्ति होने के भय से युद्ध रूपी अपने कर्तव्यकर्म का त्याग कर देना चाहते हैं। इसलिये श्रीकृष्ण अर्जुन को समझाते हुए कहते है कि हे अर्जुन ! केवल अपनी किसी इच्छा की पूर्ति या भय के कारण अपने कर्तव्य को त्यागकर वीराने में चले जाने से मुक्ति नहीं मिल सकती है, बल्कि अपने मन और इन्द्रियों पर नियंत्रण करके तथा सभी प्रकार की मोहमाया का त्याग करके हर परिस्थिति (जय-पराजय) तथा हर प्राणी के प्रति समान भाव रखते हुए पूरी लगन और तत्परता से अपने कर्तव्य कर्म करना अर्थात् कर्मयोग का आचरण करना ही श्रेष्ठ तथा मुक्ति का मार्ग हैं ।

नियतं कुरू कर्म त्वं कर्म ज्यायो ह्यकर्मणः ।
शरीरयात्राऽपि च ते न प्रसिद्ध्येदकर्मणः ॥ 8 ॥

भावार्थ :— इसलिए, हे अर्जुन ! शास्त्रों के अनुसार क्षत्रिय होने के नाते तेरे जो कर्तव्य है, तू उनको पूरा कर क्योंकि कर्मो का त्याग करने की अपेक्षा निष्काम भाव से दूसरों की तथा संसार की भलाई के लिये कर्म करना सदा ही श्रेष्ठ माना गया है और साथ ही कर्म न करने से तेरा जीवन-निर्वाह भी सिद्ध नहीं होगा अर्थात् अपने शरीर की आवश्यकताओं की पूर्ति के लिये तुझे कुछ न कुछ कर्म तो करना ही होगा ।

नोट :— इस श्लोक के माध्यम से भगवान श्रीकृष्ण प्रत्येक मनुष्य के लिये कहते हैं कि किसी भी मनुष्य का जो भी कर्तव्यरूपी कर्म है, जैसे- विद्यार्थी का पढ़ने का, शिक्षक का पढ़ाने का, डॉक्टर का लोगों का इलाज करने का आदि, ये सभी कर्म उन्हें बिना किसी स्वार्थ के संसार के हित की भावना से जरूर करने चाहिये। यदि लोग कर्म करने के डर से सन्यासी बन जाएँगें तो उनके शरीर की आवश्यकताओं की भी पूर्ति भी नहीं होगी, जिससे वे न करने योग्य कार्यो में लग जाएँगे और सन्यासी बनने के बाद भी अगर वे अपने मन और इन्द्रियों को वश में नहीं कर पाये तो उन्हें परमात्मा की प्राप्ति भी नहीं होगी और इस प्रकार उनका पतन हो जाएगा ।

यज्ञार्थात् कर्मणोऽन्यत्र, लोकोऽयं कर्म-बन्धनः ।
तदर्थ कर्म कौन्तेय, मुक्त-संगः समाचर ॥ 9 ॥

भावार्थ :— श्रीकृष्ण अर्जुन को आगे और समझाते हुए कहते हैं कि हे अर्जुन ! तू केवल यज्ञ के लिये कर्म कर अर्थात निष्काम भाव से दूसरों के हित को ध्यान में रखते

हुए अपने कर्तव्य कर्म कर । जब तू किसी कर्म को अपने स्वार्थ के लिये मोहमाया में फंसकर करता है तो वे कर्म तुझे पाप-पुण्य के बंधनों में बांध देते है, जिन्हें भोगने के लिये तुझे बार-बार इस धरती पर आना पड़ता है लेकिन जब तू उसी कर्म को मोह-माया, ईर्ष्या, शत्रुता, स्वार्थ आदि भावों से मुक्त होकर दूसरों की भलाई की भावना से करता है तो वे कर्म तुझे मुक्ति प्रदान करते हैं ।

सहयज्ञाः प्रजाः सृष्ट्वा पुरोवाच प्रजापतिः ।
अनेन प्रसविष्यध्वमेष वोऽस्त्विष्टकामधुक् ॥ 10 ॥
देवान्भावयतानेन ते देवा भावयन्तु वः ।
परस्परं भावयन्तः श्रेयः परमवाप्स्यथ ॥ 11 ॥

भावार्थ :— हे पार्थ ! ब्रह्माजी ने जब सृष्टि के आरंभ में प्राणियों की रचना की तो उन्होंने उन प्राणियों में से विशेषकर मनुष्यों के लिये कर्तव्यरूपी कर्मों के कुछ नियम बनाएँ, जिनका पालन करने से वे मुक्ति को पा सकते हैं । उन नियमों को बनाकर उन्होंने मनुष्यों से कहा कि तुमलोग अपने कर्तव्यों का पालन नियमपूर्वक दूसरों की भलाई की भावना के साथ करो और तुम्हारे इस कर्तव्यपालन रूपी यज्ञ के फलस्वरूप विभिन्न देवता भी अपने कर्तव्यपालन रूपी यज्ञ द्वारा तुम्हें आवश्यक वस्तुएँ प्रदान करते रहेंगे और इस प्रकार दोनों अपने-अपने कर्तव्य पालन रूपी यज्ञ द्वारा एक दूसरे को उन्नत करते हुए परमकल्याण को प्राप्त हो जाओगे । इस प्रकार –

इष्टान्-भोगान्-हि वो देवा, दास्यन्ते यज्ञ-भाविताः ।
तैर्-दत्ता-नप्रदायैभ्यो, यो भुङ्क्ते स्तेन एव सः ॥ 12 ॥

भावार्थ :— जब मनुष्य अपने कर्तव्य का पालन पूरे लगन और निःस्वार्थ भाव से करते हैं तो देवता भी उन्हें बिना मांगे ही उनके कर्तव्यपालन की आवश्यक सामग्रियाँ दे देते हैं, लेकिन जो व्यक्ति देवताओं से प्राप्त इन वस्तुओं, धन, सामर्थ्य, बुद्धि आदि को लोगों की भलाई में लगाए बिना केवल अपने स्वार्थ के लिए उपयोग करता है, श्रीकृष्ण ऐसे व्यक्तियों को चोर बताते हैं क्योंकि मनुष्यों को सारी वस्तुएँ अपने कर्तव्यपालन द्वारा दूसरों की भलाई में लगाने के लिये ही मिली हैं ।

यज्ञशिष्टाशिनः सन्तो मुच्यन्ते सर्वकिल्बिषैः ।
भुंजते ते त्वघं पापा ये पचन्त्यात्मकारणात् ॥ 13 ॥

भावार्थ :— इस प्रकार जो मनुष्य निःस्वार्थ भाव से अपने परिवार तथा संसार के प्रति अपने कर्तव्यों का पालन करते हैं और उससे उन्हें जितने भी जीवन-निर्वाह के

साधन प्राप्त होते हैं, उन्हीं में संतुष्ट रहते हैं, वे मनुष्य सभी प्रकार के पापों से मुक्त हो जाते हैं और इसके विपरीत जो मनुष्य केवल अपने स्वार्थ के लिये ही सब कार्य करते हैं, वे पाप के दलदल में फंसते चले जाते हैं ।

अन्नाद्-भवन्ति भूतानि पर्जन्या-दन्न-सम्भवः ।
यज्ञाद्-भवति पर्जन्यो, यज्ञः कर्म-समुद्भवः ॥ 14 ॥
कर्म ब्रह्मोद्-भवं विद्धि, ब्रह्माक्षर-समुद्-भवम् ।
तस्मात्-सर्वगतं ब्रह्म, नित्यं यज्ञे प्रतिष्ठितम् ॥ 15 ॥

भावार्थ :– श्रीकृष्ण कर्म करने की आवश्यकता पर और अधिक बल देते हुए कहते है कि हे अर्जुन ! परमात्मा ने वेदों को प्रकट किया है और वेदों में कर्मों को करने का सही तरीका बताया गया हैं । जब मनुष्य वेदों में बताए गये कर्मों को करने के तरीके का विधिपूर्वक पालन करते है तो उनका वह कर्म ही यज्ञ बन जाता है, जिससे देवता प्रसन्न होते है। देवताओं के प्रसन्न होने से अच्छी वर्षा होती है, वर्षा से अन्न होता है, अन्न के सेवन से ही सभी प्राणी जीवित रहते हैं और उन्हीं प्राणियों में से एक मनुष्य अपने कर्तव्यपालन रूपी यज्ञ करते है और इसी प्रकार सृष्टि का यह चक्र चलता रहता है। अतः परमात्मा ही सबके मूल है। सबके मूल होने और सभी जगह व्याप्त होने पर भी परमात्मा विशेष रूप से वहीं निवास करते हैं, जहाँ अपने कर्तव्यों का पूरी लगन और उत्साह के साथ पालन किया जाता हैं । लेकिन-

एवं प्रवर्तितं चक्रं नानुवर्तयतीह यः ।
अघायुरिन्द्रियारामो मोघं पार्थ स जीवति ॥ 16 ॥

भावार्थ :– हे पार्थ ! जो मनुष्य वेदों तथा शास्त्रों में बताए गए नियमों का पालन करते हुए अपने कर्तव्यों को पूरा नहीं करता तथा अपनी सुख-सुविधाओं और भोगों के बारे में ही सोचता रहता है, वह तो सृष्टि की व्यवस्था में किसी भी तरह से अपना योगदान नहीं देता, बल्कि सृष्टि चक्र में बाधा ही डालता है। श्रीकृष्ण कहते हैं कि ऐसे मनुष्यों का तो जीवन ही बेकार है, क्योंकि सृष्टि का जो चक्र बनाया गया है, सभी मनुष्य जब अपने-अपने कर्तव्यों का निःस्वार्थ भाव से लोकहित में पालन करने रूपी यज्ञ के द्वारा उसमें अपना योगदान देंगे, तभी वह सृष्टि चक्र सुचारू रूप से चल पाएगा। परन्तु-

यस्त्वात्मरतिरेव स्यादात्मतृप्तश्च मानवः ।
आत्मन्येव च सन्तुष्टस्तस्य कार्यम् न विद्यते ॥ 17 ॥

भावार्थ :— जिस मनुष्य ने अपनी इन्द्रियों तथा मन को वश में करके सांसारिक मोह-माया को पूरी तरह त्याग दिया है, जिसके अंदर किसी तरह की कोई सांसारिक इच्छा बाकी नहीं बची है तथा जो अपने आप में पूरी तरह से संतुष्ट है, यहाँ तक की जीवन-निर्वाह के साधनों की भी कोई विशेष लालसा उसमें नहीं बची है और उसने अपने आप को पूरी तरह से परमात्मा में लीन कर लिया है, ऐसे मनुष्यों के ऊपर कर्तव्य रूपी कर्मों का यह नियम लागू नहीं होता ।

नैव तस्य कृतेनार्थो नाकृतेनेह कश्चन ।

न चास्य सर्वभूतेषु कश्चिदर्थव्यपाश्रयः ॥ 18 ॥

भावार्थ :— परमात्मा में लीन ऐसे महापुरूष का न तो कर्मों को करने को लेकर कोई स्वार्थ होता है और न ही उनको न करने को लेकर । वे मानते हैं कि यह शरीर परमात्मा की प्राप्ति के लिए ही मिला है और इसे परमात्मा की प्राप्ति में ही लगाना है । शरीर तथा संसार के साथ थोड़ा भी स्वार्थ का संबंध न रहने के कारण उनकी समस्त क्रियाएँ स्वतः ही दूसरों की भलाई के लिये होती है। अगर ऐसा मनुष्य कोई कर्म न भी करें तो उसका जीवन बेकार नहीं हैं क्योंकि उसने अपने जीवन के वास्तविक उद्देश्य को पा लिया है, जिससे उसके लिए कुछ भी करना बाकी नहीं रहा । लेकिन –

तस्मादसक्तः सततं कार्यं कर्म समाचर ।

असक्तो ह्याचरन्कर्म परमाप्नोति पूरूषः ॥ 19 ॥

भावार्थ :— हे अर्जुन ! जब तक तू इस अवस्था को प्राप्त नहीं कर लेता, तू सभी प्रकार की मोह-माया को त्याग कर तेरा जो कर्तव्य कर्म है उसका, बिना किसी फल की इच्छा के केवल दूसरों के हित के लिये पालन कर, क्योंकि जो मनुष्य बिना किसी स्वार्थ की भावना के अपना कर्तव्य पूरी ईमानदारी और लगन के साथ पूरा करता है, वह परमात्मा को पा लेता हैं ।

कर्मणैव हि संसिद्धिमास्थिता जनकादयः ।

लोकसंग्रहमेवापि सम्पश्यन्कर्तुमर्हसि ॥ 20 ॥

भावार्थ :— इसका उदाहरण देते हुए श्रीकृष्ण कहते हैं कि राजा जनक (देवी सीता के पिता) तथा उन्हीं की तरह अनेक ऐसे महापुरूष हुए हैं जो विभिन्न भोगों के बीच में रहते हुए भी भोगों तथा मोह-माया के जाल में कभी नहीं फंसे और अपने कर्तव्यों का सुचारू रूप से पालन करते हुए परमगति को प्राप्त हुए । इसलिए हे अर्जुन ! तुम्हें इन्हें देखते हुए भी अपने कर्तव्य का ही पालन करना चाहिए । साथ ही-

यद्यदाचरति श्रेष्ठस्तत्तदेवेतरो जनः ।
स यत्प्रमाणं कुरुते लोकस्तदनुवर्तते ॥ 21 ॥

भावार्थ :— हे पार्थ ! श्रेष्ठ मनुष्य वही होते है, जिन्होंने अपने जीवन में अपने प्रयासों, लगन और तत्परता के साथ निष्काम भाव से कर्म को करते हुए परमात्मा की प्राप्ति के अपने लक्ष्य को प्राप्त कर लिया है। इस लक्ष्य को प्राप्त करने की चाह रखने वाले दूसरे मनुष्य भी इन श्रेष्ठ मनुष्यों द्वारा अपनायें गये मार्गों से ही शिक्षा लेकर उन्हीं की तरह आचरण करते हैं तथा उन्हीं की तरह जीवन जीने का प्रयास भी करते हैं । इसलिए –

न मे पार्थास्ति कर्तव्यं त्रिषु लोकेषु किंचन ।
नानवाप्तमवाप्तव्यं वर्त एव च कर्मणि ॥ 22 ॥

भावार्थ :— हे पार्थ ! जहाँ सभी प्राणी कुछ न कुछ पाने की आशा से ही कर्म करते है, वहीं मैं, जिसके लिए तीनों लोकों की कोई भी वस्तु अप्राप्य नहीं है, केवल दूसरों के हित के लिये ही कर्म करता हूँ। उन्हीं के हित के लिये मैं अवतार लेता हूँ और साधु पुरुषों का उद्धार तथा पापी मनुष्यों का विनाश करके धर्म की स्थापना करता हूँ ।

यदि ह्यहं न वर्तेयं जातु कर्मण्यतन्द्रितः ।
मम वर्त्मानुवर्तन्ते मनुष्याः पार्थ सर्वशः ॥ 23 ॥
उत्सीदेयु-रिमे लोका न कुर्यामु कर्म चेदहम् ।
संकरस्य च कर्ता स्यामुपहन्यामिमाः प्रजाः ॥ 24 ॥

भावार्थ :— हे पार्थ ! अगर मैं भी, जिसे सृष्टि की हर वस्तु प्राप्त है, पूरी लगन और सावधानीपूर्वक अपना कर्तव्य कर्म न करूँ तो ये सारी सृष्टि ही नष्ट हो जाएगी । सभी मनुष्य मेरा उदाहरण देते हुए अपने कर्तव्यों से मुँह मोड़ लेंगे, जिससे सबके मर्यादाहीन और नष्ट-भ्रष्ट होने का उत्तरदायित्व मेरे ऊपर आ जाएगा । इसलिए –

सक्ताः कर्मण्यविद्वांसो यथा कुर्वन्ति भारत ।
कुर्याद्विद्वांस्तथासक्तश्चिकीर्षुर्लोकसंग्रहम् ॥ 25 ॥
न बुद्धिभेदं जनयेदज्ञानां कर्मसंगिनाम् ।
जोषयेत्सर्वकर्माणि विद्वान्युक्तः समाचरन् ॥ 26 ॥

भावार्थ :— हे भरतवंशी अर्जुन ! जिस प्रकार मोह-माया में फंसे हुए मनुष्य अपने इच्छित फल की प्राप्ति के लिये पूरी लगन और तत्परता से अपने काम में लगे रहते है, उसी प्रकार मोह-माया को त्याग कर ईश्वर की प्राप्ति के प्रयासों में लगे हुए मनुष्यों को

भी दूसरों के हित की भावना से उतनी ही तत्परता और लगन से काम करना चाहिये क्योंकि अगर ज्ञानी महापुरुष संसार से विमुख होकर अपने कर्मों का त्याग कर देंगे तो साधारण मनुष्य भी उन्हीं का अनुसरण करते हुए अपने-अपने कर्तव्यों से विमुख हो जाएँगे, जिससे सृष्टि का चक्र ही रुक जाएगा। इसलिये ज्ञानी महापुरुषों को साधरण मनुष्यों को कर्म करने का केवल ज्ञान न देते हुए स्वयं भी निःस्वार्थ भाव से कर्म करते रहना चाहिये। साथ ही-

प्रकृतेः क्रियमाणानि गुणैः कर्माणि सर्वशः ।
अहंकारविमूढात्मा कर्ताहमिति मन्यते ॥ 27 ॥

भावार्थ :– हे अर्जुन ! प्रत्येक मनुष्य अपने स्वभाव तथा गुणों के वश में होकर ही कर्म करता है। जब भी वह कोई कर्म करता है, अच्छा या बुरा, तो उसमें उसकी आदतें, उसका स्वभाव तथा उसके भीतर के गुण जैसे क्रोध, दया, लोभ, ममता आदि महत्वपूर्ण भूमिका निभाते हैं। उदाहरणस्वरूप, जब किन्हीं दो मनुष्यों में से एक किसी गलती के लिए दूसरे मनुष्य को सजा देता है जबकि दूसरा मनुष्य उसी गलती के लिए उसे माफ कर देता है तो ये कार्य उनसे उन मनुष्यों के गुण करवाते हैं, परन्तु अपने अहंकार के कारण अज्ञानी मनुष्य अपने आप को ही हर कार्य का कर्ता मानता हैं ।

तत्त्विन्तु महाबाहो गुणकर्मविभागयोः ।
गुणा गुणेषु वर्तन्त इति मत्वा न सज्जते ॥ 28 ॥

भावार्थ :– हे महाबाहो ! सृष्टि के प्रत्येक प्राणी में पाये जाने वाले अच्छे या बुरे गुणों को तीन भागों में बांटा गया है- सतोगुण, रजोगुण तथा तमोगुण । किसी प्राणी में सतोगुण की प्रधानता होती है, किसी में रजोगुण की तो किसी में तमोगुण की । जब भी कोई प्राणी अपने समान गुणों अथवा विपरीत गुणों वाले मनुष्य या जीव के संपर्क में आता है तो उनके गुण आपस में मिलकर कार्य करने लगते है, जिससे उनमें कभी सतोगुण का प्रभाव अधिक होता है तो कभी रजोगुण या कभी तमोगुण का और इस प्रकार उनके गुण ही आपस में मिलकर उनसे विभिन्न प्रकार के कार्य करवाते है। इसलिए जो मनुष्य इन गुणों को तथा इनके द्वारा करवाये जाने वाले कार्यों को अच्छी प्रकार जानता तथा समझता है, उनमें कर्मों के प्रति आसक्ति तथा कर्मों को करने या कराने का अभिमान नहीं होता लेकिन –

प्रकृतेर्-गुण-सम्मूढाः, सज्जन्ते गुण-कर्मसु ।
तानकृत्स्न-विदो मन्दान्, कृत्स्न-विन्-न विचालयेत् ॥ 29 ॥

भावार्थ :— यहाँ प्रश्न उठता है कि यदि मनुष्य द्वारा किये जाने वाले सभी कार्य उससे तीनों प्रकार के गुण करवाते है तो फिर मनुष्य अपने आप को किसी कार्य का कर्ता क्यों मानता है। तो इसका उत्तर देते हुए श्रीकृष्ण कहते हैं कि वे माया अर्थात प्रकृति के तीनों गुणों से मोहित होकर स्वयं को कर्ता मान लेते है और इन्हीं गुणों में बंधकर वे सांसारिक भोगों की प्राप्ति के लिए विभिन्न कर्म करते रहते है तथा किसी फल की इच्छा के बिना कर्म करने में असमर्थ होते हैं। फिर भी ज्ञानी महापुरुषों को इन अज्ञानी मनुष्यों को केवल सही और गलत का ज्ञान देकर उन्हें सही मार्ग पर लाने का प्रयास नहीं करना चाहिये, बल्कि ज्ञान देने के साथ ही अपने कर्मों के द्वारा भी उनके सामने उदाहरण प्रस्तुत करना चाहिये । इसलिये –

मयि सर्वाणि कर्माणि सन्न्यस्याध्यात्मचेतसा ।

निराशीर्निर्ममो भूत्वा युध्यस्व विगतज्वरः ॥ 30 ॥

भावार्थ :— हे अर्जुन ! तू भी अपने विवेक का प्रयोग करते हुए अपने इस युद्धरूपी कर्तव्यकर्म को हर प्रकार की कामना (इच्छा), मोह (लगाव) और दुःख से रहित होकर तथा फल की चिन्ता को मुझपर छोड़कर केवल लोकहित की भावना से कर ।

ये मे मतमिदं नित्यमनुतिष्ठन्ति मानवाः ।

श्रद्धावन्तोऽनसूयन्तो मुच्यन्ते तेऽपि कर्मभिः ॥ 31 ॥

भावार्थ :— अब श्रीकृष्ण इस श्लोक के माध्यम से सभी मनुष्यों को समझाते हुए कहते हैं कि जो भी मनुष्य मेरी इस बात को पूरी श्रद्धा रखकर, बिना कोई कमी या गलती निकाले मानते हैं तथा उसी के अनुसार अपने जीवन को ढ़ालने का प्रयास करते है, वे मनुष्य जीवन–मरण के इस चक्र से छूटकर मुक्ति को प्राप्त कर लेते हैं। हे पार्थ ! मुक्ति (मोक्ष) को प्राप्त करने के लिए ही मानव जीवन मिला है तथा मुक्ति ही जन्म–मरण के कष्टों से छूटने का एकमात्र उपाय है। परन्तु –

ये त्वेतदभ्यसूयन्तो नानुतिष्ठन्ति मे मतम् ।

सर्वज्ञानविमूढांस्तान्विद्धि नष्टानचेतस ॥ 32 ॥

भावार्थ :— हे अर्जुन ! कुछ मनुष्य ऐसे भी होते हैं जो इस बात को जानकर भी नहीं मानते और उसमें कमियाँ निकालते रहते हैं, उन्हें लगता है कि वे ही अपने हर कार्य को करने वाले हैं तथा वे अपने द्वारा किये गये हर कार्य का अपनी इच्छानुसार फल भी स्वयं ही प्राप्त कर सकते हैं और इसीलिये वे सदा अपने स्वार्थ की पूर्ति से संबंधित कामों में

लगे रहते है। श्रीकृष्ण ऐसे मनुष्यों को अपने गलत ज्ञान में उलझे हुए तथा अविवेकी बताते हुए कहते हैं कि ऐसे मनुष्य दूसरों के समझाने पर भी उनकी बातों पर ध्यान नहीं देते, जिससे अंत में उनका पतन हो जाता हैं ।

सदृशं चेष्टते स्वस्याः प्रकृतेर्ज्ञानवानपि ।
प्रकृतिं यान्ति भूतानि निग्रहः किं करिष्यति ॥ 33 ॥

भावार्थ :– हे अर्जुन ! प्रत्येक मनुष्य अपनी प्रकृति (स्वभाव तथा गुणों) के वश में होकर कार्य करते हैं। जो ज्ञानी मनुष्य इस सच्चाई को जानते हैं, वे भी अपने स्वभाव (शांति, क्षमा, संतोष आदि) के विपरीत कार्य नहीं कर सकते । इसलिये हे अर्जुन ! युद्ध करने या ना करने के विषय में तुम्हारा हठ कुछ भी काम नहीं आएगा और तुम्हारा क्षत्रिय स्वभाव किसी न किसी क्षण तुम्हें युद्ध में लगा ही देगा । क्योंकि –

इन्द्रियस्ये–न्द्रियस्यार्थे, राग–द्वेषौ व्यवस्थितौ ।
तयोर्–न वश–मागच्छेत्, तौ ह्यस्य परि–पन्थिनौ ॥ 34 ॥

भावार्थ :– मनुष्य का स्वभाव, जो कि उसके पिछले जन्मों के कर्मों के अनुसार बनता है, उसे तो बदलना आसान नहीं होता, लेकिन मनुष्य अपने इन्द्रियों के विषयों (अच्छा- बुरा देखना, स्वाद लेना तथा स्पर्श करना आदि) से प्राप्त होने वाली खुशी या दुःख में निर्विकार रहकर व्यक्तियों या वस्तुओं के प्रति मोह या द्वेष का त्याग कर सकता है। मोह तथा द्वेष ये दोनों ही इंसान के सबसे बड़े शत्रु हैं। उदाहरणस्वरूप जब मनुष्य की एक इन्द्रिय जीभ किसी वस्तु का स्वाद लेती है तो उस अच्छे या बुरे स्वाद में निर्विकार रहकर वह मनुष्य उस वस्तु के प्रति मोह या द्वेष की भावना से बच सकता है। इसीलिए –

श्रेयान्स्वधर्मो विगुणः परधर्मात्स्वनुष्ठितात् ।
स्वधर्मे निधनं श्रेयः परधर्मो भयावहः ॥ 35 ॥

भावार्थ :– हे अर्जुन ! अपने सांसारिक कर्तव्यों को करते हुए भी मनुष्य को पूरी तत्परता से अपने स्वधर्म (नियत कर्म) को हर परिस्थिति में निर्विकार तथा मोह एवं द्वेष से रहित होकर करना चाहिए क्योंकि मनुष्य अपने स्वभाव के अनुसार अपने नियत कर्म को जितनी अच्छी तरह से कर पाता है, उतना दूसरों के नियत कर्म को नहीं। जैसे शिक्षक का नियत कर्म पढ़ाना है, लेकिन अगर वह वैद्य के नियत कर्म रोगियों का इलाज को करने की सोचे तो यह उसके लिये परधर्म है और काफी मुश्किल भी है। इसलिये

श्रीकृष्ण यहाँ अर्जुन के युद्ध छोड़कर भिक्षा मांगने के प्रस्ताव का उत्तर देते हुए कहते हैं कि दोषों से भरा हुआ दिखने पर भी मनुष्य के लिये अपना स्वधर्म अथवा नियत कर्म करना ही श्रेष्ठ है। अपने धर्म को निभाते हुए मरना भी कल्याणकारक होता है जबकि दूसरों के धर्म के अनुसार कार्य करना तुम्हारा स्वभाव न होने के कारण तुम्हारे लिये काफी कठिन है ।

अर्जुन उवाच
अथ केन प्रयुक्तोऽयं पापं चरति पूरूष: ।
अनिच्छन्नपि वार्ष्णेय बलादिव नियोजित: ॥ 36 ॥

भावार्थ :— अर्जुन श्रीकृष्ण की बातों को सुनकर थोड़ी दुविधा में पड़ जाते है तथा अपनी दुविधा का उत्तर जानने के लिये उनसे प्रश्न करते हैं कि हे वार्ष्णेय । मनुष्य को पाप करने पर मजबूर करने वाले जो इतने सारे कारण आपने बताये है, जैसे श्रद्धा की कमी, राग-द्वेष, मन का वश में ना होना, काम (इच्छा), अपने नियत कर्म में रूचि न होना आदि । इनमें से वह कौन सा मुख्य कारण है, जिसके वश में होकर मनुष्य न चाहते हुए भी पाप कर्म में लग जाता है । इस पर

श्रीभगवान् उवाच
काम एष क्रोध एष, रजो-गुण-समुद्भव: ।
महाशनो महा-पाप्मा, विद्ध्येन-मिह वैरिणम् ॥ 37 ॥

भावार्थ :— श्रीकृष्ण अर्जुन के प्रश्न का उत्तर देते हुए कहते हैं कि रजोगुण के अंतर्गत आने वाली यह कामना (इच्छा) ही समस्त पापों का मूल कारण है। मनुष्य की जब कोई इच्छा पूरी नहीं होती, तो उसमें क्रोध का जन्म होता है, जिसके वश में हो जाने पर मनुष्य अच्छे-बुरे का भेद भूल जाता है और अपनी इच्छा की पूर्ति के लिये सभी सही और गलत तरीके अपनाने लगता है। फिर भी मनुष्य की इच्छाओं का यह सिलसिला कभी रूकता ही नहीं है। मनुष्य जब अपनी एक इच्छा पूरी कर लेता है तो वह अपनी दूसरी इच्छा की पूर्ति में लग जाता है और इस प्रकार यह चक्र चलता ही रहता है।

उदाहरणस्वरूप –

धूमेनाव्रियते वह्निर्यथादर्शो मलेन च ।
यथोल्बेनावृतो गर्भस्तथा तेनेदमावृतम् ॥ 38 ॥

भावार्थ :— जिस प्रकार धुएँ के ज्यादा होने पर अग्नि दिखाई नहीं देती, धूल के ज्यादा होने पर शीशा दिखाई नहीं देता, गर्भ की झिल्ली (जेर) से ढँके होने के कारण गर्भ दिखाई नहीं देता, उसी प्रकार किसी मनुष्य को सही और गलत का ज्ञान होते हुए भी उसकी किसी इच्छा की पूर्ति न होने पर उत्पन्न क्रोध के कारण उसका सही और गलत का ज्ञान भी ढँक जाता है। साथ ही –

आवृतं ज्ञानमेतेन ज्ञानिनो नित्यवैरिणा ।
कामरूपेण कौन्तेय दुष्पूरेणानलेन च ॥ 39 ॥

भावार्थ :— जिस प्रकार किसी अग्नि को ईंधन मिलता रहे तो वह अग्नि कभी भी शांत नहीं होती, उसी प्रकार अगर मनुष्य अपनी इच्छाओं को वश में ना करें और हर सही-गलत तरीके से उसकी पूर्ति में लगा रहे तो ये इच्छाएँ उसकी मृत्यु तक उसका पीछा नहीं छोड़ती और कभी न समाप्त होने वाली इस इच्छा के वश में होने के कारण ही मनुष्य अपनी बुद्धि तथा समझ से निर्णय नहीं ले पाता ।

इन्द्रियाणि मनो बुद्धिरस्याधिष्ठानमुच्यते ।
एतैर्विमोहयत्येष ज्ञानमावृत्य देहिनम् ॥ 40 ॥

भावार्थ :— हे अर्जुन ! यह काम (इच्छा) मनुष्य के मन, इन्द्रियों तथा बुद्धि में ही निवास करता है और मनुष्य के अंदर ही रहते हुए यह उसी को बर्बादी के रास्ते पर ले जाता है। इतना ही नहीं, यह मनुष्य की समझ तथा उसके ज्ञान को ढँक देता है, जिसके कारण वह अपने आप को सर्वश्रेष्ठ मानकर अपनी इच्छाओं को वश में करने की कोशिश न करके हर सही-गलत तरीके से उन्हें पूरा करने की कोशिश में ही जीवन भर लगा रहता हैं ।

तस्मात्-त्वमिन्द्रिया-ण्यादौ, नियम्य भरतर्षभ ।
पाप्मानं प्रजहि ह्येनं, ज्ञान –विज्ञान-नाशानम् ॥ 41 ॥

भावार्थ :— इसलिये हे भरतवंशी अर्जुन ! इससे पहले कि तेरी ये युद्ध न करने की इच्छा तुझ पर नियंत्रण करके तेरी सांसारिक और आध्यात्मिक दोनों ही तरह की समझ को समाप्त कर दे, तू सबसे पहले अपनी इन्द्रियों को वश में करके, केवल अपने युद्ध करने रूपी कर्तव्य को पूरी लगन और ईमानदारी से करने पर ध्यान दे । क्योंकि –

इन्द्रियाणि पराण्याहुरिन्द्रियेभ्यः परं मनः ।
मनसस्तु परा बुद्धिर्यो बुद्धेः परतस्तु सः ॥ 42 ॥

एवं बुद्धे परं बुद्ध्वा संस्तभ्यात्मानमात्मना ।
जहि शत्रुं महाबाहो कामरूपं दुरासदम् ॥ 43 ॥

भावार्थ :— मनुष्य की इन्द्रियाँ उसके शरीर को वश में रखती है। वह अपनी इन्द्रियों से जैसा देखता, सुनता आदि है, उसी के अनुसार उसका शरीर कार्य करता है, लेकिन इन्द्रियों के ऊपर मन है, अच्छी-बुरी चीजें देखने-सुनने आदि के बाद मन ही उसके ऊपर अपना निर्णय सुनाता है, मन को बुद्धि नियंत्रित करती है और जो बुद्धि को नियंत्रित करता है, वह है काम (इच्छा) । इस तरह इच्छा ही मनुष्य की वह सबसे बड़ी शत्रु है, जो अगर नियंत्रण में ना हो तो वह मनुष्य का पतन करा देती है। इस प्रकार काम के उत्पन्न होने का मूल कारण इन्द्रियों का वश में न होना है। इसलिये हे महाबाहो। तू अपनी इन्द्रियों पर नियंत्रण करके इच्छा रूपी अपने इस दुर्जय शत्रु को मार डाल ।

इस प्रकार ॐ तत् सत् इन भगवन्नामों के उच्चारण के साथ ब्रह्मविद्या और योग शास्त्र से युक्त श्रीमद्भगवद्गीता रूपी उपनिषद् के श्रीकृष्ण और अर्जुन के संवाद में 'कर्मयोग' नामक तीसरा अध्याय पूर्ण हुआ ।

चतुर्थ अध्याय

श्रीभगवान् उवाच
इमं विवस्वते योगं प्रोक्तवानहमव्ययम् ।
विवस्वान्मनवे प्राह मनुरिक्ष्वाकवेऽब्रवीत् ॥ 1 ॥

भावार्थ :— अर्जुन को आगे और समझाते हुए श्रीकृष्ण कहते हैं कि – हे अर्जुन ! सृष्टि के आरंभ में मैंने सूर्य को इस योग का उपदेश दिया था, जिसे समय के साथ सूर्य ने अपने पुत्र वैवस्वत मनु और वैवस्वत मनु ने अपने पुत्र राजा इक्ष्वाकु से कहा ।

एवं परम्पराप्राप्तमिमं राजर्षयो विदुः ।
स कालेनेह महता योगो नष्टः परन्तप ॥ 2 ॥

भावार्थ :— इसी तरह बाद में गुरू-शिष्य परंपरा से आगे बढ़ते हुए इस योग को राजर्षियों ने जाना, लेकिन अब काफी समय बीत जाने के कारण इस योग का ज्ञान धरती से लगभग लुप्त सा हो गया है ।

स एवायं मया तेऽद्य योगः प्रोक्तः पुरातनः ।
भक्तोऽसि मे सखा चेति रहस्यं ह्येतदुत्तमम् ॥ 3 ॥

भावार्थ :— हे अर्जुन ! तू मेरा भक्त है और प्रिय मित्र भी । इसलिये इतने पुराने और उत्तम ज्ञान को आज मैंने तुमसे कहा है, क्योंकि यह बहुत ही रहस्य की बात है। हर किसी को बताने की बात नहीं है। यह ज्ञान केवल उन्हीं को दिया जाना चाहिये जो इस ज्ञान का सम्मान कर सके तथा पूरे धैर्य एंव लगन के साथ इसे जीवन में उतार सके ।

अपरं भवतो जन्म परं जन्म विवस्वतः ।
कथमेतद्विजानीयां त्वमादौ प्रोक्तवानिति ॥ 4 ॥

भावार्थ :— अर्जुन भगवान श्रीकृष्ण की बातों को सुनकर थोड़े संशय में हैं। वे यह समझ नहीं पा रहे हैं कि जो कृष्ण अभी मेरे सामने मेरे सारथि के रूप में बैठे हैं, उन्होंने सृष्टि के आरंभ में सूर्य को उपदेश कैसे दिया था। इसलिये वे अपने संशय को मिटाने के लिये श्रीकृष्ण से पूछते हैं कि आपका जन्म तो अभी कुछ समय पहले का है और सूर्य का जन्म तो बहुत पुराना है, तो फिर आपने यह ज्ञान सृष्टि के आरंभ में सूर्य से कहा था, यह बात मैं कैसे समझूं । इस पर–

श्रीभगवान् उवाच
बहूनि मे व्यतीतानि जन्मानि तव चार्जुन ।
तान्यहं वेद सर्वाणि न त्वं वेत्थ परन्तप ॥ 5 ॥

भावार्थ :— अर्जुन के प्रश्न का उत्तर देते हुए श्रीकृष्ण कहते हैं कि हे अर्जुन ! कई ऐसी बातें होती है जो साधारण मनुष्य जान तथा समझ नहीं पाते लेकिन जिन्हें ज्ञानी, सिद्ध पुरुष तथा भगवान जानते है। इसी प्रकार तेरे और मेरे अभी तक कई जन्म हो चुके है, जिनके बारे में मैं जानता हूँ और तू नहीं जानता ।

नोट :— इस श्लोक के साथ ही श्रीकृष्ण अपने असली स्वरूप के बारे में अर्जुन को बताना आरंभ करते हैं क्योंकि श्रीकृष्ण को सदा ही अपने मित्र के रूप में जानने के कारण अर्जुन श्रीकृष्ण की बातों पर यकीन नहीं कर पा रहे थे ।

अजोऽपि सन्नव्ययात्मा भूतानामीश्वरोऽपि सन् ।
प्रकृतिं स्वामधिष्ठाय सम्भवाम्यात्ममायया ॥ 6 ॥

भावार्थ :— हे पार्थ ! मैं अजन्मा और अविनाशी हूँ । दूसरे प्राणियों की तरह न तो मेरा जन्म हुआ है और न ही कभी मैं नष्ट होता हूँ । मैं ही इस संपूर्ण सृष्टि को उत्पन्न, नष्ट और पालन करने वाला ईश्वर हूँ तथा समय-समय पर आवश्यकतानुसार अपनी योगमाया (भगवान की एक शक्ति) से प्रकट होता हूँ ।

यदा यदा हि धर्मस्य ग्लानिर्भवति भारत ।
अभ्युत्थानमधर्मस्य तदात्मानं सृजाम्यहम् ॥ 7 ॥

भावार्थ :— हे भरतवंशी अर्जुन ! जब-जब इस संसार में धर्म नष्ट होने लगता है तथा लोग अपने कर्तव्यों को भूलकर केवल अपने अधिकारों की प्राप्ति के लिये हर सही-गलत रास्ता अपनाने लगते है, तब-तब मैं अपनी मूल प्रकृति निराकार रूप से साकार रूप में प्रकट होता हूँ ।

परित्राणाय साधूनां विनाशाय च दुष्कृताम् ।
धर्मसंस्थापनार्थाय सम्भवामि युगे युगे ॥ 8 ॥

भावार्थ :— अवतार लेकर मैं साधु पुरुषों की अर्थात् जो मनुष्य निःस्वार्थ भाव से अपने कर्तव्यों को पूरा करते हुए सात्विक तरीके से अपना जीवन जीते हैं, रक्षा करता हूँ और जो पापी हैं अर्थात् जो अपने कर्तव्यों को भूलकर केवल अपने स्वार्थ को पूरा करने में लगे हुए हैं और ऐसा करने में सही-गलत कुछ भी नहीं देखते हैं, उनका नाश करके

इस संसार में धर्म की पुनः स्थापना करता हूँ और क्योंकि ऐसे पापी और अधर्मी मनुष्य हर युग में होते है, इसलिये मैं हर युग में प्रकट होता हूँ।

जन्म कर्म च मे दिव्यमेवं यो वेत्ति तत्त्वतः।

त्यक्त्वा देहं पुनर्जन्म नैति मामेति सोऽर्जुन ॥ 9॥

भावार्थ :– हे अर्जुन! मेरा जन्म लेना अलौकिक होता है। साथ ही मेरे जन्म का उद्देश्य केवल जन्मना और सांसारिक कर्तव्यों को करते हुए मर जाना ही नहीं होता बल्कि मेरे हर जन्म और प्रत्येक कर्म का कुछ न कुछ महत्त्वपूर्ण उद्देश्य होता है। जो मनुष्य मेरे जन्म लेने के तथा मेरे द्वारा किये गये कार्यों के उद्देश्य को भली-भांति समझ लेता है तथा उसे दृढ़ता से मान भी लेता है, वह अपने शरीर को त्यागने के बाद वापस जन्म- मृत्यु के चक्कर में नहीं पड़ता और मुझे प्राप्त कर लेता हैं।

वीतराग-भय-क्रोधा, मन्मया मामुपाश्रिताः।

बहवो ज्ञान-तपसा, पूता मद्-भाव-मागताः॥ 10॥

भावार्थ :– मेरे ऐसे कई भक्त पहले भी हुए है जो मेरे जन्म और कर्मों के उद्देश्य तथा मेरे दिव्यता रूपी ज्ञान को जान, मान तथा समझकर, अपने सांसारिक मोह, भय और क्रोध को वश में करके हर समय मुझमें ही तल्लीन रहते हुए मुझको ही प्राप्त हो चुके हैं।

ये यथा मां प्रपद्यन्ते तांस्तथैव भजाम्यहम्।

मम वर्त्मानुवर्तन्ते मनुष्याः पार्थ सर्वशः॥ 11॥

भावार्थ :– हे पृथानंदन! मेरा जो भक्त जिस भाव से, जिस संबंध से, मेरी शरण में आता है, मैं भी उसे उसी भाव से, उसी संबंध से तथा उसी प्रकार शरण देता हूँ। कोई मुझे अपना गुरू माने, तो मैं उसके लिये श्रेष्ठ गुरू, माता-पिता माने तो श्रेष्ठ माता-पिता, पुत्र माने तो श्रेष्ठ पुत्र बन जाता हूँ और क्योंकि सभी मनुष्य मेरे ही बताये मार्ग पर चलते हैं इसलिये जिस प्रकार का मेरा आचरण होगा, सभी मनुष्य उसी प्रकार से आचरण करेंगे।

नोट :– भगवान अपने विभिन्न भक्तों के साथ अपने विभिन्न संबंधों के व्यवहार द्वारा मनुष्यों को यह समझाना चाहते हैं कि जिस प्रकार मेरे साथ जो जैसा संबंध मानता है उसके लिए मैं भी वैसा ही बन जाता हूँ, उसी प्रकार तुम भी अपने सभी सांसारिक संबंधों के साथ वैसे ही बन जाओ। माता-पिता के लिये श्रेष्ठ पुत्र, पत्नी के लिए श्रेष्ठ पति आदि

परन्तु बदले में उनसे कुछ चाहो मत । जैसे कुछ लेने की इच्छा से माता-पिता को अपना न मानकर केवल उनकी सेवा करने के लिये ही उन्हें अपना मानो । अभिमान रहित होकर निःस्वार्थ भाव से दूसरों की सेवा करने से शीघ्र ही तुम्हारा उन संबंधों से मोह समाप्त होकर मुझसे प्रेम हो जाएगा, जिससे तुम्हें मेरी प्राप्ति हो जाएगी ।

कांङ्क्षन्तः कर्मणां सिद्धिं यजन्त इह देवताः ।
क्षिप्रं हि मानुषे लोके, सिद्धिर्-भवति कर्मजा ॥ 12 ॥

भावार्थ :– हे अर्जुन ! मेरी प्राप्ति इतनी सरल होने पर भी अपने कर्मों को किसी न किसी फल की इच्छा से करने वाले मनुष्य मेरी शरण में न आकर भिन्न-भिन्न देवताओं की शरण लेते है, क्योंकि देवता अपनी उपासना करने वाले भक्तों को उनकी इच्छित वस्तुएँ बहुत जल्दी दे देते है। चाहे वे वस्तुएँ उनकी मुक्ति के मार्ग में बाधक ही क्यों न हों, लेकिन मैं अपने भक्तों को उनकी इच्छित वस्तुएँ उनका अच्छा-बुरा सोचकर ही देता हूँ। साथ ही मैं किसी भी इच्छित वस्तु की इच्छा की पूर्ति के लिये कर्म करने की आवश्यकता पर अधिक बल देता हूँ क्योंकि मैं स्वयं भी सदा किसी न किसी कर्म में लगा रहता हूँ ।

चातुर्-वर्ण्यम् मया सृष्टं, गुण-कर्म-विभागशः ।
तस्य कर्तार-मपि मां, विद्ध्य-कर्तार-मव्ययम् ॥ 13 ॥
न मां कर्माणि लिम्पन्ति, न मे कर्म-फले स्पृहा ।
इति मां योऽभि-जानाति कर्मभिर्-न स बध्यते ॥ 14 ॥

भावार्थ :– हे अर्जुन ! मेरे द्वारा ही मनुष्यों के पूर्वजनित कर्मो, गुणों तथा स्वभाव के आधार पर उनके लिये चारों वर्णों की रचना की गई है- ब्राह्मण, क्षत्रिय, वैश्य और शूद्र। लेकिन इस सारी सृष्टि की रचना करने वाला होने पर भी मेरा कोई कर्म मुझे कभी भी पाप-पुण्य के बंधनों में नहीं बांधता, क्योंकि मैं प्रत्येक कर्म को निःस्वार्थ भाव से केवल लोकहित की भावना से करता हूँ। अपनी किसी इच्छा की पूर्ति के लिये नहीं। इस प्रकार जो मनुष्य कर्म करने के इस तत्व को गहराई से समझ लेगा और अपने कर्मों को पूरी तत्परता से केवल दूसरों के हित की भावना से करेगा, वह फिर कभी कर्मों से नहीं बंधेगा।

नोट :– यहाँ भगवान श्रीकृष्ण ने चारों वर्णों को गुण, स्वभाव तथा कर्मो के अनुसार बांटा है, जन्म के अनुसार नहीं । किसी मनुष्य का जन्म शूद्र के घर में होने पर भी अगर उसके कर्म ब्राह्मणों जैसे हैं तो वह पूजनीय ही माना जाएगा और कोई ब्राह्मण होते हुए

भी नीच कर्म करेगा तो वह ब्राह्मण होते हुए भी नीच ही माना जाएगा । इस तरह मनुष्य किसी भी वर्ण में जन्म लेकर भी अपने गुणों तथा कर्मों की श्रेष्ठता से अपने को श्रेष्ठ बना सकता हैं ।

एवं ज्ञात्वा कृतं कर्म पूर्वै-रपि मुमुक्षुभिः ।
कुरू कर्मैव तस्मात्त्वं, पूर्वैः पूर्वतरं कृतम् ॥ 15 ॥

भावार्थ :— पहले के युगों में भी अपनी मुक्ति की इच्छा से कई मनुष्यों ने कर्म के इस तत्व को जानकर संसार में रहते हुए ही अपने कर्तव्य कर्मों को निःस्वार्थ भाव से लोकहित में पूरा करते हुए मुक्ति पाई है। इसलिये हे अर्जुन, जिस प्रकार तेरे पूर्वजों ने अपने कर्मों को भली-भांति करते हुए मुक्ति पाई है, तू भी वैसा ही कर । साथ ही—

किं कर्म किम-कर्मेति कवयोऽप्यत्र मोहिताः ।
तत्ते कर्म प्रवक्ष्यामि यज्-ज्ञात्वा मोक्ष्यसेऽशुभात् ॥ 16 ॥

भावार्थ :— हे अर्जुन ! तू कर्म करते हुए मुक्ति पाने के तरीके को ठीक से जान पाए, इसके लिये मैं तुम्हें कर्म के भेद बताता हूँ। हे पार्थ ! सभी प्रकार के कार्य कर्म नहीं होते। कुछ कार्य कर्म होते है और कुछ अकर्म। इन दोनों के भेद को समझने में बड़े-बड़े विद्वान् भी मोहित हो जाते है। अतः इनके बारे में मैं तुम्हें विस्तार से बताऊँगा, जिसको जानकर तू अपने कर्मों को करते हुए भी कर्मबन्धन से मुक्त होकर मुक्ति को प्राप्त हो जाएगा ।

कर्मणो ह्यपि बोद्धव्यं, बोद्धव्यं च विकर्मणः ।
अकर्मणश्च बोद्धव्यं, गहना कर्मणो गतिः ॥ 17 ॥

भावार्थ :— कर्मों को भलीभांति करने के लिये तुझे कर्म और अकर्म के भेद को तो अच्छी तरह से जानना ही चाहिये । साथ ही तुझे विकर्म (बुरे कर्म) को भी जानना चाहिये क्योंकि कर्मों के प्रकारों को जाने बिना सभी प्रकार के कर्म मुक्ति को देने वाले नहीं होते।

नोट :— शास्त्र हमें जिन कर्मों को करने से मना करते हैं अर्थात जिन कर्मों को करने से किसी का कुछ अहित हो, ऐसे कर्म विकर्म की श्रेणी में आते हैं । मनुष्यों को ऐसे कर्मों से सदा ही बचना चाहिये ।

कर्मण्यकर्म यः पश्ये, -दकर्मणि च कर्म यः ।
स बुद्धिमान् मनुष्येषु, स युक्तः कृत्स्न-कर्म-कृत् ॥ 18 ॥

भावार्थ :— कोई भी मनुष्य, चाहे वह गृहस्थ हो या सन्यासी, अगर वह कर्म न करते हुए भी अपने स्वार्थ की पूर्ति की भावना से किन्हीं कर्मों के बारे में सोच भी रहा है, तो

वह अकर्म की स्थिति में होते हुए भी कर्म कर रहा है और उसका वो अच्छा या बुरा सोचने का कर्म उसे पाप- पुण्य के बंधन में बांध देता है, जबकि जो मनुष्य संसार में रहकर अपने सारे कर्म करते हुए भी उन कर्मों में आसक्त नहीं होता, बल्कि उन्हें बस अपना कर्तव्य समझकर लोकहित की भावना से करता है। वह मनुष्य कर्म करते हुए भी अकर्म की स्थिति में है, अर्थात् वे कर्म उसे पाप-पुण्य के बंधन में नहीं बांधते, जो मनुष्य इस प्रकार कर्म और अकर्म के भेद को समझकर उसके अनुसार कर्म करता है, वह मनुष्यों में बुद्धिमान् है, योगी है और सभी प्रकार के कर्मों को करने वाला है । साथ ही –

यस्य सर्वे समारम्भाः, काम-संकल्प-वर्जिताः ।

ज्ञानाग्नि-दग्ध-कर्माणं, तमाहुः पण्डितं बुधाः ॥ 19 ॥

भावार्थ :– जिस मनुष्य के किसी भी कर्म को आरंभ करने का कारण उसकी किसी सांसारिक इच्छा की पूर्ति नहीं होता और कर्मों के भेद को जानकर जो मनुष्य अपने हर कर्म को बिना किसी आसक्ति के केवल दूसरों के हित की भावना से करता है तथा अपने उस कर्म के फल को ईश्वर पर छोड़ देता है, ज्ञानीजन भी ऐसे मनुष्यों को बुद्धिमान् कहते हैं ।

त्यक्त्वा कर्मफलासङ्गं नित्यतृप्तो निराश्रयः ।

कर्मण्यभिप्रवृत्तोऽपि नैव किंचित्करोति सः ॥ 20 ॥

भावार्थ :– जिस मनुष्य को न तो किसी कर्म के प्रति लगाव होता है और न ही किसी कर्म से किसी अनुकूल फल की इच्छा, लेकिन फिर भी वह अपना कर्म पूरे लगन और ईमानदारी से करता है तथा उस कर्म का उसे जैसा भी फल मिले, वह उसी में संतुष्ट रहता है । ऐसा मनुष्य अपने सभी कर्म करता हुआ भी वास्तव में कुछ नहीं करता अर्थात् वो अपना कर्म करता हुआ भी पाप-पुण्य के बंधन में नहीं बंधता । इतना ही नहीं–

निराशीर्-यत-चित्तात्मा, त्यक्त-सर्व-परिग्रहः ।

शारीरं केवलं कर्म, कुर्वन्-नाप्नोति किल्बिषम् ॥ 21 ॥

भावार्थ :– कर्मों के भेद को जानकर तथा उसके अनुसार कर्म करते हुए जिस मनुष्य ने अपने शरीर, इन्द्रियों तथा मन को पूरी तरह से अपने वश में कर लिया है, अपनी सुख-सुविधाओं के लिए किसी वस्तु को जमा नहीं करता, अपने पास उतनी ही वस्तुएँ रखता है, जितनी उसके जीवन-निर्वाह के लिये आवश्यक है, साथ ही वह किसी

ऐसे नये कार्य में भी नहीं उलझता, जो कि उसके जीवन-निर्वाह तथा दूसरों के हित के लिये आवश्यक न हो और अपने समय को व्यर्थ बर्बाद न करके सदा परमात्मा के ध्यान में लीन रहता है। कर्मयोग की ऐसी ऊँची स्थिति में पहुँचा हुआ तथा सभी प्रकार की आशा (इच्छा) से रहित कर्मयोगी अगर अन्य सांसारिक कार्य न करते हुए केवल अपने शरीर संबंधी कर्म भी करता है तो भी वह पाप को प्राप्त नहीं होता । साथ ही –

यदृच्छालाभसन्तुष्टो द्वन्द्वातीतो विमत्सरः ।
समः सिद्धावसिद्धौ च कृत्वापि न निबध्यते ।। 22 ।।

भावार्थ :– जो मनुष्य निष्काम भाव से तथा पूरी तत्परता और मेहनत से अपने सभी कर्तव्य कर्म करता है, परन्तु अपने कर्मों से उसका किसी प्रकार की फल प्राप्ति का उद्देश्य न होने से उसे उन कर्मों का जैसा भी फल मिले, उसका मन इससे विचलित नहीं होता। जैसे अगर वह व्यापार करता है तो वह अपने व्यापार को पूरी लगन और ईमानदारी से करता है, पर इसके फलस्वरूप उसे व्यापार में लाभ हो या हानि, वह दोनों ही परिस्थितियों में समान रूप से संतुष्ट रहता है। न ही अपने लाभ के लिये वह किसी के साथ धोखा करता है और न ही उन्हें नुकसान पहुँचाता है, जितना हो सके, वह दूसरों को सुख पहुँचाने की कोशिश में ही लगा रहता है, ऐसा कर्मयोगी कर्म करते हुए भी उनसे नहीं बंधता ।

गतसंगस्य मुक्तस्य ज्ञानावस्थितचेतसः ।
यज्ञायाचरतः कर्म समग्रं प्रविलीयते ।। 23 ।।

भावार्थ :– पिछले पाँच श्लोकों का सार बताते हुए श्रीकृष्ण इस श्लोक में कहते हैं कि इस प्रकार जिस मनुष्य का संसार तथा सांसारिक व्यक्तियों तथा वस्तुओं से लगाव पूरी तरह मिट गया है और वह हर प्रकार के सांसारिक बंधनों से मुक्त हो गया है। कर्मयोग की ऐसी ऊँची अवस्था में पहुँच जाने के कारण जिस मनुष्य की बुद्धि उसके अपने आत्मस्वरूप के ज्ञान में स्थित हो गई है, ऐसे सिर्फ दूसरों के हित के लिये अर्थात् यज्ञ के लिये कर्म करने वाले मनुष्य के सम्पूर्ण कर्म विलीन हो जाते हैं अर्थात् वे कर्म उसे पाप और पुण्य के बंधन में नहीं बांधते । इस प्रकार –

ब्रह्मार्पणं ब्रह्म हविर्-ब्रह्माग्नौ ब्रह्मणा हुतम् ।
ब्रह्मैव तेन गन्तव्यं, ब्रह्म-कर्म-समाधिना ।। 24 ।।

भावार्थ :– कर्मयोग की ऐसी सर्वश्रेष्ठ स्थिति में पहुँचे हुए मनुष्यों की, जिनके द्वारा किया गया प्रत्येक कर्म एक यज्ञ के ही समान है, हर कर्म की प्रत्येक क्रिया ब्रह्मरूप बन

जाती है तथा ऐसे ब्रह्मरूप यज्ञ को करने वाला योगी सभी प्रकार के कर्मबन्धनों से मुक्त हो जाता है। साथ ही उसे इस कर्तव्यकर्मरूपी यज्ञ के फलस्वरूप मिलने वाला फल भी ब्रह्म की प्राप्ति ही होता है। लेकिन –

दैव-मेवापरे यज्ञं, योगिनः पर्युपासते ।
ब्रह्माग्ना-वपरे यज्ञं यज्ञेनैवोप-जुह्वति ॥ 25 ॥

भावार्थ :— जो साधक अभी तक कर्मयोग की इस श्रेष्ठ स्थिति में नहीं पहुँचे है, उनमें से कुछ कर्मबन्धन से मुक्त होने के लिये अपने हर कार्य को परमात्मा को अर्पण करने रूपी यज्ञ करते हैं अर्थात् वे अपने हर कर्तव्य को पूरी तत्परता से पूरा करते हैं लेकिन उसके फल को परमात्मा की इच्छा पर छोड़ देते हैं। जबकि कुछ कर्मयोगी कर्मों के तत्व को अच्छी प्रकार समझकर सांसारिक व्यक्तियों तथा वस्तुओं से पूरी तरह मोह को हटाकर परमात्मा में लीन हो जाने के प्रयास रूपी यज्ञ करते हैं ।

श्रोत्रादी-नीन्द्रिया-ण्यन्ये, संयमाग्निषु जुह्वति ।
शब्दादीन्-विषया-नन्य, इन्द्रियाग्निषु जुह्वति ॥ 26 ॥

भावार्थ :— कुछ अन्य साधक अपनी इन्द्रियों को वश में करने रूपी यज्ञ करते हैं, अर्थात् वे जप, ध्यान, चिंतन आदि के द्वारा अपनी इन्द्रियों को संयमित करने की कोशिश करते हैं । इन्द्रियों पर संयम हो जाने से उनका हर कार्य मोह तथा द्वेष से रहित हो जाता है, जबकि कई दूसरे साधक अपनी इन्द्रियों के विषयों (देखना, सुनना, स्वाद लेना, सूंघना तथा स्पर्श भाव) पर नियंत्रण करने का प्रयास करते हैं और जो साधक ऐसा करने में सफल हो जाते है, उनके सामने चाहे बड़ी से बड़ी भोग की वस्तु भी आ जाए तो वे उसे भी तुच्छ ही समझते हैं ।

सर्वाणीन्द्रियकर्माणि प्राणकर्माणि चापरे ।
आत्मसंयमयोगाग्नौ जुह्वति ज्ञानदीपिते ॥ 27 ॥

भावार्थ :— अन्य कई योगी दृढ़ निश्चय रूपी बुद्धियोग के द्वारा अपनी संपूर्ण इन्द्रियों, मन और आत्मा को प्रकाशित करके अपने आप पर तथा अपनी क्रियाओं पर संयम रखने रूपी यज्ञ करते हैं अर्थात् हर कार्य को करते समय वे यह ध्यान रखते हैं कि वह कार्य शास्त्रों के अनुकूल ही हो तथा इसको करने से किसी का भला ही हो बुरा नहीं।

द्रव्ययज्ञास्तपोयज्ञा योगयज्ञास्तथापरे ।
स्वाध्यायज्ञानयज्ञाश्च यतयः संशितव्रताः ॥ 28 ॥

भावार्थ :– अहिंसा, सत्य, अस्तेय (चोरी न करना), ब्रह्मचर्य और अपरिग्रह (भोग के लिए संग्रह का अभाव) ये पाँच यम है, जिन्हें महाव्रत के नाम से कहा गया है। कितने ही साधक इस महाव्रत को करते हुए शरीर, धन-संपति सहित अपना सब कुछ निःस्वार्थ भाव से संसार की सेवा में लगा देने रूपी द्रव्ययज्ञ करते हैं। कुछ अन्य तपयज्ञ करते है, अर्थात् वे प्रतिकूल से प्रतिकूल परिस्थिति, वस्तु, व्यक्ति, घटना आदि के आने पर भी प्रसन्नतापूर्वक अपने कर्तव्य का पालन करने रूपी तप करते हैं। कुछ साधक किसी कार्य के इच्छित फल की प्राप्ति होने या ना होने में, निन्दा या स्तुति में, मन में समभाव रखने रूपी योग यज्ञ करते हैं अर्थात् उनके मन में किसी भी अनुकूल या प्रतिकूल परिस्थिति में हर्ष-शोक, सुख-दुःख आदि भाव नहीं आते तथा कितने ही दूसरे योगी वेदों, पुराणों तथा शास्त्रों का अध्ययन करके अपनी अंतरात्मा को तथा अपनी अच्छाई और बुराई को जानने और समझने का प्रयास करते हैं, जो ज्ञानयज्ञ कहलाता है ।

अपाने जुह्वति प्राणं, प्राणेऽपानं तथापरे ।
प्राणापान-गती रूद्ध्वा, प्राणायाम-परायणाः ॥ 29 ॥
अपरे नियताहाराः, प्राणान् प्राणेषु जुह्वति ।
सर्वेऽप्येते यज्ञ-विदो, यज्ञ-क्षपित-कल्मषाः ॥ 30 ॥

भावार्थ :– कई अन्य साधक प्राणायाम के द्वारा कर्मबन्धन से मुक्त होने का प्रयास करते हैं। प्राण वह सांस है जिसे हम भीतर खींचते है तथा अपान वह सांस है जिसे हम बाहर छोड़ते हैं। जब हम प्राण श्वास लेते हुए वायुमंडल से किसी अच्छे-बुरे संकल्प (विचार) को ग्रहण नहीं करते और अपान श्वास छोड़ते हुए किसी भीतरी अच्छे-बुरे विचारों की लहरों में नहीं फंसते, तो उसे प्राणों में अपान का हवन करना कहते हैं। इससे मन स्थिर हो जाता है। कोई भी बाहरी या भीतरी अच्छे-बुरे विचार मनुष्य का ध्यान नहीं भटकाते । हर साँस प्रभु का नाम लेती है, धीरे-धीरे इस नाम जपन के लिये हमें कोई कोशिश भी नहीं करनी पड़ती । बस अनवरत नाम-जप चलता रहता है। यह मन पर विजय की अवस्था है। दूसरे कुछ योगी अपने आहार पर नियंत्रण करके केवल अपनी आती श्वास (प्राण) पर ही ध्यान रखते हैं। हर आती सांस के साथ वे प्रभु का नाम जपते रहते हैं। भगवान श्रीकृष्ण स्वयं द्वारा बताये गये इन यज्ञों में से किसी भी प्रकार का यज्ञ करने वालों को यज्ञों का ज्ञाता और इन यज्ञों को पाप तथा पुण्य के बंधन से मुक्त कराने वाला बताते हैं ।

यज्ञ-शिष्टामृत-भुजो, यान्ति ब्रह्म सनातनम् ।
नायं लोकोऽस्त्य-यज्ञस्य, कुतोऽन्यः कुरू-सत्तम ॥ 31 ॥

भावार्थ :— हे कुरुवंशियों में श्रेष्ठ अर्जुन ! निष्कामभाव से किये गये इन सभी प्रकार के यज्ञों में से किसी भी प्रकार के यज्ञ को करने वाले को इन यज्ञों के फलस्वरूप जो प्राप्त होता है, वह है तत्वज्ञान अर्थात् ईश्वर का ज्ञान और इस ज्ञान रूपी अमृत को प्राप्त करने वाले योगी सनातन ब्रह्म को प्राप्त हो जाते हैं, लेकिन जो मनुष्य इन सभी प्रकार के यज्ञों में से किसी भी प्रकार के यज्ञ को नहीं करता, उसका तो मनुष्यलोक भी सुखदायक नहीं होता, फिर परलोक कैसे सुखदायक होगा ।

एवं बहुविधा यज्ञा वितता ब्रह्मणो मुखे   ।
कर्मजान्विद्धि तान्सर्वानेवं ज्ञात्वा विमोक्ष्यसे   ।। 32 ।।

भावार्थ :— हे अर्जुन ! इन यज्ञों के अलावा भी वेदों में और कई तरह के यज्ञ बताये गये हैं। उनमें से कुछ यज्ञ शरीर की क्रियाओं द्वारा, कुछ वाणी द्वारा और कुछ मन के संकल्प द्वारा किये जाते है क्योंकि मन, वाणी तथा शरीर द्वारा की गई प्रत्येक क्रिया को कर्म कहा जाता है। श्रीकृष्ण कहते हैं कि हे अर्जुन ! जब इन सभी प्रकार के यज्ञों को अच्छी तरह समझकर उनमें से किसी भी प्रकार के यज्ञ को तू निःस्वार्थ भाव से तथा मोह-द्वेष से रहित होकर लोकहित की भावना से करेगा तो तू कर्मबन्धन से मुक्त हो जाएगा ।

श्रेयान्द्रव्यमयाद्यज्ञाज्ज्ञानयज्ञः परन्तप   ।
सर्वम् कर्माखिलं पार्थ ज्ञाने परिसमाप्यते   ।। 33 ।।

भावार्थ :— श्रीकृष्ण अब पिछले श्लोकों में बताये गये यज्ञों के बारे में और अधिक विस्तार से बताते हुए कहते हैं कि ये सभी प्रकार के यज्ञ मुक्ति देने वाले हैं, लेकिन इन सभी यज्ञों को करने का सही तरीका मनुष्य को पता होना चाहिये, जैसे कई लोग ईश्वर प्राप्ति की इच्छा से अनेक धार्मिक अनुष्ठान करते हैं, तीर्थ करते हैं, दान करते हैं, वेदों का पाठ करते हैं, नाम-जप, व्रत आदि करते हैं, लेकिन उनको करने के सही तरीकों के ज्ञान के अभाव में वे सभी उपाय मुक्ति देने वाले नहीं होते । ज्ञान भक्ति को फलने-फूलने में मदद करती है। इसलिए सही ज्ञान प्राप्त होने के बाद मनुष्य को ईश्वर की प्राप्ति के लिये अनेक प्रकार के अनुष्ठानों तथा साधनों की आवश्यकता नहीं पड़ती ।

तद्विद्धि प्रणिपातेन परिप्रश्नेन सेवया   ।
उपदेक्ष्यन्ति ते ज्ञानं ज्ञानिनस्तत्त्वदर्शिनः   ।। 34 ।।

भावार्थ :— अर्जुन श्रीकृष्ण की बातों को सखाभाव होने के कारण अभी भी पूरी तरह से मान नहीं पा रहे थे । इसलिए श्रीकृष्ण अर्जुन को समझाते हुए कहते हैं कि हे अर्जुन !

तू मेरे द्वारा दिया जाने वाला यह ज्ञान किसी तत्वदर्शी (ईश्वर की सच्चाई को जानने तथा समझने वाले) गुरू के पास जाकर भी प्राप्त कर सकता है। उनको साष्टांग प्रणाम करने से, उनकी सेवा करने से और उनसे सरलतापूर्वक प्रश्न करने से वे ज्ञानी महापुरुष तुझे इस तत्वज्ञान का उपदेश देंगे।

यज्ज्ञात्वा न पुनर्मोह, –मेवं यास्यसि पाण्डव ।
येन भूतान्यशेषेण, द्रक्ष्यस्यात्मन्यथो मयि ॥ 35 ॥

भावार्थ :— इस तत्वज्ञान के प्राप्त करने के बाद तू यह समझ जाएगा कि तू दुनिया में क्यों आया है और तेरे मनुष्य जन्म की प्राप्ति का उद्देश्य क्या है और ये सब समझने के बाद तेरा व्यक्तियों तथा वस्तुओं से मोह समाप्त हो जाएगा, जिससे तू पहले तो प्रत्येक प्राणी को अपने ही समान एक आत्मा के रूप में देखेगा और जब तू ज्ञान की सर्वश्रेष्ठ स्थिति में पहुँच जाएगा तो प्रत्येक प्राणी को मुझ सच्चिदानंदघन परमात्मा के अंश के रूप में देखेगा।

अपि चेदसि पापेभ्यः सर्वेभ्यः पाप-कृत्तमः ।
सर्वम् ज्ञान-प्लवेनैव, वृजिनं सन्तरिष्यसि ॥ 36 ॥

भावार्थ :— हे अर्जुन ! ज्ञान एक ऐसी नौका है जो पापी से पापी मनुष्य को भी सही रास्ते पर ले जाकर उसे संसार रूपी बंधन और सभी प्रकार के दुःखों से मुक्त कराकर ईश्वर की शरण में पहुँचा देती है, जिससे उसका कल्याण हो जाता है और अगर मनुष्य अपने जीवन की किसी भी अवस्था में यह निश्चय कर ले कि अब मैं कभी पाप नहीं करूंगा तो उसी अवस्था में वह ज्ञान की प्राप्ति कर अपने पापों से मुक्ति पा सकता है।

यथैधांसि समिद्धोऽग्निर, भस्मसात् कुरूतेऽर्जुन ।
ज्ञानाग्निः सर्व-कर्माणि, भस्मसात् कुरूते तथा ॥ 37 ॥

भावार्थ :— जिस प्रकार जलती हुई आग काठ आदि संपूर्ण ईंधनों को इस प्रकार भस्म कर देती है कि उसका कुछ भी भाग बाकी नहीं रहता, उसी प्रकार ज्ञान रूपी अग्नि सभी अच्छे-बुरे कर्मों को भी पूरी तरह भस्म कर देती है।

नोट :- यहाँ कर्मों के भस्म होने का अर्थ कर्मों का त्याग नहीं है। ज्ञान हमें कर्मों को करने का सही तरीका बताता है। ज्ञान से हमें समझ आता है कि अपने कर्मों को किस तरह करने से हम उनसे बंधेंगे नहीं और इस संसार में अपने सभी कर्तव्यों को पूरा करते हुए मुक्ति को प्राप्त हो जाएँगे।

न हि ज्ञानेन सदृशं पवित्रमिह विद्यते ।
तत्स्वयं योगसंसिद्धः कालेनात्मनि विन्दति ॥ 38 ॥

भावार्थ :— हे अर्जुन ! इस मनुष्यलोक में ज्ञान के समान पवित्र करने वाला दूसरा कोई साधन नहीं है। तू या तो ज्ञानयोग को अपनाकर गुरु के पास जाकर तत्वज्ञान की प्राप्ति कर सकता है और फिर उसके अनुसार अपने कर्तव्यों को भलीभांति पूरा करते हुए मुक्ति को पा सकता है या फिर अपने कर्तव्यों को निष्काम भाव से तथा मोहमाया को त्यागकर लोकहित की भावना से करते रहने से, कर्मयोग द्वारा तुझे समता की प्राप्ति हो जाएगी, तो तू इस तत्वज्ञान को तू अवश्य ही अपने अंतरात्मा में ही प्राप्त कर लेगा । साथ ही –

श्रद्धावाँल्लभते ज्ञानं तत्परः संयतेन्द्रियः ।
ज्ञानं लब्ध्वा परां शान्तिमचिरेणाधिगच्छति ॥ 39 ॥

भावार्थ :— जिस मनुष्य ने अपनी इन्द्रियों को जीत लिया है तथा जो दृढ़ निश्चय के साथ अपने ज्ञान-प्राप्ति के लक्ष्य की तरफ आगे बढ़ता है और जिसमें ज्ञान प्राप्ति के प्रति श्रद्धा भी है। ऐसा मनुष्य कर्मयोगी हो या ज्ञानयोगी, उसे तत्वज्ञान की प्राप्ति अवश्य हो जाती है और जब मनुष्य को तत्वज्ञान की प्राप्ति हो जाती है तो उसके लिये कुछ भी जानने योग्य शेष नहीं रहता। जीवन की हर दुविधा का, हर परेशानी का हल उसके पास होता है, जिससे उसके अंदर एक सदा रहने वाली शांति का वास हो जाता है। लेकिन–

अज्ञश्चा-श्रद्-दधानश्च, संशयात्मा विनश्यति ।
नायं लोकोऽस्ति न परो, न सुखं संशयात्मनः ॥ 40 ॥

भावार्थ :— जो मनुष्य ना तो कर्मों को करने के सही तरीके को जानता है और न ही इसे जानने के लिए उसमें ज्ञान की प्राप्ति को लेकर कोई रुचि है और न श्रद्धा है। ऐसा मनुष्य सदा ही संशय की स्थिति में रहता है। वह न तो सही को समझ पाता है और न ही गलत को। जिससे उसे ना तो इस लोक में सुख-शांति प्राप्त होती है और ना ही परलोक में । परन्तु –

योग-सन्न्यस्त-कर्माणं, ज्ञान-सञ्छिन्न-संशयम् ।
आत्मवन्तं न कर्माणि, निबध्नन्ति धनंजय ॥ 41 ॥

भावार्थ :— हे अर्जुन ! जिस मनुष्य ने या तो कर्मयोग को अपनाकर अपने कर्तव्यों को दृढ़निश्चय के साथ तथा निःस्वार्थ भाव से लोकहित में करते हुए समभाव की प्राप्ति

कर ली है और जिसके कारण उसे अपने अंदर ही ज्ञान की प्राप्ति हो गई है या फिर जिसने किसी तत्वदर्शी गुरु के पास जाकर या अन्य किसी साधन से ज्ञान की प्राप्ति कर ली है, जिससे उसके सभी प्रकार के संशयों का नाश हो गया है और जिससे वह अपने कर्तव्यों को सुचारु रूप से कर पा रहा है। ऐसे ईश्वर के ध्यान में लीन रहकर अपने कर्मों को करने वाले मनुष्यों को कर्म नहीं बांधते ।

तस्मादज्ञानसम्भूतं हृत्स्थं ज्ञानासिनात्मनः   ।
छित्त्वैनं संशयं योगमातिष्ठोत्तिष्ठ भारत ।। 42 ।।

भावार्थ :— इसलिए हे अर्जुन ! तू अपने मन में व्याप्त अज्ञान से उत्पन्न संशय को ज्ञानरूपी तलवार से हटा दे और फिर हर परिस्थिति में चाहे वह जय हो या पराजय, लाभ हो या हानि, समान भाव रखते हुए सिर्फ लोकहित की भावना से अपने कर्तव्यों को पूरा कर और युद्ध के लिये खड़ा हो जा ।

इस प्रकार ॐ तत् सत् इन भगवन्नामों के उच्चारण के साथ ब्रह्मविद्या और योगशास्त्र से युक्त श्रीमद्भगवद्गीता रूपी उपनिषद् के श्रीकृष्ण और अर्जुन के संवाद में 'ज्ञान कर्म सन्यास' योग नामक चौथा अध्याय पूरा हुआ ।

जय श्री कृष्ण

पंचम अध्याय

अर्जुन उवाच

सन्न्यासं कर्मणां कृष्ण पुनर्योगं च शंससि ।
यच्छ्रेय एतयोरेकं तन्मे ब्रूहि सुनिश्चितम् ॥ 1 ॥

भावार्थ :– सांख्ययोग के दो भाग होते है- (क) ज्ञानयोग और (ख) कर्मसन्यास । भगवान श्रीकृष्ण ने चौथे अध्याय के तैतीसवें से सैंतीसवे (३३-३७) श्लोक तक अर्जुन से ज्ञानयोग के अनुसार तत्त्वदर्शी महापुरुष के पास जाकर ज्ञान प्राप्त करके तथा उसके अनुसार अपने कर्मों को सुचारू रूप से करते हुए मुक्ति प्राप्त करने की बात कही, जिसमें कर्मों का त्याग करने की आवश्यकता नहीं होती, परन्तु अर्जुन ने समझा कि श्रीकृष्ण उसे उस समय की ज्ञान प्राप्ति की प्रचलित प्रणाली अर्थात् कर्मों का पूरी तरह से त्याग कर सदा के लिये गुरु के आश्रम में रहते हुए ज्ञान प्राप्त करने अर्थात् कर्मसन्यास के बारे में बता रहे हैं। फिर आगे श्रीकृष्ण अड़तीसवें श्लोक में कहते हैं कि कर्मयोगी इस ज्ञान को समय के साथ अपने अंदर ही प्राप्त कर लेता है, जिससे अर्जुन दुविधा में पड़ जाते है और श्रीकृष्ण से प्रश्न करते है कि हे श्रीकृष्ण । कभी तो आप कर्मो का पूरी तरह से त्याग करके ज्ञान प्राप्त करने की प्रशंसा करते हैं और कभी आप कर्मयोग की प्रशंसा करते हैं लेकिन इन दोनों में से मेरे लिये कौन सा मार्ग श्रेष्ठ है, उसे निश्चित् करके बताइये ।

श्रीभगवान् उवाच

सन्न्यासः कर्मयोगश्च निःश्रेयसकरावुभौ ।
तयोस्तु कर्मसन्न्यासात्कर्मयोगो विशिष्यते ॥ 2 ॥

भावार्थ :– ज्ञानयोग से कर्मयोग की श्रेष्ठता के बारे में श्रीकृष्ण तीसरे अध्याय (३/७) में बता चुके हैं, यहाँ अर्जुन के प्रश्न पर कर्मसन्यास (सन्यास) से कर्मयोग की श्रेष्ठता के बारे में बताते हुए श्रीकृष्ण कहते हैं कि हे अर्जुन ! ये दोनों ही साधन कल्याण करने वाले हैं, पर कर्मसन्यास से कर्मयोग श्रेष्ठ है, क्योंकि कर्मयोग प्रत्येक परिस्थिति में तथा प्रत्येक व्यक्ति द्वारा अपनाया जा सकता है, परन्तु कर्मसन्यास एक विशेष परिस्थिति में तथा विशेष व्यक्ति द्वारा ही अपनाया जा सकता है, क्योंकि तत्त्वज्ञ महापुरुष का मिलना, उनमें अपनी श्रद्धा होना एवं अपने सारे सांसारिक संबंधों तथा कर्तव्यों को

त्यागकर उसके पास जाकर रहना – ऐसी परिस्थिति हर मनुष्य के लिये संभव नहीं है ।
इसलिए-

ज्ञेयः स नित्यसन्यासी यो न द्वेष्टि न कांक्षति   ।
निर्द्वन्द्वो हि महाबाहो सुखं बन्धात्प्रमुच्यते ॥ 3 ॥

भावार्थ :— हे अर्जुन ! जो मनुष्य ना तो किसी के प्रति मोह या द्वेष भाव रखता है
और न ही किसी व्यक्ति या वस्तु की इच्छा करता है। ऐसा निःस्वार्थ भाव से अपने कर्तव्य
कर्मों को लोकहित की भावना से करता हुआ कर्मयोगी सदा सन्यासी ही समझा जाने के
योग्य है क्योंकि कर्मयोगी भी सन्यासी की ही तरह अपने सांसारिक कर्तव्यों को पूरी
तत्परता से पूरा करता हुआ अपने मन से सांसारिक मोह-माया तथा भोगों को त्याग देता
है, जिससे उसे समय के साथ ईश्वर के तत्वज्ञान की प्राप्ति हो जाती है और इस प्रकार
हर प्रकार की दुविधा से मुक्त कर्मयोगी अपने सभी सांसारिक कर्तव्यों को पूरा करता
हुआ भी हर पल ईश्वर में लगे रहकर सुखपूर्वक सांसारिक बंधन से मुक्त हो जाता हैं ।

सांख्ययोगौ पृथग्बालाः प्रवदन्ति न पण्डिताः   ।
एकमप्यास्थितः सम्यगुभयोर्विन्दते फलम् ॥ 4 ॥

भावार्थ :— हे अर्जुन ! बेसमझ (अज्ञानी) लोग ही कर्मयोग और कर्म सन्यास को
अलग-अलग फल वाला मानते है, न कि पण्डितजन क्योंकि इन दोनों में से किसी एक में
भी अच्छी तरह से लगा हुआ मनुष्य परमात्मा को प्राप्त कर लेता है। इसलिए जो मनुष्य
कर्मयोग और कर्मसन्यास दोनों के तत्व (सार) को अच्छी तरह समझते है, वे दोनों के
साधन करने के तरीके को ध्यान में न रखकर केवल उसके परिणाम (ईश्वर की प्राप्ति)
को देखते है।

यत्सांख्यैः प्राप्यते स्थानं तद्योगैरपि गम्यते   ।
एकं सांख्यं च योगं च यः पश्यति स पश्यति ॥ 5 ॥

भावार्थ :— ऊपरी तौर पर देखने पर कर्मसन्यासी, कर्मयोगी की तुलना में सांसारिक
मोह-माया से ज्यादा दूर तथा ज्यादा ज्ञानी दिख सकता है, पर जो मनुष्य उनके मन की
दशा को देखते हैं, वे जानते हैं कि कर्मयोगी और कर्मसन्यासी दोनों ही मन से सांसारिक
मोह-माया तथा भोगों का त्याग कर चुके हैं, इसलिये मन की दशा के आधार पर दोनों
एक ही है तथा दोनों के ही द्वारा समान रूप से ज्ञान की प्राप्ति हो सकती है।

सन्यासस्तु महाबाहो दुःखमाप्तुमयोगतः   ।
योगयुक्तो मुनिर्ब्रह्म न चिरेणाधिगच्छति ॥ 6 ॥

भावार्थ :— परन्तु हे अर्जुन, जो मनुष्य कर्मसन्यास को अपनाना चाहता हैं अर्थात् सन्यासी बनना चाहता है, उसे भी पहले कर्मयोग को अपनाना ही पड़ता है। कर्मयोग के मार्ग पर चलकर जब वह सांसारिक मोह-माया, लोभ-क्रोध से ऊपर उठ जाता है, तभी उसका सन्यास लेकर ज्ञान प्राप्त करना पूरी तरह से संभव हो पाता है लेकिन यदि कोई मनुष्य अपने सांसारिक कर्तव्यों से बचने के लिये सन्यास धारण कर ले तो उसका मन राग-द्वेष से ऊपर ना उठ पाने के कारण पूरी तरह से ज्ञान प्राप्ति में नहीं लग पाता, जिससे उसे ईश्वर की प्राप्ति नहीं हो पाती क्योंकि उसका मन तो संसार में ही लगा हुआ है। इसलिये दृढ़ निश्चय के साथ कर्मयोग में लगे हुए मनुष्य के द्वारा ईश्वर की प्राप्ति ज्यादा जल्दी हो जाती है ।

योगयुक्तो विशुद्धात्मा विजितात्मा जितेन्द्रियः ।

सर्वभूतात्मभूतात्मा कुर्वन्नपि न लिप्यते ॥ 7 ॥

भावार्थ :— जिस कर्मयोगी की इन्द्रियाँ उसके वश में है, मन शुद्ध है तथा उसने अपनी बुद्धि को अपने वश में कर लिया है और जिस कारण वह सभी प्राणियों को समान समझता है। उसके लिये अमीर-गरीब, छोटा-बड़ा, गाय-कुत्ता, ब्राह्मण-चाण्डाल आदि के साथ व्यवहार में कोई भेद (अंतर) नहीं होता । ऐसा कर्मयोगी कोई भी कर्म किसी भी फल की इच्छा से या स्वार्थ की भावना से नहीं करता है जिससे कि वह सभी कर्म करते हुए भी कर्मों से नहीं बंधता है। साथ ही –

नैव किंचित्करोमीति युक्तो मन्येत तत्त्ववित् ।

पश्यञ्-श्रृण्वन्-स्पृशञ्-जिघ्रन्, नश्नन्-गच्छन्-स्वपञ्श्वसन् ॥ 8 ॥

प्रलपन्-विसृजन्-गृह्णन्-नुन्मिषन्-निमिषन्-नपि ।

इन्द्रिया-णीन्द्रियार्थेषु, वर्तन्त इति धारयन् ॥ 9 ॥

भावार्थ :— कर्मयोग में दृढ़ निश्चय रखने वाला मनुष्य ऐसा मानता है कि शरीर, इन्द्रियाँ, मन, बुद्धि तथा कर्म करने के साधन आदि ये सभी ईश्वर के ही दिये हुए है, जिसके सहयोग से ही वह किसी भी कर्म को कर पा रहा है । ये तो उसके अपने है ही नहीं, वह तो केवल उनका उपयोग कर रहा है । इसलिए वह अपने ही द्वारा किसी कार्य के होने पर उस कार्य का कर्ता होने का अभिमान नहीं करता, बल्कि ईश्वर का धन्यवाद करता है, जिसकी कृपा के कारण वह उस कार्य को कर पाया है ।

ब्रह्मण्याधाय कर्माणि सङ्गत्यक्त्वा करोति यः ।

लिप्यते न स पापेन पद्ममपत्रमिवाम्भसा ॥ 10 ॥

भावार्थ :— जिस प्रकार कमल की उत्पत्ति जल में होने पर भी कमल के पत्तों पर जल नहीं ठहरता, उसी प्रकार जो कर्मयोगी अपने द्वारा किये गये हर कर्म को राग-द्वेष से रहित होकर करता है तथा उसके फल को ईश्वर की इच्छा पर छोड़ देता है । वह अपने सभी कर्तव्यकर्मों को करते हुए भी उन कर्मों के बंधन में नहीं फंसता अर्थात् उन कर्मों से उसे पाप और पुण्य दोनों ही प्राप्त नहीं होते क्योंकि पाप और पुण्य दोनों ही पुनर्जन्म का कारण बनते हैं ।

कायेन मनसा बुद्ध्या केवलैरिन्द्रियैरपि ।

योगिनः कर्म कुर्वन्ति सङ्गं त्यक्त्वात्मशुद्धये ॥ 11 ॥

भावार्थ :— यहाँ एक प्रश्न उठता है कि जब कर्म करने से मनुष्य पाप-पुण्य के बंधन में फंस जाते हैं तो फिर वे कर्म करते ही क्यों हैं? जब कर्म ही नहीं होंगे तो पाप-पुण्य के बंधन भी नहीं होंगे तो इस प्रश्न का उत्तर देते हुए श्रीकृष्ण कहते हैं कि कर्मयोगी अपने मन की शुद्धि के लिये कर्म करते हैं। कर्म करने से उन्हें पता चलता है कि वे सांसारिक बंधनों तथा मोह-द्वेष से छूटे हैं या नहीं । इस तरह मोह-द्वेष का त्याग करके तथा शरीर, मन और बुद्धि को अपने वश में करके जब वे अपने कर्तव्यकर्म करते रहते हैं तो समय के साथ उनका मन शुद्ध हो जाता है ।

युक्तः कर्मफलं त्यक्त्वा शान्तिमाप्नोति नैष्ठिकीम् ।

अयुक्तः कामकारेण फले सक्तो निबध्यते ॥ 12 ॥

भावार्थ :— इस प्रकार कर्मयोगी अपने द्वारा किये गये कर्मों को केवल अपने मन की शुद्धि के लिए बिना किसी फल की इच्छा किये करते हैं, जिससे वे संसार में रहकर अपने कर्तव्य कर्मों को करते हुए भी मन की शांति को प्राप्त हो जाते हैं, जबकि साधारण मनुष्य अपने सभी कर्मों को अपनी किसी न किसी इच्छा की पूर्ति के लिये करते हैं जिससे कि वे कर्मों से बंधकर पुनर्जन्म को प्राप्त होते रहते हैं ।

सर्वकर्माणि मनसा सन्यस्यास्ते सुखं वशी ।

नवद्वारे पुरे देही नैव कुर्वन्न कारयन् ॥ 13 ॥

भावार्थ :— श्रीकृष्ण इस श्लोक में शरीर की तुलना नौ द्वारों (दो आँख, दो कान, दो नाक के छेद, एक उपस्थ और एक गुदा) वाले एक शहर से करते हैं, जिसके अंदर आत्मा शरीर की आयु जितने समय के लिये रहती है। इस शरीर रूपी शहर के कार्यों को सुचारू रूप से चलाने के लिये अलग-अलग कर्मेन्द्रियों (हाथ, पाँव, मुँह, गुदा और उपस्थ), ज्ञानेन्द्रियों (आँख, कान, नाक, जिह्वा और त्वचा), मन और बुद्धि को

अलग-अलग कार्य दिये गए हैं। श्रीकृष्ण कहते हैं कि जिस मनुष्य ने इन साधनों द्वारा अपने सभी कर्म करते हुए भी मन से उन कर्मों से किसी भी प्रकार की आसक्ति (मोह) का त्याग कर दिया है अर्थात् वह कोई भी कर्म न तो किसी प्रकार के स्वार्थ या मोह के वश में होकर कर रहा है न ही किसी प्रकार के द्वेष के, बस अपने कर्तव्यपालन की भावना से कर रहा है, ऐसा मनुष्य सभी प्रकार के कर्म करता हुआ भी नौ द्वारों वाले इस भौतिक शरीर में सुखपूर्वक रहता है ।

न कर्तृत्वं न कर्माणि लोकस्य सृजति प्रभुः ।
न कर्मफलसंयोगं स्वभावस्तु प्रवर्तते ॥ 14 ॥

भावार्थ :— श्रीकृष्ण आगे कहते हैं कि ईश्वर न तो हमारे कर्मों को करवाने वाले होते हैं न ही फल का निर्णय करने वाले । मनुष्य किस योनि में जन्म लेगा, कैसी परिस्थितियाँ उसके सामने आएंगी, ये भी ईश्वर तय नहीं करते । मनुष्य जब स्वयं को कर्ता मानकर किसी कार्य को करता है, तो उसके द्वारा किये गये अच्छे या बुरे कार्य उसे पाप या पुण्य के बंधन में बांध देते हैं । जिसके अनुसार उसे अगले जन्म तथा उन जन्मों में विभिन्न परिस्थितियाँ प्राप्त होती है और इसके लिये मनुष्य का स्वभाव, उसके अच्छे-बुरे गुण ही जिम्मेदार होते हैं, जिनके वश में होकर मनुष्य विभिन्न प्रकार के कर्म करता है ।

नादत्ते कस्यचित्पापं न चैव सुकृतं विभुः ।
अज्ञानेनावृतं ज्ञानं तेन मुह्यन्ति जन्तवः ॥ 15 ॥

भावार्थ :— वे आगे कहते हैं कि ईश्वर न तो किसी को पाप कर्म करने को कहते है और न ही पुण्य कर्म करने को । ईश्वर केवल (क) जीव को कर्म करने की स्वतंत्रता देते हैं। (ख) उनके द्वारा किये गये कार्यों का हिसाब रखते हैं तथा (ग) उन्हें उनके द्वारा किये गए कर्मों के अनुसार नियत फल देते हैं । कौन सी परिस्थिति आने पर मनुष्य अच्छा या बुरा कौन सा कर्म करेगा, इसका चुनाव मनुष्य स्वयं करता है, लेकिन अज्ञान के कारण मनुष्य अपने अच्छे कर्मों को करने वाला कर्ता तो स्वयं को मानता है लेकिन अपनी गलतियों के लिये ईश्वर को जिम्मेदार ठहराता है । परन्तु –

ज्ञानेन तु तदज्ञानं येषां नाशितमात्मनः ।
तेषामादित्यवज्ज्ञानं प्रकाशयति तत्परम् ॥ 16 ॥

भावार्थ :— जिन मनुष्यों ने अपनी समझ और विवेक के द्वारा इस ज्ञान को प्राप्त कर लिया है, तो फिर उनका वह ज्ञान सूर्य के प्रकाश की तरह परमात्मा के ज्ञान को उनके हृदयों में प्रकाशित कर देता है । अर्थात् –

तद्-बुद्धयस्-तदात्मानस्-तन्-निष्ठास्-तत्-परायणाः ।
गच्छन्त्य-पुनरावृत्तिं, ज्ञान-निर्धूत-कल्मषाः ॥ 17 ॥

भावार्थ :— जिन कर्मयोगियों की बुद्धि पूरी तरह से परमात्मा में स्थिर हो गई है, मन पूरी तरह से परमात्मा में लग गया है और जो पूरी तरह से परमात्मा के प्रति श्रद्धावान् है, ऐसे मनुष्यों को स्वयं अपने अंतरात्मा में ही परमात्मा के ज्ञान की प्राप्ति हो जाती है, जिससे वो हर प्रकार के पाप से मुक्त होकर जन्म-मरण के चक्र से छूट जाते है। साथ ही–

विद्या-विनय-सम्पन्ने, ब्राह्मणे गवि हस्तिनि ।
शुनि चैव श्वपाके च, पण्डिताः समदर्शिनः ॥ 18 ॥

भावार्थ :— कर्मयोग की इस ऊँची अवस्था में पहुँचे हुए योगी का परमात्मा का यह ज्ञान उनके सोचने और संसार को देखने के तरीके को बदल देता है। फिर वे महापुरुष एक श्रेष्ठ ब्राह्मण और चाण्डाल तथा गाय, हाथी या कुत्ते आदि सभी प्राणियों में समान रूप से उस परमात्मा के अंश आत्मा को विद्यमान देखते है, जिससे सबके लिये उनका व्यवहार समान होता है तथा सभी के दुःखों को दूर करने के लिये वे समान रूप से प्रयास करते हैं और इस प्रकार –

इहैव तैर्-जितः सर्गो, येषां साम्ये स्थितं मनः ।
निर्दोषं हि समं ब्रह्म, तस्माद्-ब्रह्मणि ते स्थिताः ॥ 19 ॥

भावार्थ :— जो कर्मयोगी सभी जीवों के प्रति समभाव रखते हैं तथा अपनी हर पसंद-नापसंद, सुख-दुःख से ऊपर उठकर अपने कर्तव्यों को लोकहित की भावना से करते हैं, वे संसार में रहते हुए ही सांसारिक बंधनों से मुक्त हो जाते है और चूंकि आत्मा परमात्मा का ही एक अंश है इसलिए जिस प्रकार परमात्मा हर प्रकार के अवगुणों से मुक्त तथा हर स्थिति में और हर प्राणी के प्रति समभाव रखने वाले होते है, उसी तरह कर्मयोग की सबसे ऊँची स्थिति में पहुँचे हुए योगी में भी इन्हीं गुणों के आ जाने से वे ईश्वर का ही एक रूप हो जाते हैं ।

न प्रहृष्येत्-प्रियं प्राप्य, नोद्विजेत्-प्राप्य चाप्रियम् ।
स्थिर-बुद्धि-रसम्मूढो, ब्रह्म-विद्-ब्रह्मणि स्थितः ॥ 20 ॥

भावार्थ :— साथ ही, जो योगी न तो अपनी इच्छा के अनुकूल परिस्थिति को पाकर हर्षित होता है और ना ही इसके विपरीत परिस्थिति को पाकर दुःखी अथवा उत्तेजित होता है। हर परिस्थिति में समान भाव रखने वाला, अज्ञानता से रहित तथा परमात्मा के

ज्ञान को प्राप्त किया हुआ ऐसा योगी सदा ईश्वर के समान ही समझे जाने के योग्य है। इस प्रकार–

बाह्य-स्पर्श्-ष्वसक्तात्मा, विन्द-त्यात्मनि यत्-सुखम् ।
स ब्रह्म-योग-युक्तात्मा, सुख-मक्षय-मश्नुते ॥ 21 ॥

भावार्थ :— जब एक योगी इस संसार अथवा शरीर से किसी भी प्रकार का आनंद लेने की अपनी इच्छा को त्याग देता है तो उसे ज्ञान की प्राप्ति होती है जिससे वह आत्मिक सुख को प्राप्त करता है और इसके बाद जब वो अपनी इन्द्रियों, मन और बुद्धि को पूरी तरह से ईश्वर में लीन कर लेता है तो वह अपने ही हृदय में स्थित ईश्वर की असीम कृपा का अनुभव करने लगता है, जिससे उसे अक्षय सुख की प्राप्ति होती है क्योंकि –

ये हि संस्पर्शजा भोगा, दुःख-योनय एव ते ।
आद्यन्त-वन्तः कौन्तेय, न तेषु रमते बुधः ॥ 22 ॥

भावार्थ :— हे अर्जुन ! मनुष्य इस संसार में रहकर जो भी सुख-सविधाएँ, भोग आदि अपनी इन्द्रियों, मन और बुद्धि के द्वारा प्राप्त करता है, वे सभी नष्ट होने वाले हैं तथा सभी प्रकार के दुःखों के कारण हैं क्योंकि सभी प्रकार के भोग हर मनुष्य को प्राप्त होना संभव नहीं है। मनुष्य की कितनी भी इच्छाएँ पूरी हो जाएँ, एक नई इच्छा जन्म ले ही लेती है, जिसके पूरा ना होने पर वो दुःखी हो जाता है। लेकिन एक योगी ईश्वर की कृपा से उस अक्षय सुख को प्राप्त कर लेता है, जिसके सामने इस दुनिया के सभी सुख और भोग फीके है। इसलिए बुद्धिमान मनुष्य इन सुखों और भोगों के जाल में नहीं फंसता। इतना ही नहीं –

शक्नोती-हैव यः सोढुं, प्राक्-शरीर-विमोक्षणात् ।
काम-क्रोधाद्-भवं वेगं, स युक्तः स सुखी नरः ॥ 23 ॥

भावार्थ :— सभी प्रकार के जीवों में से केवल मनुष्यों में ही ईश्वर ने वो विवेक दिया है जिसका उपयोग करके वो जन्म-मरण के चक्र से मुक्ति पा सकते है। बाकी सभी योनियाँ तो भोग योनियाँ है, जिसमें जीव का जन्म केवल उनके कर्मों के फलों को भोगने के लिये होता है। इसलिये श्रीकृष्ण इस श्लोक में कहते हैं कि जो मनुष्य अपने विवेक का प्रयोग करते हुए अपने जीते जी अपनी सारी इच्छाओं का त्याग कर देता है जिससे कि उसका अपनी इच्छाओं के पूरा न होने पर उत्पन्न होने वाला क्रोध तथा राग-द्वेष आदि बुराईयाँ भी समाप्त हो जाती है, ऐसा मनुष्य ही सच्चा योगी है। तथा वही तत्वज्ञान को

प्राप्त करके पहले आत्मसुख को और फिर ईश्वर की कृपा को अनुभव कर ब्रह्मसुख को प्राप्त कर लेता है। और फिर-

योऽन्तः-सुखोऽन्तरा-रामस्, तथान्तर्-ज्योतिरेव यः ।
स योगी ब्रह्म-निर्वाणं, ब्रह्म-भूतोऽधि-गच्छति ॥ 24 ॥

भावार्थ :– परमात्मा के ध्यान में लीन ऐसे मनुष्य को जब अपनी अंतरात्मा में ही ब्रह्मसुख की अनुभूति होती हैं, तो उस अनुभूति के सामने उसे सभी सांसारिक सुख और भोग फीके लगने लगते है। इस अवस्था में उसे केवल परमात्मा के ध्यान में ही आनंद महसूस होता है, हर पल वह उन्हीं में लीन रहता है तथा ऐसा मनुष्य हर क्षण अपने अंदर स्थित उस परमात्मा को अनुभव करता हुआ उन्हीं को प्राप्त हो जाता है।

लभन्तेब्रह्म-निर्वाण-मृषयः क्षीण-कल्मषाः ।
छिन्न-द्वैधा यतात्मानः, सर्व-भूत-हिते रताः ॥ 25 ॥

भावार्थ :– पिछले कुछ श्लोकों में भगवान श्रीकृष्ण ने कर्मयोग की सर्वश्रेष्ठ स्थिति तक पहुँच चुके योगियों के द्वारा ईश्वर की प्राप्ति की बात कही है। लेकिन जो मनुष्य अभी तक कर्मयोग की इतनी ऊँची अवस्था तक नहीं पहुँचे है, पर उन्होंने अपने मन, बुद्धि और इन्द्रियों को वश में कर लिया है और पूरी तरह से दूसरे प्राणियों की सेवा में लगे हुए हैं। साथ ही, जिनकी सांसारिक भोगों तथा ईश्वर की प्राप्ति को लेकर के सारी दुविधाएं मिट गई है, जिसके कारण उसके सारे दोष नष्ट हो गये है, ऐसे दृढ़निश्चय के साथ ईश्वर की प्राप्ति के प्रयासों में लगे मनुष्य को भी ईश्वर की कृपा प्राप्त होती है, जिससे वे मुक्ति को प्राप्त कर लेते है।

नोट :- ऐसे मनुष्य मुक्ति को तो प्राप्त कर लेते है, लेकिन वे उस ब्रह्मसुख को प्राप्त नहीं कर पाते ।

काम-क्रोध-वियुक्तानां, यतीनां यत-चेतसाम् ।
अभितो ब्रह्म-निर्वाणं, वर्तते विदि-तात्मनाम् ॥ 26 ॥

भावार्थ :– भगवान श्रीकृष्ण कहते हैं कि संसारी मनुष्यों के लिए कर्मयोग ही ईश्वर की प्राप्ति का सर्वश्रेष्ठ मार्ग है, लेकिन जो मनुष्य कर्मयोग को अपनाकर सांसारिक मोह-माया तथा क्रोध से ऊपर उठ चुके है, उन्होंने अपने मन का विजय पा ली है तथा उन्हें तत्वज्ञान की प्राप्ति हो गई है, ऐसे मनुष्य ईश्वर की प्राप्ति करने के लिये कर्म-सन्यास के मार्ग को भी अपना सकते है। कोई सांसारिक कर्तव्य बाकी ना रहने पर वे इस मार्ग पर चलकर पूरी तरह ईश्वर के ध्यान में लीन रहकर ज्यादा सुगमता से ईश्वर की

प्राप्ति कर सकते है। पहले के युगों में भी कई राजाओं और ऋषियों ने इसी तरह ईश्वर की प्राप्ति की है। ऐसे सन्यासी शरीर रहते हुए अथवा मृत्यु के बाद दोनों ही अवस्थाओं में ईश्वर की प्राप्ति कर लेते हैं । साथ ही–

स्पर्शान् कृत्वा बहिर्-बाह्यांश्-चक्षुश्-चैवान्तरे भ्रुवोः ।

प्राणा-पानौ समौ कृत्वा, नासा-भ्यन्तर-चारिणौ ।। 27 ।।

यतेन्द्रिय-मनो-बुद्धिर्-मुनिर्-मोक्ष-परायणः ।

विगतेच्छा-भय-क्रोधो, यः सदा मुक्त एव सः ।। 28 ।।

भावार्थ :– कर्मसन्यास के मार्ग पर चलने वाले जिन साधकों की इन्द्रियाँ, मन और बुद्धि उनके वश में हैं, जो मुक्ति की चाह रखते हैं तथा जो सभी प्रकार की इच्छा, भय और शोक से पूरी तरह रहित है, ऐसे सन्यासी परमात्मा की प्राप्ति के लिए एकान्त स्थान में जाकर-ईश्वर का ध्यान करते हैं। अपने बाहरी विचारों को बाहर ही त्यागकर तथा अपनी दृष्टि को दोनों भौहों के बीच में स्थित करके वे अपनी प्राण वायु (नाक से अंदर आने वाली वायु) और अपाण वायु (नाक से बाहर जाने वाली वायु) को समान करके वे परमात्मा के ध्यान में लीन रहते हैं और इस प्रकार परमात्मा के ध्यान में लीन रहते हुए वे मुक्ति को पा लेते है।

भोक्तारं यज्ञ-तपसां, सर्व-लोक-महेश्वरम् ।

सुहृदं सर्व-भूतानां, ज्ञात्वा मां शान्ति-मृच्छति ।। 29 ।।

भावार्थ :– पिछले श्लोक में भगवान् श्रीकृष्ण ने बताया कि कर्मसन्यासी का मेरी प्राप्ति का ही एकमात्र उद्देश्य होने के कारण वे मेरा ध्यान करते हुए मुक्ति को पा लेते है, लेकिन उन्हें मुझमें अनन्य प्रेम न होने के कारण मेरी अनुभूति नहीं होती है क्योंकि इसके लिये मेरी कृपा की आवश्यकता होती है। वे आगे कहते हैं कि कर्म सन्यासी भी अगर मुझे सभी प्रकार के यज्ञों तथा तपों के फल को देने वाला, सभी लोकों का महान् ईश्वर तथा सभी प्राणियों का सुहृद (भला चाहने वाला) जानकर अगर मेरी प्राप्ति का प्रयास करता है तो वह भी मेरा अनुभव कर अक्षय सुख तथा परमशान्ति को प्राप्त हो जाता है।

इस प्रकार ''ॐ तत् सत्'' इन भगवन्नामों को उच्चारण के साथ ब्रह्मविद्या और योगशास्त्र से युक्त श्रीमद्भगवद्गीता रूपी उपनिषद् के श्रीकृष्ण और अर्जुन के संवाद में 'कर्म सन्यास योग' नामक पाँचवा अध्याय पूरा हुआ ।

जय श्री कृष्ण

छठा अध्याय

श्रीभगवान् उवाच

अनाश्रितः कर्मफलं कार्यम् कर्म करोति यः ।
स सन्यासी च योगी च न निरग्निर्-न चाक्रियः ॥ 1 ॥

भावार्थ :— हमारे शास्त्रों में कहा गया है कि जो व्यक्ति सन्यास धारण करते है, वे किसी भी कार्य को करने के लिये अग्नि का उपयोग नहीं कर सकते । अपना भोजन बनाने के लिये अथवा अपने जीवन निर्वाह के लिये भी उन्हें भिक्षा पर ही आश्रित रहना पड़ता है, लेकिन भगवान श्रीकृष्ण कहते हैं कि केवल अग्नि का त्याग करने वाला सन्यासी नहीं हो सकता अथवा अपने किसी प्रकार के कर्तव्यकर्म का त्याग करने वाला योगी नहीं हो सकता बल्कि, जो मनुष्य अपने सभी कर्तव्य कर्मों को बिना किसी फल की इच्छा के केवल सेवा भाव से पूरा करता है, वही सच्चा सन्यासी और योगी है। साथ ही-

यं सन्यास-मिति प्राहुर्-योगं तं विद्धि पाण्डव ।
न ह्य-सन्यस्त-संकल्पो, योगी भवति कश्चन ॥ 2 ॥

भावार्थ :— हे अर्जुन ! लोग जिसको सन्यास कहते हैं, उसी को तुम योग समझो क्योंकि एक सन्यासी सांसारिक मोह-माया तथा भोगों का त्याग करके वैराग्य धारण कर लेता है, लेकिन एक योगी संसार में रहकर अपने सभी कर्तव्यों को पूरा करता हुआ भी हर प्रकार की मोह-माया तथा भोगों से दूर रहता है। बाहरी रूप से दिखने पर सन्यासी और योगी अलग-अलग दिख सकते है, पर दोनों के मन की स्थिति समान ही होती है क्योंकि सांसारिक इच्छाओं का त्याग किये बिना मनुष्य ना तो सन्यासी बन सकता है और ना ही योगी । इस प्रकार -

आरूरूक्षोर्-मुनेर्-योगं, कर्म कारण-मुच्यते ।
योगारूढस्य तस्यैव शमः कारण-मुच्यते ॥ 3 ॥

भावार्थ :— जब मनुष्य सांसारिक मोह-माया तथा भोगों से ऊपर उठकर समभाव की प्राप्ति करना चाहता है, तो कर्मयोग इसमें उसकी सहायता करता है, लेकिन जिन मनुष्यों को समभाव की प्राप्ति हो चुकी है और अब उसके जीवन का एक ही लक्ष्य है, ईश्वर की प्राप्ति, तो ऐसे कर्मयोगियों के लिये ध्यान योग ईश्वर की प्राप्ति का एक श्रेष्ठ उपाय है। लेकिन-

यदा हि नेन्द्रियार्थेषु न कर्मस्वनु-षज्जते ।
सर्व-संकल्प-सन्यासी योगारूढस्-तदोच्यते ॥4॥

भावार्थ :— ये कैसे पता चले कि साधक समभाव को प्राप्त कर चुका है, तो इसका उपाय बताते हुए श्रीकृष्ण कहते हैं कि साधक जब कर्मयोग की इस स्थिति में पहुँच जाता है कि वो ना तो अपनी किसी इच्छा की पूर्ति के लिये किसी कर्म को करता है और ना ही किसी सुख या भोग की प्राप्ति के लिये बल्कि, वो तो अपने सभी कर्तव्यकर्म केवल दूसरों की सेवा के उद्देश्य से करता है तो उस समय अपनी सभी सांसारिक इच्छाओं का त्यागी मनुष्य कर्मयोग की एक श्रेष्ठ स्थिति में पहुँच जाता है अर्थात् उसे समभाव की प्राप्ति हो जाती है। ईश्वर की प्राप्ति की चाह रखने वाले ऐसे मनुष्यों के लिए ध्यान उनके उद्देश्य की प्राप्ति में सहायक होता है।

उद्धरे-दात्म-नात्मानं नात्मान-मवसादयेत् ।
आत्मैव ह्यात्मनो बन्धु-रात्मैव रिपु-रात्मनः ॥5॥

भावार्थ :— श्रीकृष्ण आगे कहते हैं कि मनुष्य अपना उद्धार करे या पतन, ये उसके अपने ही हाथों में होता है। ईश्वर ने उसे वो समझ दी है कि वह अपना अच्छा और बुरा समझ सके । अब ये उन पर होता है कि या तो वे अपनी इन्द्रियों, मन और बुद्धि को वश में करके तथा उन्हें ईश्वर प्राप्ति की राह में लगाकर अपना कल्याण कर लें या फिर उन्हें सांसारिक भोगों तथा इच्छाओं की पूर्ति में लगाकर अपना पतन कर लें, क्योंकि मनुष्य स्वयं ही स्वयं का सबसे बड़ा मित्र और सबसे बड़ा शत्रु होता है। साथ ही –

बन्धु-रात्मात्मनस्-तस्य येनात्मै-वात्मना जितः ।
अनात्मनस्-तु शत्रुत्वे वर्ते-तात्मैव शत्रुवत् ॥6॥

भावार्थ :— अक्सर मनुष्य अपनी बुद्धि और शक्ति अपने उन शत्रुओं के बारे में सोचने तथा उन्हें जीतने के प्रयासों में लगाता है, जिन्हें वो देख सकता है । लेकिन श्रीकृष्ण कहते हैं कि मनुष्य के असली शत्रु तो इच्छा, क्रोध, लालच, ईर्ष्या आदि हैं जो उसके मन में ही निवास करते हैं। ये भीतरी शत्रु उनके बाहरी शत्रुओं से ज्यादा खतरनाक होते हैं क्योंकि वे उनकी आध्यात्मिक उन्नति में बहुत बाधक होते हैं, दूसरी तरफ मन ही मनुष्यों का सबसे बड़ा मित्र भी होता है। अगर मनुष्य अपनी बुद्धि का उपयोग कर अपने मन को वश में कर लेता है, तो उसका मन ही उसकी सांसारिक तथा आध्यात्मिक उन्नति में सहायक बन कर उसे मुक्ति के मार्ग पर ले जाता है।

जितात्मनः प्रशान्तस्य परमात्मा समाहितः ।
शीतोष्ण-सुख-दुःखेषु तथा मानाप-मानयोः ॥7॥

व्याख्या :— अध्याय दो के चौदहवें श्लोक में श्रीकृष्ण कहते हैं कि मनुष्य की इन्द्रियाँ (आँख, कान, नाक आदि) और उसके इन्द्रियों के विषय (देखना, सुनना आदि) मिलकर उसे सर्दी-गर्मी, सुख-दुःख तथा मान-अपमान आदि का अनुभव कराते हैं और जब तक मनुष्य का मन वश में नहीं होता, वह इन्द्रियों द्वारा प्राप्त किये जाने वाले सुख तथा आनंद को पाने के लिये भागता रहता है, लेकिन इस श्लोक में वे बताते हैं कि जब साधक अपने मन को वश में कर लेता है तो उसका मन इन सुख तथा आनंद प्राप्त करने की भावनाओं से ऊपर उठकर परमात्मा की प्राप्ति के प्रयासों में लग जाता है, जिससे उसे परमात्मा की प्राप्ति हो जाती है ।

ज्ञान-विज्ञान-तृप्तात्मा कूटस्थो विजितेन्द्रियः ।
युक्त इत्युच्यते योगी सम-लोष्टाश्म-कांचनः ॥8॥

भावार्थ :— श्रीकृष्ण आगे कहते हैं कि जिस मनुष्य का मन ज्ञान-विज्ञान से तृप्त है अर्थात् जिसने गुरु से ज्ञान प्राप्त कर अथवा कर्मयोग के मार्ग पर चलकर समभाव की प्राप्ति करके परमात्मा के ज्ञान को प्राप्त कर लिया है और जिसके कारण उसका मन और बुद्धि पूरी तरह परमात्मा में लीन हो जाने से, उसे परमात्मा की अनुभूति (विज्ञान) हो गई है। जिसने अपनी इन्द्रियों को जीत लिया है तथा जिसके लिए मिट्टी के ढ़ेले, पत्थर और स्वर्ण (सोना) का महत्व समान है, ऐसा सभी सांसारिक वस्तुओं के मोह से मुक्त योगी 'युक्त' अर्थात परमात्मा में ही स्थिति वाला कहा जाता है। लेकिन –

सुहृन्-मित्रार्-युदासीन-मध्यस्थ-द्वेष-बन्धुषु ।
साधुष्वपि च पापेषु, सम-बुद्धिर्-विशिष्यते ॥9॥

भावार्थ :— जब वह योगी परमात्मा की राह पर और आगे बढ़ता है तो वह मानता है कि परमात्मा सभी जीवों के हृदय में समान रूप से विद्यमान है और इसीलिये वह सभी वस्तुओं की ही तरह सभी जीवों को भी समान रूप से देखने लगता है जिससे वह ब्राह्मण, चण्डाल, गाय, कुत्ते आदि के प्रति अपने व्यवहार में कोई फर्क नहीं करता, अर्थात् वो सभी को समान रूप से सम्मान देता है और जब वह योगी इस स्थिति से भी आगे बढ़कर पूरी तरह से परमात्मा में लीन हो जाता है तो वह प्रत्येक जीव को ईश्वर का ही रूप मानने लगता है। श्रीकृष्ण कहते हैं कि योगी की इस तीसरी और सर्वश्रेष्ठ स्थिति में वह अपने शुभचिंतको, मित्र, शत्रु, उदासीन (न मित्र, न शत्रु), मध्यस्थ (शत्रु और मित्र के बीच समझौता कराने वाला), द्वेषी, संबंधी, अच्छा व्यवहार करने वाला तथा पापियों में भी ईश्वर का रूप देखता है।

योगी युंजीत सतत-मात्मानं रहसि स्थितः ।
एकाकी यत-चित्तात्मा निराशी-रपरिग्रहः ॥ 10 ॥

भावार्थ :— एक योगी की विशेषताएँ बताने के बाद श्रीकृष्ण योग की इस स्थिति तक पहुँचने का मार्ग बताते हुए कहते हैं कि जिस मनुष्य का मन और इन्द्रियाँ उसके वश में हैं, जिसने अपनी हर इच्छा का त्याग कर दिया है तथा जो अपने सुख के लिये किसी वस्तु का संग्रह नहीं करता, ऐसे योगी को परमात्मा की प्राप्ति के लिये एकान्त स्थान में बैठकर परमात्मा का ध्यान करना चाहिए। यह एकान्त स्थान घर में भी हो सकता है या फिर घर के बाहर किसी शांत स्थान में भी ।

शुचौ देशे प्रतिष्ठाप्य स्थिर-मासन-मात्मनः ।
नात्युच्छ्रितं नातिनीचं चैलाजिन-कुशोत्तरम् ॥ 11 ॥

भावार्थ :— अब ध्यान में बैठने के तरीके को बताते हुए श्रीकृष्ण कहते हैं कि ध्यान में बैठने के पहले साधक को झाड़-बुहारकर सफाई करके भूमि को शुद्ध कर लेना चाहिए। फिर जमीन पर कोई भी उपलब्ध आसन, कपड़ा, मृगछाल या तख्त आदि बिछा लेना चाहिए। आसन जमीन से न ही बहुत ऊँचा हो और न ही बहुत नीचा ।

तत्रैकाग्रंमनः कृत्वा यत-चित्तेन्द्रिय-क्रियः ।
उपविश्यासने युंज्याद्-योग-मात्म-विशुद्धये ॥ 12 ॥

भावार्थ :— उस आसन पर बैठकर साधक को अपने मन और इन्द्रियों को वश में रखते हुए मन को पूरी तरह ईश्वर के ध्यान में लगाना चाहिये, साथ ही उसे अपने मन की शुद्धि का भी प्रयास करना चाहिये, इसके लिये उसे अपने मन से सभी नकारात्मक विचारों को निकाल देना चाहिये, जिससे मन शांत हो जाता है, फिर उसे मन में यह विचार करना चाहिये कि इस समय तो मैं ध्यान करने बैठा हूँ, यदि इस समय भी मैं संसार के बारे में सोचूंगा तो संसार का काम तो होगा नहीं और मैं परमात्मा की राह से भी भटक जाऊँगा । ऐसा विचार कर एकाग्रचित्त होकर योग करना चाहिये । साथ ही –

समं काय-शिरो-ग्रीवं धारयन्-नचलं स्थिरः ।
सम्प्रेक्ष्य नासिकाग्रं स्वं दिशश्-चा-नवलोकयन् ॥ 13 ॥

भावार्थ :— ध्यान करते समय शरीर, सिर और गर्दन एक सीध में होने चाहिये क्योंकि इनके एक सीध में रहने से मन को शांत और स्थिर करने में मदद मिलती है। ध्यान करते समय इधर-उधर भी नहीं देखना चाहिये तथा अपनी आँखों को आधा मुंदा हुआ रखना चाहिये क्योंकि आँखे पूरी बंद होने से नींद आने की संभावना रहती है और

इस प्रकार आँखों द्वारा अपनी नाक के अग्र भाग पर ध्यान टिकाकर और स्थिर होकर ईश्वर का ध्यान करना चाहिये ।

प्रशान्तात्मा विगत-भीरु, ब्रह्मचारि-व्रते स्थितः ।
मनः संयम्य मच्चित्तो, युक्त आसीत मत्परः ॥ 14 ॥

भावार्थ :— श्रीकृष्ण आगे कहते हैं कि ध्यान करते समय एक योगी संसार की सारी चिन्ताओं और सुखों-दुःखों को पीछे छोड़ दें । सभी प्रकार के भयों को वह मुझे सौंप कर तथा ब्रह्मचर्य का पालन करते हुए अपनी इन्द्रियों और मन को वश में करके, वह अपने मन को पूरी तरह मुझमें लगाते हुए श्रद्धा के साथ ध्यान में बैठे ।

नोट :- शास्त्रों के अनुसार कभी भी स्त्री/पुरुष का संग न करने वाले मनुष्यों को ब्रह्मचारी/ब्रह्मचारिणी माना गया है । लेकिन गृहस्थों के लिये कहा गया है कि जो मनुष्य केवल संतान उत्पत्ति के लिये ही स्त्री/पुरुष का संग करते हैं, वे भी ब्रह्मचारी ही मानने योग्य है ।

युञ्जन्-नेवं सदात्मानं, योगी नियत-मानसः ।
शान्तिं निर्वाण-परमां, मत्-संस्था-मधिगच्छति ॥ 15 ॥

भावार्थ :— आज के युग में ध्यान के कई तरीके प्रचलित हैं, जैसे एकाग्रता बढ़ाने के लिये ध्यान, मन की शांति के लिय ध्यान आदि । ध्यान के ये सभी तरीके प्रभावी भी है और सही भी । लेकिन श्रीकृष्ण इस श्लोक में कहते हैं कि जिस साधक के ध्यान का उद्देश्य मेरी प्राप्ति है, उसे अपना ध्यान पूरी तरह मुझमें लगाना चाहिए ।

नोट :- ईश्वर के नाम, अवतार, लीलाओं, गुणों आदि पर ध्यान केन्द्रित करने से ईश्वर का ध्यान होने लगता है और इस तरह से ईश्वर के ध्यान में लीन साधक सदा रहने वाली शांति को प्राप्त हो जाता है । लेकिन-

नात्यश्नतस्-तु योगोऽस्ति, न चैकान्त-मनश्नतः ।
न चाति स्वप्न-शीलस्य, जाग्रतो नैव चार्जुन ॥ 16 ॥

भावार्थ :— हे पार्थ ! एक साधक को ना तो बहुत ज्यादा भोजन करने वाला होना चाहिये और ना ही बहुत कम । बहुत ज्यादा भोजन करने से शरीर में आलस्य छा जाता है । ध्यान में बैठने का अथवा ध्यान करने का मन नहीं करता । इसी प्रकार बिल्कुल भोजन न करने से मन में बार-बार भोजन का ही विचार आता है, जिससे चित्त परमात्मा में लगता ही नहीं । इसी प्रकार एक योगी को ना तो बहुत ज्यादा सोना चाहिये और ना

ही बहुत कम । ज्यादा सोने वालों को सोने में सुख तथा बैठकर परमात्मा का ध्यान करने में कष्ट का अनुभव होता है तथा बिल्कुल न सोने से या कम सोने से ध्यान के समय नींद आती रहती है, जिससे वह पूरी तरह से परमात्मा के ध्यान में नहीं लग पाता । साथ ही-

युक्ताहार-विहारस्य, युक्त-चेष्टस्य कर्मसु ।
युक्त-स्वप्नाव-बोधस्य, योगो भवति दुःखहा ॥ 17 ॥

भावार्थ :— एक योगी का भोजन न्यायपूर्वक कमाये हुए धन का तथा सात्विक, पवित्र और उचित मात्रा में होना चाहिये । इसी प्रकार उसका घूमना-फिरना, योगासन आदि भी उचित मात्रा में हो । अपने जीवन-निर्वाह तथा संसार की भलाई के लिये उसे आवश्यक कर्तव्य कर्म भी करने चाहिये । उसका सोना इतना हो कि ध्यान करते समय उसे निद्रा या आलस्य ना सताए। इस प्रकार जीवन को सादगी से जीते हुए इन नियमों का पालन करने वाले साधक के ही दुःखों का अंत करने वाला योग सिद्ध हो पाता है ।

यदा विनियतं चित्त, मात्मन्येवा-वतिष्ठते ।
निःस्पृहः सर्व-कामेभ्यो, युक्त इत्युच्यते तदा ॥ 18 ॥

भावार्थ :— किसी साधक का योग सिद्ध हो गया है यह पहचानने का उपाय बताते हुए श्रीकृष्ण कहते हैं कि जब साधक का, उसके वश में किया हुआ मन पूरी तरह से परमात्मा में स्थिर हो जाता है और उसे (मन को) सांसारिक भोगों तथा मोह-द्वेष से दूर करने के लिये कोई प्रयास नहीं करना पड़ता, उस समय मन की इस अवस्था को प्राप्त कर लेने वाला साधक योग से युक्त अर्थात योगी कहा जाता है।

यथा दीपो निवातस्थो, नेङ्गते सोपमा स्मृता ।
योगिनो यत-चित्तस्य, युञ्जतो योग-मात्मनः ॥ 19 ॥

भावार्थ :— जिस प्रकार जब हवा शान्त होती है, तब उस स्थान पर रखे हुए दीपक की लौ बिल्कुल भी हिलती-डुलती नहीं है। उसी प्रकार एक सिद्ध योगी का मन भी दीपक की लौ की ही तरह हर पल सिर्फ परमात्मा के ही ध्यान में लगा हुआ रहता है तथा वो किसी भी प्रकार के भोगों तथा राग-द्वेष रूपी हवा के कारण अपनी स्थिति से विचलित नहीं होता है और इस प्रकार से -

यत्रोप-रमते चित्तं, निरुद्धं योग-सेवया ।
यत्र चैवात्म-नात्मानं, पश्यन्-नात्मनि तुष्यति ॥ 20 ॥

भावार्थ :— ध्यान रूपी योग का लगातार अभ्यास करते हुए जब साधक का मन पूरी तरह से सांसारिक भोगों से हट जाता है, तब वह आत्मा को शरीर, इन्द्रियों और मन से

अलग जान लेता है और इस अवस्था में वह स्वयं की तथा दूसरों की आत्मा को समान रूप से उस परमात्मा का अंश मानने लगता है, जिसके कारण उसके मन में सदा रहने वाली शांति का वास हो जाता है।

सुख-मात्यन्तिकंयत्तद्, बुद्धि-ग्राह्य-मतीन्द्रियम् ।
वेत्ति यत्र न चैवायं, स्थितश्च-चलति तत्त्वतः ॥ 21 ॥

भावार्थ :— ध्यान की इस अवस्था को प्राप्त करने के बाद भी जब साधक लगातार ईश्वर के ध्यान में लगे रहकर ध्यान की श्रेष्ठ स्थिति में पहुँच जाता है तो वह परमात्मा की अनुभूति करने रूपी सृष्टि के श्रेष्ठ सुख का अनुभव कर लेता है। यह सुख संसार के सभी सुखों से कहीं अधिक बड़ा और स्वयं की आत्मा में ही प्राप्त किया हुआ सुख है। साथ ही यह सुख सभी प्रकार के सुखों की आखिरी हद है और इस सुख को प्राप्त किया हुआ योगी कभी भी अपनी स्थिति से विचलित नहीं होता अर्थात् वो योगी इस वास्तविक सुख से, ज्ञान से और आनंद से कभी चलायमान नहीं होता, क्योंकि –

यं लब्ध्वा चापरं लाभं, मन्यते नाधिकं ततः ।
यस्मिन्-स्थितो न दुःखेन, गुरुणापि विचाल्यते ॥ 22 ॥

भावार्थ :— इस सुख से बढ़कर कोई सुख या लाभ है ही नहीं । इस सुख की प्राप्ति के बाद मनुष्य को चाहे बड़ा से बड़ा दुःख भी दिया जाए तो भी उस योगी की सुख की स्थिति में कोई अंतर नहीं आता क्योंकि उसे जो भी दुःख प्राप्त होता है, वह उसके शरीर, इन्द्रियों, मन और बुद्धि को ही होता है और एक योगी शरीर तथा संसार को अपना न मानकर केवल परमात्मा को ही अपना मानता है और हर पल उनकी अनुभूति करते हुए हर प्रकार के सांसारिक सुखों, दुःखों तथा लाभों से ऊपर उठ जाता है। इसलिये-

त विद्याद्-दुःख-संयोग, वियोग योग-सञ्ज्ञितम् ।
स निश्चयेन योक्तव्यो, योगोऽनिर्विण्ण-चेतसा ॥ 23 ॥

भावार्थ :— श्रीकृष्ण कहते हैं कि शरीर और संसार के साथ हमारा संबंध ही सभी दुःखों का मूल कारण है, लेकिन योग (आत्मा का परमात्मा के साथ मेल) के द्वारा हर प्रकार के दुःखों से मुक्ति पाई जा सकती है। इसलिए दुःखों से मुक्ति दिलाने वाले इस योग का अभ्यास साधक को दृढ़निश्चय तथा श्रद्धा के साथ निरंतर तथा बिना उकताये हुए करते रहना चाहिये ।

सङ्कल्प-प्रभवान्-कामांस्, त्यक्त्वा सर्वा-नशेषतः ।
मनसै-वेन्द्रिय-ग्रामं, विनियम्य समन्ततः ॥ 24 ॥

भावार्थ :— योग की इस श्रेष्ठ स्थिति को प्राप्त करने का उपाय बताते हुए श्रीकृष्ण कहते हैं कि हे अर्जुन ! मनुष्य के मन में भिन्न-भिन्न भाव उठते रहते हैं, जिन्हें स्फुरणा कहते हैं, लेकिन जब इन स्फुरणाओं पर मनुष्य ध्यान देता है तो वे भाव, विचार या संकल्प बन जाते है और जब मनुष्य अपनें इन संकल्पों (विचारों) को पूरा करना चाहता है तो वह विचार इच्छा या कामना बन जाती है। इसलिए एक साधक को इन स्फुरणाओं अथवा संकल्पों से उत्पन्न होने वाली संपूर्ण कामनाओं (इच्छाओं) का पूरी तरह से त्याग करके इन्द्रियों सहित मन को सभी ओर से हटाने का प्रयास करना चाहिये। साथ ही-

शनैः शनै-रूपरमेद्, बुद्ध्या धृति-गृहीतया ।
आत्म-संस्थं मनः कृत्वा, न किञ्चिदपि चिन्तयेत् ॥ 25 ॥

भावार्थ :— साधक धैर्यपूर्वक ध्यान के द्वारा सांसारिक भोगों, व्यक्तियों तथा वस्तुओं से राग रहित होने का प्रयास करें । फिर भी अगर ध्यान में मन ना लगे तो साधक को उकताना नहीं चाहिये। साधक अपने मन में यह दृढ़निश्चय कर ले कि चाहे कितना भी समय लगे, परमात्मा की प्राप्ति तो करनी ही है, ऐसा विचार कर फिर और कुछ भी चिंतन ना करें । संसार की कोई बात मन में आ भी जाए तो उसकी उपेक्षा कर दें। उस बात से ना मोह करें न द्वेष, बल्कि बेपरवाह हो जाएँ, जिससे मन में आने वाले विचार अपने आप शांत हो जाएँगे और परमात्मा का ध्यान होने लगेगा। फिर भी अगर-

यतो यतो निश्चरति, मनश्-चञ्चल-मस्थिरम् ।
ततस्-ततो नियम्यैत, दात्मन्येव वशं नयेत् ॥ 26 ॥

भावार्थ :— यह मन ध्यान में ना लगे तो इसे ध्यान में लगाने की कुछ युक्तियाँ इस प्रकार है-

१. मन जिस व्यक्ति, वस्तु अथवा घटना के बारे में सोचे, उसे तुरंत वहाँ से हटाकर परमात्मा में लगाएँ ।

२. जहाँ-जहाँ मन जाए उसमें परमात्मा का ही रूप देखें, जैसे किसी व्यक्ति या वस्तु में मन जाए तो उस व्यक्ति या वस्तु को परमात्मा का ही रूप मानें ।

३. जब ध्यान करते समय संसार की बातें याद आए तो ऐसा सोचें कि परमात्मा की

कृपा से संसार के चिंतन रूपी कूड़ा-कचरा मेरे मन से बाहर निकल रहा है और उसकी सफाई हो रही हैं ।

४. मैं केवल भगवान का हूँ और केवल भगवान ही मेरे हैं ऐसा सोचकर ध्यान लगाएँ ।

५. अपने सभी कार्य निपटा कर ध्यान में बैठें ताकि मन शांत रहे आदि ।

प्रशान्त-मनसं ह्येनं, योगिनं सुख-मुत्तमम् ।
उपैति शान्त-रजसं, ब्रह्म-भूत-मकल्पषम् ॥ 27 ॥

भावार्थ :— इस तरह लगातार अभ्यास के द्वारा जब साधक का मन पूरी तरह से शांत तथा साधक के वश में हो जाता है, जिससे कि उसके राग-द्वेष, लोभ-क्रोध आदि अवगुण पूरी तरह से नष्ट हो जाते है, तब परमात्मा की कृपा से उसके सभी पाप भी नष्ट हो जाते है और सभी प्रकार के दोषों से मुक्त ऐसा योगी ब्रह्मस्वरूप ही हो जाता है, जिससे उसे सदा रहने वाले उत्तम (सात्विक) सुख की प्राप्ति स्वतः ही हो जाती है।

युञ्जन्-नेवं सदात्मानं, योगी विगत-कल्मषः ।
सुखेन ब्रह्म-संस्पर्श, मत्यन्तं सुख-मश्नुते ॥ 28 ॥

भावार्थ :— इस सात्विक (आत्मिक) सुख की प्राप्ति करने के बाद भी जब योगी अपने आपको हर पल परमात्मा में लगाए रखता है तो वह योगी परब्रह्म परमात्मा की प्राप्ति के अचल तथा अनन्त सुख को प्राप्त कर लेता है और इस प्रकार-

सर्व-भूतस्थ-मात्मानं, सर्व-भूतानि चात्मनि ।
ईक्षते योग-युक्तात्मा, सर्वत्र सम-दर्शनः ॥ 29 ॥

भावार्थ :— परमात्मा की अनुभूति कर चुका ऐसा योगी सभी प्राणियों (जीवों) में परमात्मा का ही रूप देखता है। जिससे वह योगी प्राणियों के साथ व्यवहार तो उनके शरीरों के अनुसार ही करता है, परन्तु उन सब में परमात्मा का ही रूप देखने के कारण उनके हित की बात समान रूप से सोचता है। साथ ही-

यो मां पश्यति सर्वत्र, सर्वञ् च मयि पश्यति ।
तस्याहं न प्रणश्यामि, स च मे न प्रणश्यति ॥ 30 ॥

भावार्थ :— इस अवस्था में पहुँचा हुआ योगी सबमें मुझको देखता है अर्थात् शत्रु और मित्र दोनों में उसे मेरे दर्शन होते हैं। जब कोई उसके साथ बुरा व्यवहार करता है तो वह यह सोचता है कि इसके रूप में परमात्मा मेरे सब्र की तथा क्रोध की परीक्षा ले रहे हैं ताकि मैं साधना के पथ पर और आगे बढ़ सकूं । इसी प्रकार जब उसका मन किसी

की तरफ आकर्षित होता है, तो भी वह सोचता है कि इसके अंदर स्थित ईश्वर ही मुझे आकर्षित कर रहे हैं, जिससे साधक का उस मनुष्य के प्रति सेवा का भाव हो जाता है और इस प्रकार वह हर प्राणी में मुझे ही देखता है, जिससे मैं उसके लिये कभी अदृश्य नहीं होता और वो मेरे लिये कभी अदृश्य नहीं होता। तथा उस समय-

सर्व-भूत-स्थितं यो मां, भजत्येकत्व-मास्थितः ।
सर्वथा वर्तमानोऽपि, स योगी मयि वर्तते ॥ 31 ॥

भावार्थ :— सभी प्राणियों में स्थित वो और मैं एक ही हो जाते है क्योंकि मेरे साथ अत्यधिक प्रेम के कारण वह योगी शास्त्र और वर्ण आश्रम की मर्यादा के अनुसार खाते-पीते, उठते-बैठते तथा अपने जीवन निर्वाह का कार्य करते हुए भी मुझमें ही मगन रहता है अर्थात् वह मुझमें ही लीन हो जाता है। इस प्रकार-

आत्मौपम्येन सर्वत्र, समं पश्यति योऽर्जुन ।
सुखं वा यदि वा दुःखं, स योगी परमो मतः ॥ 32 ॥

भावार्थ :— ऐसी योगी सभी प्राणियों में परमात्मा को ही स्थित देखता है, प्राणियों के सुख-दुख को भी अपना ही मानता है तथा उनके दुःखों को दूर करके उन्हें सुख पहुँचाने की उसकी स्वभाविक तत्परता रहती है। ऐसे योगी को स्वयं को चाहे सुख मिले या दुःख, वो तो हर समय परमात्मा के ध्यान में लीन रहते हुए संसार की भलाई में लगे रहते हैं। ऐसी स्थिति में पहुँचे हुए साधक को परमयोगी कहा गया है। इस पर –

अर्जुन उवाच

योऽयं योगस्-त्वया प्रोक्तः, साम्येन मधुसूदन ।
एतस्याहं न पश्यामि, चञ्चलत्वात् स्थितिम् स्थिराम् ॥ 33 ॥

भावार्थ :— अर्जुन कहते हैं कि हे मधुसूदन ! आपने यह जो ध्यान के द्वारा मन को वश में करके सभी प्राणियों तथा परिस्थितियों में समान भाव रखने की बात कही है, मुझे तो यह बड़ा कठिन दिखाई पड़ता है। एक तो मन को इसकी चंचलता के कारण वश में करना बड़ा कठिन है, दूसरे हर परिस्थिति में समान भाव रखना अर्थात् सुख-दुःख, लाभ-हानि में समान भाव रखना और भी कठिन है। इसलिए-

चञ्चलं हि मनः कृष्ण, प्रमाथि बलवद्-दृढ़म् ।
तस्याहं निग्रहं मन्ये, वायोरिव सुदुष्करम् ॥ 34 ॥

भावार्थ :— हे नाथ ! इस मन को तो आप ही खींचकर अपने में लगा लें तो यह आपमें लग सकता है। मेरे द्वारा तो इसका वश में होना बड़ा ही कठिन है क्योंकि यह मन बड़ा ही चंचल है, जिसके कारण यह साधक को अपनी स्थिति से विचलित कर देता है और फिर यह चंचल होने के साथ-साथ उतना ही जिद्दी और बलवान भी है और इसे वश में करना भी बड़ा ही कठिन है। जैसे आकाश में बहती वायु को कोई मुट्ठी में नहीं पकड़ सकता, ऐसे ही इस मन को कोई नहीं पकड़ सकता, मैं इसे कैसे वश में करूँ। इस पर–

श्रीभगवान् उवाच

असंशयं महाबाहो, मनो दुर्-निग्रहं चलम् ।
अभ्यासेन तु कौन्तेय, वैराग्येण च गृह्यते ॥ 35 ॥

भावार्थ :— अर्जुन के प्रश्न का उत्तर देते हुए श्रीकृष्ण कहते हैं कि हे अर्जुन ! निःसंदेह यह मन बड़ा चंचल है तथा बड़ी कठिनाई से वश में होने वाला है, परन्तु हे कुन्तीपुत्र ! इस मन को बार-बार परमात्मा में लगाने का प्रयास करो । यह अभ्यास निरंतर होना चाहिए और साथ ही साथ परमात्मा में प्रेम और श्रद्धा भी होनी चाहिये। इस तरह से निरंतर अभ्यास करने से मन वश में होने लगता है, लेकिन इसे पूरी तरह से वश में करने के लिये वैराग्य की भी आवश्यकता होती है, कारण कि संसार के भोगों से जितना ज्यादा मन हटेगा, उतना ही वह परमात्मा में लगेगा ।

असंयतात्मना योगो, दुष्प्राप इति मे मतिः ।
वश्यात्मना तु यतता, शक्योऽवाप्तु-मुपायतः ॥ 36 ॥

भावार्थ :— तुम्हारी ये बात सत्य है कि जिस मनुष्य का मन उसके वश में नहीं है, उसके द्वारा योग सिद्ध होना कठिन है लेकिन जो अभ्यास और ध्यान के लिये आवश्यक नियमों का दृढ़तापूर्वक पालन करता है, धीरे-धीरे उसका मन वश में होने लगता है। ध्यान के समय के अलावा दैनिक कार्यों को करते समय भी निःस्वार्थभाव से दूसरों का भला करने का प्रयास उस साधक के अंदर होना चाहिये, जिससे कि धीरे-धीरे उसका मन शुद्ध होने लगता है, इससे मन को वश में करने में सहायता मिलती है और जिसने ईश्वर प्राप्ति का यह कदम सफलतापूर्वक पूरा कर लिया, उसके लिये इस लोक का जीवन तथा ईश्वर की प्राप्ति दोनों ही बहुत आसान हो जाते हैं । इस पर –

अर्जुन उवाच

अयतिः श्रद्धयोपेतो, योगाच्-चलित-मानसः ।
अप्राप्य योग-संसिद्धिम्, कां गतिं कृष्ण गच्छति ।। 37 ।।

भावार्थ :– अर्जुन आगे पूछते हैं कि हे कृष्ण ! जिस मनुष्य की जप, ध्यान, सत्संग आदि में रुचि है, श्रद्धा है और उनको करता भी है, पर ईश्वर की प्राप्ति के उसके प्रयास इतने दृढ़ नहीं है। साथ ही भोगों से लगाव अथवा अन्य किसी कारण से अन्त समय में उसका मन ईश्वर के ध्यान से भी हट जाता है, जिस कारण से उसको परमात्मा की प्राप्ति नहीं होती तो फिर ऐसा मनुष्य किस गति को प्राप्त होता है। साथ ही –

कच्चिन्-नोभय-विभ्रष्टश्, छिन्नाभ्र-मिव नश्यति ।
अप्रतिष्ठो महाबाहो, विमूढो ब्रह्मणः पथि ।। 38 ।।

भावार्थ :– हे कृष्ण ! एक अन्य साधक जिसने संसार के सभी सुख-आराम, आदर-सत्कार आदि की कामना छोड़ दी और अपनी इन्द्रियों, मन और बुद्धि को वश में करके अपने आपको पूरी तरह से ईश्वर के ध्यान में लगा लिया, पर प्राणों के रहते-रहते उसे ईश्वर की प्राप्ति नहीं हो पाई और किसी कारण से अपने अंतकाल में उसे ईश्वर का ध्यान भी नहीं रहा तो ऐसा साधक किस गति को जाएगा क्योंकि वो न तो संसार का रहा और न ही परमात्मा का । दोनों ही तरफ से अधूरा रहा ऐसा साधक छिन्न-भिन्न बादलों की तरह नष्ट तो नहीं हो जाएगा ।

एतन्-मे संशयं कृष्ण, छेत्तु-महॅर्स्य-शेषतः ।
त्वदन्यः संशयस्यास्य, छेत्ता न ह्युप-पद्यते ।। 39 ।।

भावार्थ :– हे कृष्ण ! अपने अंतसमय में साधना की राह से भटके हुए इन दोनों ही साधकों की क्या गति होती है? मेरे इस संशय को आप ही दूर कर सकते है क्योंकि आप साक्षात् भगवान हैं और मनुष्य की गति-अगति को जानने वाले है। इसलिये आप मेरे संशय को दूर करने की कृपा कीजिये ।

श्रीभगवान् उवाच

पार्थ नैवेह नामुत्र, विनाशस्-तस्य विद्यते ।
न हि कल्याण-कृत्-कश्चिद्, दुर्-गतिं तात गच्छति ।। 40 ।।

भावार्थ :— इस पर श्रीकृष्ण कहते हैं कि हे पृथानंदन । जो मनुष्य किसी कारण वश अपने अंतसमय में ध्यान से विचलित हो जाते हैं, वह मरने के बाद चाहे किसी भी योनि में जन्म ले, उनका पतन नहीं होता, साथ ही उनका परमात्मा की प्राप्ति का उद्देश्य भी नहीं बदलता । उन्होंने जितने भी अच्छे कर्म किये हैं, और उनके कारण उनका जितना भी मन शुद्ध हुआ है, उनके मन में जितना भी समभाव आया है उनकी वह पूंजी वैसी की वैसी ही रहती है ।

प्राप्य पुण्य-कृतां लोका, नुषित्वा शाश्वतीः समाः ।
शुचीनां श्रीमतां गेहे, योग-भ्रष्टोऽभिजायते ॥ 41 ॥

भावार्थ :— अब अर्जुन के पहले प्रश्न का उत्तर देते हुए श्रीकृष्ण कहते है कि हे पार्थ! जिस मनुष्य की सांसारिक भोगों के साथ-साथ जप, साधना आदि में भी रुचि है और उनको करता भी है पर अपने अंतसमय में उसका ध्यान ईश्वर में नहीं रहता, उसे स्वर्गादि लोकों की प्राप्ति होती है। इन लोकों के भोग-भोगने के पश्चात् जब भोगों से उसकी पूरी तरह से अरुचि हो जाती है, तब वह वापस लौटकर मृत्युलोक में आता है और तब भगवान उसे अपनी साधना पूरी करने का मौका देने के लिये शुद्ध श्रीमानों के घर में जन्म देते हैं, लेकिन-

अथवा योगिना-मेव, कुले भवति धीमताम् ।
एतद्धि दुर्लभ-तरं, लोके जन्म यदी-दृशम् ॥ 42 ॥

व्याख्या :— जिस साधक का मन सांसारिक मोह-माया से पूरी तरह हट गया है और वो परमात्मा की प्राप्ति के उद्देश्य में भी पूरी तरह से लगा हुआ है, पर अभी तक उसे परमात्मा की प्राप्ति नहीं हुई है, ऐसा मनुष्य यदि अपनी साधना पूर्ण होने से पूर्व ही किसी कारणवश मृत्यु को प्राप्त हो जाएँ और उसका मन अंतसमय में ईश्वर के ध्यान में भी ना रहे तो ऐसे योगियों को मृत्युलोक के बाद स्वर्गलोक की प्राप्ति ना होकर सीधे ही वैराग्यवान् योगियों के घर में जन्म मिलता है क्योंकि भोगों की प्राप्ति की इच्छा तो उसकी कभी थी ही नहीं । वहाँ के वातावरण से, महापुरुषों के संग से और अच्छी शिक्षा, संस्कार से उसका बचपन से ही परमात्मा में मन लगने लगता है लेकिन ऐसा जन्म संसार में बहुत ही दुर्लभ है। साथ ही-

तत्र तं बुद्धि-संयोग, लभते पौर्व-देहिकम् ।
यतते च ततो भूयः, संसिद्धौ कुरू-नन्दन ॥ 43 ॥

भावार्थ :— वैरागी योगियों के घर में जन्म वाले साधकों को उनकी पूर्वजन्म में की हुई साधना, अच्छे संस्कार आदि स्वतः ही प्राप्त हो जाते है अर्थात् जागृत हो जाते है। जिससे कि इस जन्म में वो परमात्मा की प्राप्ति के लिये अधिक तत्परता से प्रयत्न कर पाता है क्योंकि उसे पूर्वजन्म में की हुई साधना भी प्राप्त है और वैरागी योगियों का साथ भी उसे मिल जाता है। जिससे कि उसका साधना करने का उत्साह नित बढ़ता ही जाता है।

पूर्वाभ्यासेन तेनैव, ह्रियते ह्यवशोऽपि सः ।

जिज्ञासु-रपि योगस्य, शब्द-ब्रह्माति-वर्तते ॥ 44 ॥

भावार्थ :— यद्यपि वैरागी योगियों के कुल में जन्म लेने वाले साधक को साधना करने का, ध्यान करने का जैसा माहौल मिलता है, वैसा सात्विक मनुष्यों के घर जन्म लेने वाले साधकों को नहीं मिलता, लेकिन पिछले जन्म में उसने जितना भी ईश्वर प्राप्ति का प्रयास किया है, सांसारिक भोगों का जितना भी त्याग किया है। उसके अनुसार सांसारिक भोगों से घिरा हुआ होने पर भी उसका मन परमात्मा की तरफ खिंचता जाता है क्योंकि समभाव की प्राप्ति की इच्छा रखने वाला मनुष्य फल की इच्छा से किये जाने वालों कर्मों से ऊपर उठ जाता है ।

प्रयत्नाद्-यतमानस्-तु, योगी संशुद्ध-किल्बिषः ।

अनेक-जन्म-संसिद्धस्, ततो याति परां गतिम् ॥ 45 ॥

भावार्थ :— इस प्रकार अपने कई जन्मों के संचित प्रयासों से मनुष्य के पाप पूरी तरह नष्ट हो जाते है तथा वह ईश्वर की राह में लग जाता है और अगर ईश्वर की राह में लगने के बाद भी वह साधक अपने प्रयासों को जारी रखता है तो वो परमगति को प्राप्त कर लेता है लेकिन देखने वालों को यही लगता है कि वर्तमान जन्म के प्रयासों से ही साधक ने मुक्ति को पा लिया है, इसलिये ईश्वर की प्राप्ति के प्रयासों को कभी कमजोर नहीं पड़ने देना चाहिये । क्या पता यही वो जन्म हो, जिसमें अपने प्रयासों से साधक मुक्ति को पा लेगा ।

तपस्विभ्योऽधिको योगी, ज्ञानिभ्योऽपि मतोऽधिकः ।

कर्मिभ्यश्-चाधिको योगी, तस्माद्-योगी भवार्जुन ॥ 46 ॥

भावार्थ :— श्रीकृष्ण आगे कहते हैं कि जो मनुष्य संसार के राग-द्वेष एवं भोगों की इच्छा को त्यागकर निःस्वार्थ भाव से सबके प्रति समान भाव रखते हुए तथा दूसरों के हित के लिये कर्म करते हुए परमात्मा के ध्यान में लगे रहते हैं, वही सच्चे योगी है। ऐसे

योगी उन सभी तपस्वियों, शास्त्रज्ञों तथा पण्डितों से श्रेष्ठ है, जो अपनी किसी न किसी इच्छा की पूर्ति के लिये ईश्वर की आराधना करते हैं। इसलिये हे अर्जुन ! तू योगी बन जा।

योगिना-मपि सर्वेषां, मद्-गते-नान्त-रात्मना ।

श्रद्धा-वान् भजते यो मां, स मे युक्त-तमो मतः ॥ 47 ॥

भावार्थ :— लेकिन हे पार्थ ! इन सब योगियों में भी वो भक्त श्रेष्ठ है, जिनकी केवल मुझमें श्रद्धा है, जिनके जीवन का उद्देश्य केवल मैं हूँ और जो हर पल मेरे ध्यान तथा भजन में लीन रहकर मुझमें ही लगे रहते हैं ।

इस प्रकार ॐ तत् सत् इन भगवन्नामों के उच्चारण के साथ ब्रह्मविद्या और योगशास्त्र से युक्त श्रीमद्भगवद्गीता रूपी उपनिषद् के श्रीकृष्ण और अर्जुन के संवाद में 'आत्मसंयम योग' नामक छठा अध्याय पूर्ण हुआ ।

जय श्री कृष्ण

सातवाँ अध्याय

श्रीभगवान् उवाच

मय्यासक्त-मनाः पार्थ, योगं युञ्जन् मदाश्रयः ।
असंशयं समग्रं मां, यथा ज्ञास्यसि तच्छृणु ।। 1 ।।

भावार्थ :— पिछले अध्याय में भगवान श्रीकृष्ण ने बताया कि सर्वश्रेष्ठ योगी वो होते हैं जो पूरी श्रद्धा और भक्ति के साथ मुझमें तल्लीन रहते हैं। भगवान श्रीकृष्ण की इस बात से हमारे मन में कुछ प्रश्न उठते हैं जैसे कि भगवान में ध्यान को लगाने का, उनकी पूजा करने का क्या सही तरीका है और हम उन सच्चिदानन्दघन ईश्वर को कैसे जान तथा पा सकते हैं ।

यद्यपि अर्जुन ने यह प्रश्न पूछा नहीं था, फिर भी सबकुछ जानने वाले दयालु भगवान अपनी तरफ से अर्जुन को बताना आरंभ करते हैं ताकि उनके भक्त में किसी तरह की दुविधा न रहे । वे अर्जुन से कहते हैं कि जब ध्यानयोग के अभ्यास द्वारा तू मुझमें पूरी तरह से तल्लीन होने का प्रयास करेगा तो उस अवस्था में तू किस प्रकार मुझे पूरी तरह जान पायेगा और किस प्रकार मुझमें तेरी भक्ति होगी, ये सुन !

ज्ञानं तेऽहं सविज्ञान, मिदम् वक्ष्याम्य-शेषतः ।
यज्-ज्ञात्वा नेह भूयोऽन्यज्, ज्ञातव्य-मवशिष्यते ।। 2 ।।

भावार्थ :— ज्ञान वो जानकारी है जो हम इन्द्रियों, मन और बुद्धि का उपयोग करके प्राप्त करते हैं, जबकि विज्ञान वो ज्ञान है जो हम अपने अनुभवों द्वारा प्राप्त करते है। उदाहरण स्वरूप – एक डॉक्टरी पढ़ रहा छात्र डॉक्टरी के पेशे के बारे में पढ़ाई करके जो जानता है, सीखता है, वह ज्ञान है लेकिन वो असल जिंदगी में रोगियों का इलाज कर जो ज्ञान प्राप्त करता है, वह उसके अपने अनुभवों पर आधारित विज्ञान (विशेष ज्ञान) है। इस श्लोक में भगवान श्रीकृष्ण कहते हैं कि हे अर्जुन, मैं तुम्हें परमात्मा की प्राप्ति का वो ज्ञान भी दूंगा कि जो तुम्हें ईश्वर की प्राप्ति में लगाएगा और वह विज्ञान भी बताऊँगा, जिससे तुझे ईश्वर की प्राप्ति हो जाएगी और उसके बाद तेरे लिये कुछ भी जानना बाकी नहीं रहेगा ।

मनुष्याणां सहस्रेषु, कश्चिद्-यतति सिद्धये ।
यतता-मपि सिद्धानां, कश्चिन्-मां वेत्ति तत्त्वतः ।। 3 ।।

भावार्थ :— हे पार्थ ! हजारों मनुष्यों में कोई एक ही मनुष्य ऐसा होता है जो वास्तविक सिद्धि के लिये प्रयास करता है अर्थात् जो मृत्यु के बाद स्वर्गादि लोकों की प्राप्ति नहीं चाहता और मेरी प्राप्ति रूपी सिद्धि के लिये प्रयास करता है, लेकिन उन में से भी कुछ में ही मेरी प्राप्ति के लिए तीव्र और स्वभाविक लगन होती है और वे ही श्रद्धापूर्वक मेरा चिन्तन करते हुए मुझे तत्व से (पूरी तरह से) जान लेते है।

भूमि-रापोऽनलो वायुः, खं मनो बुद्धि-रेव च ।
अहङ्कार इतीयं मे, भिन्ना प्रकृति-रष्टधा ॥ 4 ॥

अपरेय-मितस्-त्वन्यां, प्रकृतिं विद्धि मे पराम् ।
जीवभूतां महाबाहो, ययेदं धार्यते जगत् ॥ 5 ॥

भावार्थ :— हे अर्जुन ! मैं दो रूपों से इस सृष्टि में विद्यमान हूँ - अपरा प्रकृति और परा प्रकृति । मेरी अपरा प्रकृति के अंतर्गत भूमि, जल, वायु, अग्नि, आकाश, मन, बुद्धि और अहंकार - ये आठ तत्व आते है। इन आठ तत्वों से ही इस सारी स्थूल सृष्टि (मनुष्य, जानवर, पक्षी, वृक्ष, लता आदि) का निर्माण हुआ है और दूसरी है मेरी परा प्रकृति अर्थात् आत्मा। मेरी परा प्रकृति द्वारा जीवों में चेतना आती है ।

एतद्-योनीनि भूतानि, सर्वाणी-त्युप-धारय ।
अहं कृत्स्नस्य जगतः, प्रभवः प्रलयस्-तथा ॥ 6 ॥

भावार्थ :— सृष्टि में जितने भी छोटे-बड़े जीवों के शरीर, वृक्ष, लता आदि जो भी हम देखते हैं, वे मेरी अपरा शक्ति से ही बने हुए हैं और जब मेरी अपरा शक्ति के साथ मेरी परा शक्ति का मेल होता है तो उन जीवों के शरीर चेतना को प्राप्त हो जाते है। इस प्रकार इस संपूर्ण सृष्टि को उत्पन्न तथा नष्ट करने वाला भी मैं ही हूँ।

मत्तः परतरं नान्यत्, किञ्चि-दस्ति धनञ्जय ।
मयि सर्वमिदं प्रोतं, सूत्रे मणि-गणा इव ॥ 7 ॥

भावार्थ :— हे धनंजय ! मैं ही इस सृष्टि का महाकारण हूँ। ये सारा संसार मुझसे ही उत्पन्न होता है, संसार के हर जीव के पूरे जीवन काल में उनमें मेरी ही शक्ति काम करती है तथा प्रलय के समय ये सारी सृष्टि वापस मुझमें ही लीन हो जाती है अर्थात् मेरे बिना इस संसार का कोई अस्तित्व ही नहीं है। जैसे सूत (धागे) में जब सूत से ही मणियाँ बनाकर पिरोयी जाती है तो दिखने में तो सूत और मणियाँ अलग-अलग दिखाई पड़ती है, पर वास्तव में उन दोनों में सूत ही विद्यमान होता है, उसी प्रकार संसार में जितने भी प्राणी हैं, वे सभी नाम, रूप, आकृति से अलग-अलग दिखते है, पर वास्तव में उन सभी

में व्याप्त रहने वाला तत्व एक मैं ही हूँ अर्थात् मणिरूप शरीर भी मेरा ही स्वरूप है और धागारूपी आत्मा भी मैं ही हूँ।

रसोऽहमप्सु कौन्तेय, प्रभास्मि शशि-सूर्ययोः ।
प्रणवः सर्व-वेदेषु, शब्दः खे पौरूषं नृषु ॥ 8 ॥

भावार्थ :— हे कुन्तीनंदन ! सृष्टि की हर वस्तु का मूल कारण मैं हूँ। उदाहरण स्वरूप जल का रस (गीलापन) मैं हूँ । अर्थात् जल में गीला करने की जो शक्ति है, वो मेरे कारण है। इसी प्रकार चंद्रमा और सूर्य में जो प्रकाश करने की शक्ति है, वह भी मेरे द्वारा ही दी हुई है। मैं ही वेदों का मूल शब्द –'ओउम्' हूँ, जिससे वेदों की उत्पत्ति हुई है। आकाश अर्थात् अंतरिक्ष में सदा गुंजायमान रहने वाला शब्द (ध्वनि) भी मैं हूँ। साथ ही, मनुष्यों का सामर्थ्य (उनके कुछ कर पाने की शक्ति) भी मैं ही हूँ ।

पुण्यो गन्धः पृथिव्यां च, तेजश्च-चास्मि विभावसौ ।
जीवनं सर्व-भूतेषु, तपश्च-चास्मि तपस्विषु ॥ 9 ॥

भावार्थ :— अपरा शक्ति के आठ तत्वों में से एक पृथ्वी तत्व है, जिसके कारण जीवों को सभी प्रकार की गंधों का अहसास होता है। पृथ्वी तत्व में वो विशेषता मेरे कारण है। अग्नि का तेज मुझसे है। संपूर्ण प्राणियों की जीवनशक्ति (प्राणशक्ति) मुझसे है। परमात्मा की प्राप्ति की राह में जितने भी कष्ट आएं, उनमें निर्विकार रहना ही असली तप है, तपस्वियों में वह तप शक्ति मैं ही हूँ।

बीजं मां सर्व-भूतानां, विद्धि पार्थ सनातनम् ।
बुद्धिर्-बुद्धिमता-मस्मि, तेजस्-तेजस्विना-महम् ॥ 10 ॥

भावार्थ :— सभी प्राणियों का सनातन बीज अर्थात् मूल कारण मैं हूँ। सभी प्राणी मुझसे ही उत्पन्न होते है। मेरे विश्वरूप में ही रहते हैं और अंत में मुझमें ही लीन हो जाते है। बुद्धिमानों में बुद्धि मेरे कारण है। ज्ञानी महापुरुषों (तपस्वियों) में एक विशेष तेज रहता है, जिसके कारण दुर्गुणी मनुष्य भी उनके सामने बुरा काम करने में हिचकते हैं। तपस्वियों में यह तेज मेरा ही स्वरूप है।

बलं बलवतां चाहं, काम-राग-विवर्जितम् ।
धर्मा-विरुद्धो भूतेषु, कामोऽस्मि भरतर्षभ ॥ 11 ॥

भावार्थ :— कठिन से कठिन कार्य करते समय भी सात्विक मनुष्यों के मन में कामना (इच्छा) और आसक्ति रहित एक प्रकार का शुद्ध और निर्मल उत्साह रहता है कि मेरा

यह कार्य धर्म और शास्त्र के अनुकूल है। इसी उत्साह का एक नाम बल भी है, यह बल मेरा ही स्वरूप है। हे अर्जुन ! मनुष्यों में धर्मयुक्त काम (वासना) भी मेरा ही स्वरूप है। शास्त्र और लोक मर्यादा के अनुसार शुद्ध भाव से केवल संतान उत्पत्ति के लिये जो काम (संभोग) होता है, वह काम मनुष्य के अधीन होता है। मनुष्यों में यह धर्मयुक्त काम मैं हूँ, परन्तु आसक्ति, कामना और सुख-भोग के लिये जो काम होता है, उस काम के वश में होने से मनुष्य पराधीन हो जाता है और न करने योग्य शास्त्र विरूद्ध कार्यों में लग जाता है जो कि संपूर्ण पापों और दुःखों का कारण है। इतना ही नहीं –

ये चैव सात्त्विका भावा, राजसास्‌-तामसाश्च-च ये ।
मत्त एवेति तान्‌ विद्धि, न त्वहन्‌ तेषु ते मयि ॥ 12 ॥

भावार्थ :– हे अर्जुन ! ये जो सतोगुण, रजोगुण और तमोगुण से उत्पन्न होने वाले भाव है, वे सब मेरा ही स्वरूप है लेकिन वे मेरे में और मैं उनमें नहीं हूँ अर्थात् इन गुणों का मुझपर कोई प्रभाव नहीं पड़ता ।

नोट : जो साधक अपने मन और इन्द्रियों को वश में करके इन तीनों गुणों से उपर उठ जाता है, उन्हें योगी कहा जाता है पर ये तीनों गुण श्रीकृष्ण के अधीन है, इसलिये उन्हें योगेश्वर कहा जाता है।

त्रिभिर-गुणमयैर्‌-भावै, रेभिः सर्व-मिदं जगत्‌ ।
मोहितं नाभि-जानाति, मामेभ्यः पर-मव्ययम्‌ ॥ 13 ॥

भावार्थ :– सत्व, रज और तम इन तीनों गुणों से उत्पन्न होने वाले भाव मनुष्य के मन में समय-समय पर उत्पन्न और नष्ट होते रहते हैं अर्थात् मनुष्य पर कभी कोई सा गुण हावी हो जाता है तो कभी कोई सा और इन्हीं गुणों में फंसकर तथा विभिन्न कर्मों में उलझकर वो मुझको नहीं जान पाता । क्योंकि –

देवी ह्येषा गुणमयी, मम माया दुरत्यया ।
मामेव ये प्रपद्यन्ते, माया-मेतां तरन्ति ते ॥ 14 ॥

भावार्थ :– ये जो तीन प्रकार के गुण हैं, इनके मेल को ही माया नाम से कहा जाता है। मेरी ये माया बड़ी ही बलवान् है, जिसके अधीन होकर जीव सांसारिक भोगों तथा राग-द्वेष आदि के बंधनों में फंसकर दुःखी होता रहता है, लेकिन ये माया मेरी दासी (भक्त) है। इसलिए जो मनुष्य मेरी शरण में आ जाते है वे मनुष्य माया से पार पा जाते है। परन्तु-

न मां दुष्कृतिनो मूढा:, प्रपद्यन्ते नराधमाः ।
मायया-पहृत-ज्ञाना, आसुरं भाव-माश्रिताः ।। 15 ।।

भावार्थ :— जो मनुष्य मेरी माया अर्थात् तीनों गुणों में ही उलझे हुए है तथा इससे ऊपर उठने का कोई प्रयास भी नहीं करते, साथ ही जो मनुष्य सांसारिक प्राणियों तथा वस्तुओं से मोह रखते है तथा उनकी प्राप्ति हर सही अथवा गलत तरीके से करने की कोशिश करते है और रूपये-पैसे, मान-सम्मान, प्रतिष्ठा आदि की प्राप्ति में ही अपनी श्रेष्ठता तथा सफलता समझते हैं, वे मनुष्य मेरी शरण नहीं होते। तो फिर उनकी शरण में कौन आते है, ये बताते हुए श्रीकृष्ण कहते है –

चतुर्विधा भजन्ते माम्, जनाः सुकृतिनोऽर्जुन ।
आर्तो जिज्ञासु-रर्थार्थी, ज्ञानी च भरतर्षभ ।। 16 ।।

भावार्थ :— हे अर्जुन ! मेरी शरण में आने वाले मनुष्य भी चार प्रकार के होते है। पहले हैं अर्थार्थी अर्थात् जिन्हें मुझसे धन प्राप्त करने की इच्छा होती है। दूसरे हैं आर्त अर्थात् जो किसी दुःख में घिरे हुए हैं और उस दुःख को दूर करने के लिए मुझे पुकारते है। तीसरे है जिज्ञासु, जिनमें मेरे बारे में जानने की जिज्ञासा होती है और चौथे हैं ज्ञानी अथवा प्रेमी भक्त जो मुझसे अनन्य प्रेम करते हैं। मेरे ऐसे भक्तों को हर समय, हर जगह और हर परिस्थिति में मैं ही दिखाई देता हूँ। लेकिन-

तेषां ज्ञानी नित्य-युक्त, एक-भक्तिर्-विशिष्यते ।
प्रियो हि ज्ञानिनोऽत्यर्थ, महं स च मम प्रियः ।। 17 ।।

भावार्थ :— मेरे इन चारों प्रकार के भक्तों में से मुझे ज्ञानी (प्रेमी) भक्त सबसे प्रिय है क्योंकि मेरा ऐसा भक्त मेरी प्राप्ति के उद्देश्य से सांसारिक मोह-माया, राग-द्वेष आदि से उपर उठ जाता है, जिससे उसे समय के साथ तत्वज्ञान की प्राप्ति हो जाती है और इस ज्ञान को प्राप्त कर वह हर पल मेरे ही ध्यान में लीन रहता है। मेरा ऐसा भक्त मुझसे अनन्य प्रेम करता है और मैं भी अपने ऐसे भक्त को बहुत प्रेम करता हूँ।

उदाराः सर्व एवैते, ज्ञानी त्वात्मैव मे मतम् ।
आस्थितः स हि युक्तात्मा, मामेवा-नुत्तमां गतिम् ।। 18 ।।

भावार्थ :— हे अर्जुन ! मेरे अन्य तीनों प्रकार के भक्त भी बड़े उदार और श्रेष्ठ भाव वाले है। वे मेरी भक्ति चाहे किसी कामना की पूर्ति के लिये ही करते हों, पर वे अपनी उस कामना की पूर्ति के लिये पूरी तरह मुझपर ही आश्रित रहते हैं, अन्य किसी की तरफ

उनका भाव (प्रेम) बिल्कुल भी नहीं जाता। पर ज्ञानी (प्रेमी) भक्त तो मेरा ही स्वरूप है, वह मुझे अपनी किसी इच्छा की पूर्ति के लिए प्रेम नहीं करता, बल्कि उसका मुझसे स्वभाविक ही प्रेम होता है। एक भक्त की इससे उत्तम गति हो ही नहीं सकती क्योंकि उसका मन हर अनुकूल अथवा प्रतिकूल परिस्थिति में मुझसे हटता ही नहीं।

बहूनां जन्मना-मन्ते, ज्ञानवान्-माम् प्रपद्यते ।
वासुदेवः सर्व-मिति, स महात्मा सु-दुर्लभः ॥ 19 ॥

भावार्थ :— मनुष्य जन्म बहुत दुर्लभ है अर्थात् कई योनियों में भटकने के वाद मनुष्य जन्म मिलता है और मुझे प्राप्त करने की समझ तथा सामर्थ्य केवल मनुष्यों के पास ही है क्योंकि अन्य सभी योनियाँ भोग योनियाँ होती है, जो जीवों को उनके कर्मो का फल भोगने के लिये मिलती है। केवल मनुष्यों के पास ही वह बुद्धि तथा विवेक होता है, जिसका अगर वह सही तरीके से उपयोग करे तो वह इस दुःखस्वरूप जन्म-मरण के चक्र से छूटकर परमात्मा को पा सकता है। लेकिन श्रीकृष्ण कहते हैं कि इस मनुष्य जन्म को पाकर भी जो मनुष्य मेरी शरण होकर तत्वज्ञान को प्राप्त कर ले और पूरी तरह से मेरी भक्ति में लग जाए, ऐसा ज्ञानवान् मिलना बहुत ही दुर्लभ है अर्थात् ऐसे बहुत कम लोग होते हैं। जबकि-

कामैस्-तैस्-तैर्-हृत-ज्ञानाः, प्रपद्यन्ते ऽन्य-देवताः ।
तं तं नियम-मास्थाय, प्रकृत्या नियताः स्वया ॥ 20 ॥

भावार्थ :— अधिकतर मनुष्य तो मेरी भक्ति में ना लगकर अपनी विभिन्न इच्छाओं की पूर्ति में ही लगे रहते हैं, साथ ही साथ वे अपने-अपने गुणों (स्वभाव) के वश में होकर अपनी इच्छाओं की पूर्ति के लिये अनेकों उपायों और नियमों को भी ढूढ़ते रहते हैं और फिर इन नियमों तथा उपायों को पूरा करने के लिये वे भिन्न-भिन्न देवताओं की शरण लेते हैं।

यो यो यां यां तनुम् भक्तः, श्रद्धयार्चितु-मिच्छति ।
तस्य तस्या-चलां श्रद्धां, तामेव विदधा-म्यहम् ॥ 21 ॥

भावार्थ :— इस प्रकार जो जो मनुष्य अपने स्वभाव, कामना अथवा कुलधर्म के वश में होकर जिस-जिस देवता की शरण लेते हैं, मैं उस-उस मनुष्य की भक्ति उस-उस देवता के प्रति दृढ़ कर देता हूँ। और-

स तया श्रद्धया युक्तस्, तस्याराधन-मीहते ।
लभते च ततः कामान्, मयैव विहितान् हि तान् ।। 22 ।।

भावार्थ :— मेरे द्वारा दृढ़ की हुई श्रद्धा से युक्त वह मनुष्य उस-उस देवता की आराधना करता है और अपनी आराधना के फलस्वरूप जिस देवता से जिस इच्छा की पूर्ति की कामना वो करता है, उसकी वो इच्छा पूरी भी होती है, परन्तु वास्तव में उसकी वह कामना मैं ही पूरी करता हूँ ।

नोट :— जिस प्रकार एक राज्य का राजा अपने राज्य के भिन्न-भिन्न कार्यों को करने के लिए भिन्न-भिन्न विभाग बनाता है और प्रत्येक विभाग के लिये एक मंत्री नियुक्त करता है तथा उन मंत्रियों को उनके कार्यों को सुचारु रूप से कर पाने के लिये कुछ अधिकार भी देता है। उसी प्रकार परमात्मा ने सृष्टि को सुचारु रूप से चलाने के लिये अनेक विभाग बनाएँ है और विभिन्न देवताओं को इन विभागों को चलाने के लिये नियुक्त किया है। साथ ही, उन्हें कुछ अधिकार भी दिये है जिससे कि वे अपने-अपने अधिकार क्षेत्र के अंदर अपनी शरण में आए भक्तों की इच्छा भी पूरी कर सकते हैं।

अन्तवत्तु फलं तेषां, तद्-भवत्यल्प-मेधसाम् ।
देवान्-देव-यजो यान्ति, मद्-भक्ता यान्ति मामपि ।। 23 ।।

भावार्थ :— हे अर्जुन ! देवताओं की उपासना करने वाले उन मनुष्यों को उनकी इच्छा पूर्ति के रूप में सीमित और नाशवान् फल मिलता है क्योंकि प्रत्येक देवता को सृष्टि के संचालन के लिये कुछ सीमित शक्तियाँ तथा कार्य दिये गये है और वे देवता उन शक्तियों की सीमा के अंदर ही अपने-भक्तों की इच्छा को पूरी कर सकते हैं तथा उन मनुष्यों की मृत्यु के बाद भी जो मनुष्य जिस देवता को पूजते हैं, वे उन्हीं देवता के लोकों को जाते हैं, जहाँ से उन मनुष्यों के पुण्य समाप्त होने पर उन्हें लौटना पड़ता है, जबकि मेरे लोक में गये हुए मेरे भक्तों को वापस इस जन्म-मरण के चक्र में लौटकर नहीं आना पड़ता। लेकिन-

अव्यक्तं व्यक्ति-मापन्नं, मन्यन्ते मामबुद्धयः ।
परं भाव-मजानन्तो, ममाव्यय-मनुत्तमम् ।। 24 ।।

भावार्थ :— कई मनुष्य अज्ञानता तथा मुझमें श्रद्धा की कमी के कारण मुझे साधारण अवतारी पुरुष मानते हैं क्योंकि वे मेरे अविनाशी रूप को नहीं जानते और मेरे अवतार लेने का जो कारण हैं, उसको भी नहीं जानते, जिसके कारण वे मेरी उपासना न करके

उन देवताओं की उपासना करते हैं जिन्हें वे मुझसे बड़ा मानते हैं। परन्तु मुझमें श्रद्धा रखने वाले जो भक्त मुझे केवल निर्गुण निराकार अथवा केवल सगुण साकार रूप मानते हैं, वे भी सही नहीं जानते। अजन्मा और निराकार रूप भी मैं ही हूँ और साकार रूप में भी मैं ही हूँ।

नाहं प्रकाशः सर्वस्य, योग-माया-समावृतः ।
मूढोऽयं नाभि-जानाति, लोको मा-मज-मव्ययम् ॥ 25 ॥

भावार्थ :– मैं अजन्मा (जिसका जन्म न हुआ हो) और अविनाशी (जिसका नाश नहीं होता) हूँ, अर्थात् जन्म-मरण से रहित हूँ। ऐसा होने पर भी मैं केवल जीवों के कल्याण के लिये अवतार धारण करता हूँ। परन्तु जो मनुष्य मुझे साधारण अवतारी पुरूष मानते हैं, उनके सामने मैं भगवद्‌रूप से प्रकट नहीं होता, क्योंकि वे मुझे भगवद्‌रूप में जानना या मानना ही नहीं चाहते। इसलिए मैं उनके सामने अपनी योगमाया शक्ति द्वारा छिपकर साधारण मनुष्य की तरह ही रहता हूँ। साथ ही-

वेदाहं समतीतानि, वर्तमानानि चार्जुन ।
भविष्याणि च भूतानि, मां तु वेद न कश्चन ॥ 26 ॥

भावार्थ :– जिन मनुष्यों की मुझमें श्रद्धा तथा भक्ति नहीं हैं, ऐसे मनुष्य अपने अज्ञान के कारण मुझे नहीं जान पाते, लेकिन मैं सभी जीवों के भूत, वर्तमान और भविष्य तीनों को जानता हूँ।

इच्छा-द्वेष-समुत्थेन, द्वन्द्व-मोहेन भारत ।
सर्व-भूतानि सम्मोहं, सर्गे यान्ति परन्-तप ॥ 27 ॥

भावार्थ :– हे भरतवंश में उत्पन्न परंतप। इन साधारण मनुष्यों के इच्छा, मोह, शत्रुता आदि सांसारिक भावों में फंसे होने के कारण उनके लिए उनकी विभिन्न इच्छाओं की पूर्ति ही उनके जीवन का उद्देश्य बन जाती है, जिसके कारण वो मेरी राह पर नहीं लग पाते और बार-बार जन्म-मरण को प्राप्त होते रहते हैं। लेकिन-

येषां त्वन्त-गतं पापं, जनानां पुण्य-कर्मणाम् ।
ते द्वन्द्व-मोह-निर्मुक्ता, भजन्ते मां दृढ-व्रताः ॥ 28 ॥

भावार्थ :– जो मनुष्य अपने मन में यह दृढ़ निश्चय कर लेते हैं कि यह मनुष्य शरीर भोग-भोगने के लिये नहीं, बल्कि जन्म-मरण से मुक्ति पाने के लिये मिला है तो ऐसे दृढ़निश्चयी मनुष्यों को मेरी राह में लगने से उनके संपूर्ण पाप नष्ट हो जाते हैं, फिर ऐसे

द्वन्द्व (शंका) और मोह (सांसारिक लगाव) से रहित मनुष्य ही मेरी प्राप्ति के लिए मेरा भजन करते हैं। और फिर –

जरा-मरण-मोक्षाय, मामाश्रित्य यतन्ति ये ।
ते ब्रह्म तद्-विदुः कृत्स्न,-मध्यात्मं कर्म चाखिलम् ॥ 29 ॥

भावार्थ :— जो मनुष्य जन्म और मरण से मुक्ति पाने के लिये मेरी शरण में आकर निःस्वार्थ भाव से अपना नित्य कार्य करते हुए मेरी प्राप्ति के लिये प्रयास करते हैं, वे उस ब्रह्म को, संपूर्ण अध्यात्म को और संपूर्ण कर्म को भी विस्तार से जान लेते हैं। साथ ही–

साधि-भूताधि-दैवं मां, साधि-यज्ञं च ये विदुः ।
प्रयाण-कालेऽपि च मां, ते विदुर्-युक्त-चेतसः ॥ 30 ॥

भावार्थ :— जो मनुष्य मुझे अधिभूत, अधिदैव और अधियज्ञ के सहित भी जान तथा मान लेते हैं, वे हरपल मेरे ही ध्यान में लगे रहकर मेरी ही प्राप्ति का प्रयास करते रहते हैं, जिससे कि वे अपने अंतकाल के समय भी मुझमें ही अटल रूप से स्थित रहते हैं और इस कारण वश वे मुझको ही प्राप्त हो जाते हैं।

इस प्रकार ओउम् तत् सत् इन भगवन्नामों के उच्चारण के साथ ब्रह्मविधा और योगशास्त्र से युक्त श्रीमद्भगवद्गीता रूपी उपनिषद् के श्रीकृष्ण और अर्जुन के संवाद में 'ज्ञान विज्ञान योग' नामका सातवाँ अध्याय पूर्ण हुआ ।

आठवाँ अध्याय

अर्जुन उवाच

किं तद्-ब्रह्म किमध्यात्मं, किं कर्म पुरूषोत्तम ।
अधिभूतं च किं प्रोक्त,-मधि-दैवं किमुच्यते ॥ 1 ॥
अधि-यज्ञः कथं कोऽत्र, देहेऽस्मिन्-मधुसूदन ।
प्रयाण-काले च कथं, ज्ञेयोऽसि नियतात्मभिः ॥ 2 ॥

भावार्थ :— सातवें अध्याय के अंतिम दो श्लोकों में भगवान श्रीकृष्ण द्वारा कही हुई बातें सुनकर अर्जुन पूछते है कि हे श्रीकृष्ण ! यह ब्रह्म, अध्यात्म और कर्म क्या है तथा यह अधिभूत, अधिदैव और अधियज्ञ क्या है। अधियज्ञ देह में कैसे है? और जो संसार से सर्वथा हटकर आप में ही लगे हुए है, उनके द्वारा अंतकाल में आप कैसे जानने में आते है ।

श्रीभगवान् उवाच

अक्षरं ब्रह्म परमं, स्वभावोऽध्यात्म-मुच्यते ।
भूत-भावोद्भव-करो, विसर्गः कर्म-सञ्ज्ञितः ॥ 3 ॥

भावार्थ :— श्रीभगवान् बोले - परम अक्षर का नाम ब्रह्म है अर्थात् ब्रह्म शब्द सच्चिदानंदघन निर्गुण निराकार परमात्मा का वाचक है। आत्मा के ज्ञान को ही अध्यात्म कहते हैं तथा शरीर द्वारा जो भी कार्य किये जाते है, वे कर्म कहलाते है। ये कर्म ही हैं जो मनुष्य की मृत्यु के बाद उसके अलग-अलग योनियों में जन्म लेने का कारण बनते हैं।

अधिभूतं क्षरो भावः, पुरूषश्च-चाधि-दैवतम् ।
अधि-यज्ञोऽह-मेवात्र, देहे देह-भृतां वर ॥ 4 ॥

भावार्थ :— हे देहधारियों में श्रेष्ठ अर्जुन ! आगे सुनो । पाँच तत्त्वों (अग्नि, जल, वायु, आकाश और पृथ्वी) से बनी इस नाशवान सृष्टि को अधिभूत कहते है। परमात्मा ही अधिभूत रूप से सृष्टि में विद्यमान है अर्थात इस संपूर्ण सृष्टि की उत्पत्ति उन्हीं से हुई है। वे सभी देवों के भी देव है अर्थात अधिदैव है। उनके विश्वरूप में सभी देवता उनमें ही समाये हुए है तथा उन्होंने ही विभिन्न देवताओं को सृष्टि संचालन के उद्देश्य से विभिन्न विभागों में नियुक्त किया हुआ है, पर उन सब की डोर परमात्मा के हाथों में ही है।

अधियज्ञ अर्थात् यज्ञो (कर्मो) के भोक्ता के रूप में भी वे परमात्मा ही प्रत्येक प्राणी के हृदय में निवास करते हैं। फल की इच्छा से रहित होकर जो भी कर्तव्यकर्म किये जाते हैं, वे यज्ञ कर्म कहलाते हैं और ये कर्म अधियज्ञ (यज्ञों के भोक्ता) के रूप में परमात्मा को ही प्राप्त होते हैं ।

अन्त-काले च मामेव, स्मरन्-मुक्त्वा कलेवरम् ।

यः प्रयाति स मद्-भावं, याति नास्त्यत्र संशयः ।। 5 ।।

भावार्थ :— अब अर्जुन के अंतिम प्रश्न का उत्तर देते हुए श्रीकृष्ण कहते हैं कि जो मनुष्य अपने अंतसमय में मेरा स्मरण करते हुए शरीर छोड़कर जाता है, वो मुझे ही प्राप्त होता है। इसमें कोई संदेह नहीं है। इतना ही नहीं –

यं यं वापि स्मरन् भावं, त्यजत्यन्ते कलेवरम् ।

तनं तमेवैति कौन्तेय, सदा तद्-भाव-भावितः ।। 6 ।।

भावार्थ :— अपने अंतसमय में मनुष्य जिस का भी चिंतन करते हुए शरीर छोड़ता है, अगले जन्म में उसी के अनुसार उसे जन्म प्राप्त होता है। जैसे- कुत्ते को याद करके अपना शरीर छोड़ने वाला अगले जन्म में कुत्ते का शरीर पाता है, धन के बारे में सोचने वाला साँप बन जाता है आदि। श्रीकृष्ण कहते हैं कि अपने अंतकाल में मनुष्य चाहे ईश्वर का स्मरण करे या किसी व्यक्ति, वस्तु या जीव का, मैं उसे उसके चिंतन के अनुसार ही अगला जन्म देता हूँ।

तस्मात् सर्वेषु कालेषु, मामनुस्मर युध्य च ।

मध्यर्पित-मनो-बुद्धिर्, मामेवैष्यस्य-संशयम् ।। 7 ।।

भावार्थ :— इसलिये हे अर्जुन ! तू हर पल मेरा ही स्मरण करते हुए अपना युद्ध रूपी कर्तव्य कर्म कर । मृत्यु का क्या पता, कब आ जाए, इसलिए तेरा ध्यान हर पल मुझमें होना चाहिये और मेरा ध्यान करते हुए ही तुझे समाज और संसार के प्रति अपने कर्तव्यों का निःस्वार्थ भाव से पालन करना चाहिये। इस प्रकार मन और बुद्धि दोनों को मुझमें लगा देने से तू निःसंदेह मुझको ही प्राप्त होगा ।

अभ्यास-योग-युक्तेन, चेतसा नान्य-गामिना ।

परमं पुरूषन् दिव्यम्, याति पार्थानु-चिन्तयन् ।। 8 ।।

भावार्थ :— हे पृथानंदन ! लगातार अभ्यास करने से और मन से किसी अन्य का चिन्तन ना करते हुए केवल परमात्मा के ही ध्यान में लीन रहने से मनुष्य को अपने

अंतकाल में केवल उन्हीं का चिंतन होता है, जिससे वो उस परमपिता को ही प्राप्त हो जाते हैं, लेकिन ये अभ्यास निरंतर तथा परमात्मा की प्राप्ति के दृढ़ निश्चय के साथ होना चाहिये।

नोट : संसार से मन हटाकर परमात्मा में बार-बार लगाने के प्रयास का नाम ही अभ्यास है।

कविम् पुराण-मनु-शासितार-
मणो-रणीयां-समनु-स्मरेद्यः ।
सर्वस्य धातार-मचिन्त्य-रूप-
मादित्य-वर्णन् तमसः परस्तात् ॥ 9 ॥

भावार्थ :— भगवान श्रीकृष्ण आगे बताते हैं कि मनुष्य मुख्यतः दो रूपों में उनका ध्यान करते हैं सगुण साकार तथा निर्गुण लेकिन उनके निर्गुण रूप को भी उनके भक्त दो रूपों में ध्याते है सगुण निराकार और निर्गुण निराकार । उनके निर्गुण निराकार भक्त उन्हें एक ज्योति पुंज के रूप में ध्याते हैं और वे उन्हें इसी रूप में संपूर्ण ब्रह्मांड का उत्पत्ति, पालन और संहारकर्ता मानते हैं। जबकि उनके सगुण निराकार भक्त मानते हैं कि परमात्मा का एक निश्चित् आकार न होते हुए भी वे सभी प्राणियों के हृदय में विद्यमान हैं तथा सभी की उत्पत्ति, पालन और संहार करने वाले हैं। उनकी आँखें न होते हुए भी वे सबकुछ देख सकते हैं, पाँव न होते हुए भी सब जगह जा सकते हैं।

यहाँ इस श्लोक के द्वारा वे पहले अपने सगुण-निराकार भक्तों द्वारा अंतसमय में उनकी प्राप्ति का उपाय बताते हुए कहते हैं कि हे अर्जुन ! जो मनुष्य निरंतर अभ्यास के द्वारा उस सर्वज्ञ (सब कुछ जानने वाले), पुराण (सबसे पुराना जो सृष्टि के आरंभ से भी पहले से हो), सबके शासक, सूक्ष्म से सूक्ष्म (इतना सूक्ष्म जो मन और बुद्धि की भी समझ से परे हो), साथ ही इतना विशाल जो कि अनन्त कोटि ब्रह्माण्डों को धारण और पोषण करने वाले हैं, ज्ञान के भंडार तथा सूर्य के समान प्रकाशवान, ऐसे सच्चिदानंदधन परमात्मा के सगुण निराकार रूप का ध्यान करते हैं ।

प्रयाण-काले मनसा-चलेन,
भक्त्या युक्तो योग-बलेन चैव ।
भुवोर्-मध्ये प्राण-मावेश्य सम्यक्,
स तं परं पुरूष-मुपैति दिव्यम् ॥ 10 ॥

भावार्थ :— वे भक्तियुक्त मनुष्य अपने अंतसमय में परमात्मा का चिंतन करते हुए तथा मन को शांत रखते हुए अभ्यास से प्राप्त योगबल के द्वारा अपने प्राणों को दोनों भ्रुवों (भौहों) के बीच में अच्छी तरह स्थित करके अगर अपने प्राणों को छोड़ता है तो वह मनुष्य परमपिता को प्राप्त हो जाता है।

यदक्षरं वेदविदो वदन्ति,
विशन्ति यद्-यतयो वीतरागाः ।
यदिच्छन्तो ब्रह्मचर्यम् चरन्ति
तत्ते पदं संग्रहेण प्रवक्ष्ये ॥ 11 ॥

भावार्थ :— अब वे अपने निर्गुण निराकार भक्तों द्वारा अंतसमय में अपनी प्राप्ति का उपाय बताते हुए कहते हैं कि वेदों को जानने वाले मनुष्य जिस निर्गुण-निराकार पद को 'अक्षर' अर्थात् कभी नाश न होने वाला कहते हैं; अपनी इन्द्रियों, मन और बुद्धि को अपने वश में करके राग-द्वेष से उपर उठ चुके सन्यासी जिस पद को प्राप्त करते हैं और परमात्मा की राह पर चलने वाले साधक जिस निराकार पद की प्राप्ति की इच्छा करते हुए ब्रह्मचर्य का पालन करते हैं, उस परमपद की प्राप्ति के उपाय को मैं तुम्हें संक्षेप में समझाऊँगा।

सर्व-द्वाराणि संयम्य, मनो हृदि निरूध्य च ।
मूर्ध्न्या-धायात्मनः प्राण, -मास्थितो योग-धारणाम् ॥ 12 ॥
ओमित्येका-क्षरम् ब्रह्म, व्याहरन्-मामनुस्मरन् ।
यः प्रयाति त्यजन् देहं, स याति परमां गतिम् ॥ 13 ॥

भावार्थ :— हे अर्जुन ! निर्गुण निराकार ब्रह्म की उपासना करने वाले मेरे साधकों को अपने अंतसमय में अपनी सभी इन्द्रियों तथा मन को सभी प्रकार के मोह-द्वेष आदि से हटाकर, अपने हृदय में स्थित आत्मरूप में लगा लेना चाहिये। फिर ध्यान की स्थिति में बैठकर तथा अपने प्राणों को मस्तक में धारण करके ओउम् का उच्चारण करते हुए मेरे निराकार रूप के ध्यान में लीन हो जाना चाहिये। जो साधक इस प्रकार मेरे निर्गुण निराकार रूप का ध्यान करते हुए शरीर को छोड़कर जाता है, वह परमगति को प्राप्त हो जाता है। लेकिन –

अनन्य-चेताः सततं, यो मां स्मरति नित्यशः ।
तस्याहं सुलभः पार्थ, नित्य-युक्तस्य योगिनः ॥ 14 ॥

भावार्थ :— हे पृथानंदन ! जो साधक मेरे सगुण-साकार रूप को ध्याते हैं और उनका चित्त मुझे छोड़कर किसी भोग या ऐश्वर्य में थोड़ा भी नहीं जाता अर्थात् मेरे ऐसे भक्त जिनके अंतःकरण में मेरे सिवाय किसी अन्य का कोई आश्रय नहीं है और जो निरंतर मेरा ही स्मरण करते हैं। ऐसे योगी के लिये मैं सदा सुलभ हूँ अर्थात् उन्हें मैं आसानी से प्राप्त हो जाता हूँ। और इस तरह-

मामुपेत्य पुनर्जन्म, दुःखालय-मशाश्वतम् ।
नाप्नुवन्ति महात्मानः संसिद्धिम् परमां गताः ॥ 15 ॥

भावार्थ :— मेरे साधक जो इनमें से किसी भी रास्ते को अपनाते हैं, वे मुझको ही प्राप्त कर लेते हैं और फिर वे दुःखों से भरे हुए तथा हर क्षण विनाश की तरफ बढ़ते हुए इस संसार में पुनर्जन्म को प्राप्त नहीं होते क्योंकि वे ईश्वर के ज्ञान को प्राप्त कर अपने प्रयासों के द्वारा उस परमपद को पा जाते हैं, जहाँ जाकर वापस लौटना नहीं पड़ता ।

आब्रह्म-भुवनाल्-लोकाः, पुनरा-वर्तिनोऽर्जुन ।
मामुपेत्य तु कौन्तेय, पुनर्जन्म न विद्यते ॥ 16 ॥

भावार्थ :— श्रीकृष्ण आगे कहते हैं कि हे अर्जुन ! हमारे शास्त्रों में चौदह लोक बताये गये हैं, सात धरती के ऊपर और सात धरती के नीचे । इन सभी लोकों में सबसे ऊपर ब्रह्मलोक है। ब्रह्मलोक सहित ये सभी लोक मेरी माया के अंतर्गत आते हैं अर्थात् जिन प्राणियों को उनके कर्मों के प्रभाव से इनमें से किसी भी लोक की प्राप्ति होती है, उन मनुष्यों को उनके पुण्य समाप्त होने पर इन लोकों से वापस धरती पर आना पड़ता है, परन्तु मेरी प्राप्ति हो जाने पर पुनर्जन्म नहीं होता क्योंकि जीव मेरा ही अंश है और मेरा परमधाम ही उसका वास्तविक घर है । लेकिन-

सहस्त्र-युग-पर्यन्त, -महर्-यद्-ब्रह्मणो विदुः ।
रात्रिं युग-सहस्त्रान्तां, तेऽहो-रात्र-विदो जनाः ॥ 17 ॥

भावार्थ :— इन चौदह लोकों में से सबसे ऊँचे ब्रह्मलोक को जाने वाले को भी वापस लौटकर क्यों आना पड़ता है, इसका कारण बताते हुए श्रीकृष्ण कहते हैं कि ब्रह्मलोक भी नाशवान है। जब धरती पर चार युग पूरे होते है- सतयुग, त्रेतायुग, द्वापर और कलियुग, तो उसे चतुर्युगी कहते है। ऐसे एक हजार चतुर्युगी बीतने पर ब्रह्माजी का एक दिन होता है और दूसरी चतुर्युगी बीतने पर ब्रह्माजी की एक रात । इसी दिन-रात की गणना के अनुसार ब्रह्माजी की सौ वर्षों की आयु होती है और जब उनकी सौ वर्षों की आयु पूरी हो जाती है तो वे भी मुझमें लीन हो जाते है।

अव्यक्ताद्-व्यक्तयः सर्वाः, प्रभवन्-त्यहरागमे ।
रात्र्यागमे प्रलीयन्ते, तत्रैवा-व्यक्त-सञ्ज्ञके ।। 18 ।।

भावार्थ :– ब्रह्माजी अपने आयु के सौ वर्षों तक ब्रह्मलोक में रहते है, लेकिन सृष्टि के बाकी प्राणी जब ब्रह्माजी का दिन होता है तो अस्तित्व में आते हैं अर्थात् उनकी उत्पत्ति होती है और जब ब्रह्माजी की रात होती है तो वे ब्रह्माजी में वापस लीन हो जाते है और जब तक उनकी रात रहती है, वे ब्रह्माजी में ही लीन रहते है। लेकिन

भूत-ग्रामः स एवायं, भूत्वा भूत्वा प्रलीयते ।
रात्र्यागमेऽवशः पार्थ, प्रभव-त्यहरागमे ।। 19 ।।

भावार्थ :– ब्रह्माजी का एक दिन भी एक हजार चतुर्युगों का होता है, जब ब्रह्माजी का दिन शुरू होता है तो सारे प्राणि समुदाय, जो उनकी रात्रि होने पर उनमें ही लीन हो गए थे, वापस जन्म लेते हैं और उनके दिन की अवधि रहते-रहते लाखों करोड़ों बार जन्म- मृत्यु को प्राप्त होते रहते हैं और उनकी रात्रि होने पर उनमें ही लीन हो जाते हैं, वापस उनके दिन होने पर जन्म लेने के लिए। परन्तु-

परस्-तस्मात्तु भावोऽन्यो, -ऽव्यक्तोऽव्यक्तात् सनातनः ।
यः स सर्वेषु भूतेषु, नश्यत्सु न विनश्यति ।। 20 ।।

भावार्थ :– ब्रह्माजी की आयु पूरी होने पर भी जो नष्ट नहीं होता, वह है परमात्मा। किसी भी स्थिति तथा समय में उनमें जरा भी बदलाव नहीं होता। ब्रह्माजी की आयु पूरी होने पर अर्थात् महाप्रलय के समय ब्रह्माजी तथा उनमें स्थित सभी आत्माएँ परमात्मा में ही लीन हो जाती है और महा उत्पत्ति के समय उनसे ही प्रकट होती है। इस प्रकार परमात्मा ही सदा रहने वाले अर्थात् सनातन है।

अव्यक्तोऽक्षर इत्युक्तस्, -तमाहुः परमां गतिम् ।
यं प्राप्य न निवर्तन्ते, तद्धाम परमं मम ।। 21 ।।

भावार्थ :– उसी परमात्मा को अव्यक्त (वाणी और बुद्धि की समझ से परे) तथा अक्षर (जिसका कभी नाश नहीं होता) कहा गया है तथा उसकी प्राप्ति होने को परमगति की प्राप्ति होना कहा गया है। फिर उस परमात्मा को चाहे सगुण रूप में ध्याये या निर्गुण रूप में, उसके परमधाम की प्राप्ति हो जाने पर वापस लौट कर आना नहीं पड़ता ।

पुरूषः स परः पार्थ, भक्त्या लभ्यस्-त्वनन्यया ।
यस्यान्तःस्थानि भूतानि, येन सर्वमिदं ततम् ।। 22 ।।

भावार्थ :– श्रीकृष्ण आगे कहते हैं कि हे पृथानंदन अर्जुन ! संसार के सभी प्राणी जीव- जन्तु, वृक्ष-पौधे आदि उन्हीं परमात्मा के द्वारा रचे गये हैं और वही परमात्मा सृष्टि के कण-कण में समाया हुआ है। ऐसे सर्वश्रेष्ठ परमात्मा की प्राप्ति का सबसे सरल उपाय है 'अनन्य भक्ति'। अनन्य भक्ति का अर्थ है ऐसी भक्ति, जिसमें भक्त अपने इष्ट के अलावा अन्य किसी भी व्यक्ति, वस्तु या देवता पर थोड़ा भी आश्रित नहीं होता।

यत्र काले त्वनावृत्ति, –मावृत्तिं चैव योगिनः ।
प्रयाता यान्ति तं कालं, वक्ष्यामि भरतर्षभ ॥ 23 ॥

भावार्थ :– हे भरतवंशियों में श्रेष्ठ अर्जुन ! मेरे साधकों में से कुछ की भक्ति इतनी श्रेष्ठ होती है कि वे मृत्यु के बाद सीधे मेरे धाम में पहुँच जाते हैं, जहाँ से उन्हें लौटकर वापस धरती पर नहीं आना पड़ता, दूसरे वे साधक होते हैं, जो मृत्यु के बाद मुझतक पहुँचते तो हैं, लेकिन उन्हें एक लंबा मार्ग तय करना पड़ता है, जबकि मेरे कुछ साधक ऐसे होते हैं, जिसकी साधना अभी पूरी नहीं हुई है और उन्हें मुझतक पहुँचने से पहले धरती पर ही वापस जन्म लेकर अपनी साधना को पूरा करना पड़ता है।

अग्निर्-ज्योतिरहः शुक्लः, षण्-मासा उत्तरायणम् ।
तत्र प्रयाता गच्छन्ति, ब्रह्म ब्रह्मविदो जनाः ॥ 24 ॥

भावार्थ :– मेरे इन तीनों प्रकार के साधकों में से मेरे वो साधक जो मेरी भक्ति में पूरी तरह से लीन है, पर मृत्यु के समय तक उन्हें मेरी प्राप्ति नहीं हुई है तथा उनमें भी वो साधक जिनकी साधना ज्यादा बाकी है वो साधक ज्ञानी वैरागियों के घर जन्म लेते हैं, जहाँ उन्हें उनकी साधना पूरी करने का पूरा मौका मिलता है जबकि जो भक्त अपनी साधना के अंतिम पड़ाव में पहुँच चुके हैं और इस अवस्था में उनकी मृत्यु हो जाती है, वे प्रकाश मार्ग से जाते हैं । इस मार्ग में उनको पहले अग्नि के अधिपति देवता, फिर दिन के अधिपति देवता फिर शुक्लपक्ष के अधिपति देवता और फिर अन्त में उत्तरायण के अधिपति देवता क्रमशः अपने साथ लेकर अपने-अपने अधिकार क्षेत्र तक जाते हैं। इस प्रकार वे साधक ब्रह्मलोक तक पहुँच जाते हैं और फिर ब्रह्माजी की आयु तक वे वहाँ रहकर महाप्रलय के समय ब्रह्माजी के साथ ही मुझमें लीन हो जाते हैं। लेकिन-

धूमो रात्रिस्-तथा कृष्णः, षण्-मासा दक्षिणायनम् ।
तत्र चान्द्रमसं ज्योतिर्, योगी प्राप्य निवर्तते ॥ 25 ॥

भावार्थ :– हे अर्जुन ! कुछ ऐसे सकाम योगी होते हैं, जो मुझे या भिन्न-भिन्न देवताओं को किसी न किसी कामना की पूर्ति के लिये पूजते हैं, ऐसे मनुष्य अपने-अपने इष्ट देवताओं के लोकों को अथवा स्वर्ग को प्राप्त होते हैं। ऐसे मनुष्य कृष्ण (अंधेरे) मार्ग से जाते हैं। इस मार्ग में उन्हें सबसे पहले धुएँ का अधिपति देवता, फिर रात्रि का अधिपति देवता, उसके बाद कृष्णपक्ष के अधिपति देवता और अंत में दक्षिणायन के अधिपति देवता क्रमशः अपने-अपने अधिकार क्षेत्रों से ले जाकर एक दूसरे को सौंपते है। इस प्रकार वह क्रमपूर्वक चन्द्रलोक के अधिपति देवता तक पहुँचते है, जो उन्हें उनके पुण्यों के अनुसार भिन्न-भिन्न लोकों में भेज देता है और फिर वे अपने पुण्यों के अनुसार कम या अधिक समय तक उन लोकों के सुखों को भोगकर वापस धरती पर लौट आते हैं। इसके अलावा कई मनुष्य ऐसे भी होते हैं, जो किसी भी लोक तक पहुँच ही नहीं पाते, वे मरकर नरकों में जाते हैं या प्रेतयोनि, पशु-पक्षी, वृक्ष-लता, मनुष्य आदि की योनियों में जन्म लेते और मरते रहते हैं।

शुक्ल–कृष्णे गती ह्येते, जगतः शाश्वते मते ।
एकया यात्य-नावृत्ति, -मन्यया-वर्तते पुनः ॥ 26 ॥

भावार्थ :– श्रीकृष्ण आगे कहते है कि शुक्ल और कृष्ण, इन दोनों मार्गों का संबंध संसार के सभी प्राणियों के साथ है, क्योंकि दुनियाँ के सभी प्राणी कभी न कभी मनुष्य योनि को प्राप्त होते ही हैं और मनुष्य जन्म में किये गये उनके कर्मों के अनुसार ही उनकी गति तय होती है।

नोट :– जैसे योग सदा से है, वैसे ही शुक्ल और कृष्ण मार्ग भी सदा से है। शुक्ल मार्ग से जाने वाले मनुष्य जन्म और मरण के चक्कर में वापस नहीं आते, जबकि कृष्ण मार्ग से जाने वाले मनुष्यों को जन्म-मरण के चक्कर में वापस लौटना पड़ता है।

नैते सृती पार्थ जानन्, योगी मुह्यति कश्चन ।
तस्मात् सर्वेषु कालेषु, योग-युक्तो भवार्जुन ॥ 27 ॥

भावार्थ :– जो मनुष्य इन दोनों मार्गों के बारे में तथा इनसे गुजरने वाले मनुष्यों की गतियों के बारे में अच्छी तरह जान लेता है, वह मनुष्य कभी भी सांसारिक व्यक्ति, वस्तु तथा भोगों के प्रति मोहित नहीं होता । इसलिए हे अर्जुन ! तू भी इनके बारे में ठीक प्रकार से समझकर अनुकूल तथा प्रतिकूल व्यक्तियों एवं परिस्थितियों में समान भाव रखते हुए योग से युक्त हो जा अर्थात् योगी हो जा ।

वेदेषु यज्ञेषु तपःसु चैव,
दानेषु यत् पुण्य-फलं प्रदिष्टम् ।
अत्येति तत् सर्व-मिदं विदित्वा
योगी परं स्थान-मुपैति चाद्यम् ॥ 28 ॥

भावार्थ :— हे अर्जुन ! इन मार्गों के बारे में उचित प्रकार से समझ लेने वाला मनुष्य वेदों में कहे गये यज्ञ, तप, दान आदि के पुण्यफलों के चक्कर में न पड़कर इनसे आगे बढ़ जाता है और अपने सभी कर्मों के फल की इच्छा को त्यागकर केवल लोकहित की भावना से अपना कर्तव्य समझ कर करता है, साथ ही निरंतर परमात्मा के ध्यान में भी लगा रहता है, जिससे वह तत्वज्ञान को प्राप्त कर समय के साथ उस परमधाम की प्राप्ति कर लेता है, जहाँ से कभी वापस लौटकर नहीं आना पड़ता ।

इस प्रकार ओउम् तत् सत् इन भगवन्नामों के उच्चारण के साथ ब्रह्मविद्या और योगशास्त्र से युक्त श्रीमद्भगवद्गीता रूपी उपनिषद् के श्रीकृष्ण और अर्जुन के संवाद में 'अक्षर ब्रह्मयोग' नामक आठवाँ अध्याय पूरा हुआ ।

नवाँ अध्याय

नोट :— सातवें अध्याय में भगवान श्रीकृष्ण द्वारा विज्ञान सहित ज्ञान के बारे में बताने का जो प्रवाह चल रहा था, उसे बीच में ही रोकते हुए अर्जुन ने आठवें अध्याय के आरंभ में भगवान श्रीकृष्ण से सात प्रश्न कर लिये। उन प्रश्नों का विस्तार से उत्तर देने के बाद अब सातवें अध्याय के बचे हुए विज्ञान सहित ज्ञान के विषय को भगवान नवें अध्याय में आरंभ करते हैं। वे कहते हैं कि –

श्रीभगवान् उवाच
इदं तु ते गुह्यतमं, प्रवक्ष्या-म्यनसूयवे ।
ज्ञानं विज्ञान-सहितं, यज्-ज्ञात्वा मोक्ष्यसेऽशुभात् ॥ 1 ॥

भावार्थ :— हे अर्जुन ! यह ज्ञान अत्यंत गोपनीय है, जिसे हरेक के सामने नहीं कहा जा सकता, क्योंकि इसमें मैंने स्वयं अपनी महिमा का वर्णन किया है। इसलिए जिसके मन में मेरे प्रति थोड़ी भी दोषदृष्टि है, वो इसे सुनकर मुझे अपनी प्रशंसा करने वाला मान लेगा । तू दोषदृष्टि से रहित है, इसलिये मैं तेरे सामने इस गोपनीय ज्ञान को विस्तार से कहूँगा, जिसे जानकर तू इस जन्म-मरण रूपी संसार के बंधन से मुक्त हो जाएगा ।

राजविद्या राजगुह्यं, पवित्र-मिद-मुत्तमम् ।
प्रत्यक्षा-वगमं धर्म्यम्, सुसुखं कर्तु-मव्ययम् ॥ 2 ॥

भावार्थ :— यह विज्ञान सहित ज्ञान सभी प्रकार की विद्याओं में सर्वश्रेष्ठ है, क्योंकि इसको जानने के बाद कुछ भी जानना शेष नहीं रहता और यह सबसे गोपनीय ज्ञान भी है, क्योंकि इसमें भगवान ने अपने आपको सबके सामने प्रकट कर दिया है। इतना ही नहीं, यह ज्ञान बहुत ही पवित्र और सर्वश्रेष्ठ है। जो मनुष्य इस ज्ञान को जितना जानेगा, वह अपने आप में उतनी ही विलक्षणता का अनुभव करेगा। साथ ही, इस ज्ञान में सभी धर्मों का सार छुपा है। इसलिए ये कभी नष्ट नहीं हो सकता और सबसे बड़ी बात, इस ज्ञान को प्राप्त करना भी बहुत ही आसान है।

अश्रद्-दधानाः पुरूषा, धर्मस्यास्य परन्-तप ।
अप्राप्य मां निवर्तन्ते, मृत्यु-संसार-वर्त्मनि ॥ 3 ॥

भावार्थ :— हे अर्जुन ! जो मनुष्य मेरे द्वारा दिये गये इस ज्ञान पर श्रद्धा नहीं रखते या उस पर विश्वास नहीं करते, वे मनुष्य मुझे कभी भी प्राप्त नहीं कर सकते, जिससे कि वे बार-बार इस मृत्युरूपी संसार में जन्मते-मरते रहते हैं ।

मया तत-मिदं सर्वम्, जगद-व्यक्त-मूर्तिना ।
मत्स्थानि सर्व-भूतानि, न चाहं तेष्व-वस्थित: ॥ 4 ॥
न च मत्स्थानि भूतानि, पश्य मे योग-मैश्वरम् ।
भूत-भृन्-न च भूतस्थो, ममात्मा भूत-भावन: ॥ 5 ॥

भावार्थ :— अब श्रीकृष्ण इस गोपनीय ज्ञान पर से पर्दा उठाते हुए कहते है कि हे अर्जुन ! मेरा यह स्वरूप जिसके बारे में मैं तुम्हें बताने जा रहा हूँ, इसको मन, बुद्धि और इन्द्रियों के द्वारा नहीं जाना जा सकता । मेरे इस रूप (विराट् रूप) से सारा संसार व्याप्त है और इसे जान पाने के लिये मेरी कृपा ही एकमात्र कारण है। साथ ही, मेरे इस रूप में ही संपूर्ण प्राणी मुझमें स्थित है, परन्तु मैं उनमें स्थित नहीं हूँ और वे प्राणी भी मुझमें स्थित नहीं है अर्थात् यदि मुझे और सांसारिक प्राणियों को अलग-अलग माना जाए तो वे प्राणी मुझमें स्थित है (मेरे विराट रूप में) परन्तु मैं उनमें स्थित नहीं हूँ, लेकिन अगर मुझे और उन प्राणियों को (आत्मा और परमात्मा) एक ही माना जाए तो वे प्राणी भी मुझमें स्थित नहीं हैं, क्योंकि वे भी मेरा ही स्वरूप है। हे अर्जुन ! तू मेरे इस ईश्वर संबंधी प्रभाव को देख। मैं ही सम्पूर्ण प्राणियों को पैदा करने वाला, धारण करने वाला और भरण-पोषण करने वाला हूँ, परन्तु मैं उन प्राणियों में स्थित नहीं हूँ अर्थात् मेरा ही एक अंश होते हुए भी मैं उनके मोह से सर्वथा रहित हूँ ।

यथाकाश-स्थितो नित्यं, वायु: सर्वत्रगो महान् ।
तथा सर्वाणि भूतानि, मत्स्थानी-त्युपधारय ॥ 6 ॥

भावार्थ :— हे अर्जुन ! जिस प्रकार आकाश में विचरने वाली वायु सदा आकाश में ही स्थित रहती है अर्थात् वह आकाश से अलग हो ही नहीं सकती, उसी प्रकार से ये सभी प्राणी सदा मेरे विराट् रूप में ही स्थित रहते हैं, मुझसे अलग होकर इनका कोई अस्तित्व ही नहीं है- ऐसा तुम मान लो । किन्तु -

सर्व-भूतानि कौन्तेय, प्रकृतिं यान्ति मामिकाम् ।
कल्प-क्षये पुनस्-तानि, कल्पादौ विसृजाम्यहम् ॥ 7 ॥

भावार्थ :— हे कुंतीनंदन ! मेरा ही एक अंश होने के बावजूद भी ये प्राणी शरीर और संसार से अपना संबंध जोड़कर मुझे भूल जाते हैं, जिसके कारण वे जो कुछ भी कर्म करते हैं, उन कर्मों तथा उनके फलों के साथ उनका संबंध जुड़ता जाता है, जिससे वे बार-बार जन्मते-मरते रहते हैं और कल्प के अंत में जब महाप्रलय का समय आता है तो वे सभी प्राणी शरीर और संसार के अधीन होकर किये हुए अपने सभी कर्मों तथा

उनके फलों को लेकर मुझमें ही लीन हो जाते हैं और फिर जब दूसरे कल्प की शुरूआत में महाउत्पत्ति के समय ब्रह्माजी पुनः प्रकट होते हैं तो मैं उन जीवों को उनके कर्मों के फलों के अनुसार विभिन्न योनियों में भेज देता हूँ, पर महाउत्पत्ति के समय भी केवल उन्हीं प्राणियों का पुनर्जन्म होता है, जिनको अभी तक मेरी प्राप्ति नहीं हुई है।

नोट :– ब्रह्माजी की आयु के सौ वर्षों की अवधि को एक कल्प कहते हैं, कल्प की समाप्ति पर ब्रह्माजी स्वयं भी सृष्टि सहित भगवान श्रीकृष्ण के विराट् रूप में लीन हो जाते हैं।

प्रकृतिं स्वा-मवष्टभ्य, विसृजामि पुनः पुनः ।
भूत-ग्राम-मिमं कृत्स्न, मवशं प्रकृतेर्-वशात् ।। 8 ।।

भावार्थ :– श्रीकृष्ण आगे कहते हैं कि जब महाउत्पत्ति का समय आता है, तो मुझमें लीन हुए प्राणियों के 'कर्म' उन्हें उन कर्मों का फल देने के लिये मुझमें उनकी रचना करने का भाव जगाते हैं, जिससे प्रकृति में हलचल पैदा हो जाती है, प्रकृति में हलचल पैदा होने से तीनों प्रकार के गुण (सत्, रज, तम) पैदा होते हैं, फिर ये तीनों गुण मिलकर तीनों लोकों की रचना करते हैं– स्वर्गलोक, मृत्युलोक और पाताल लोक और तब उन तीनों लोकों में मैं प्राणियों को उनके गुण, कर्म और स्वभाव के अनुसार प्रत्येक कल्प में रचता रहता हूँ। लेकिन–

न च मां तानि कर्माणि, निबध्नन्ति धनञ्जय ।
उदासीन-वदासीन, -मसक्तं तेषु कर्मसु ।। 9 ।।

भावार्थ :– हे अर्जुन ! प्राणियों की उत्पत्ति, भरण-पोषण तथा उन्हें अपने में लीन करने रूपी मेरा ये जो कर्म है, उससे मेरा कोई लगाव नहीं हैं, मैं उन कर्मों को बस अपने कर्तव्य के रूप में करता हूँ, इसलिये वे कर्म मुझे बांधते नहीं हैं। लेकिन–

नोट :– श्रीकृष्ण यहाँ हमें यह समझाते हैं कि कर्म करो, पर उन कर्मों से किसी प्रकार का लगाव या इच्छा (उम्मीद) मत रखो, उन्हें बस अपना कर्तव्य समझकर पूरी तत्परता और लगन से करो, जिससे तुम उन कर्मों को करते हुए भी उनसे बंधोगे नहीं और इस संसार चक्र से मुक्त हो जाओगे ।

मयाध्यक्षेण प्रकृतिः, सूयते सचराचरम् ।
हेतुनानेन कौन्तेय, जगद्-विपरिवर्तते ।। 10 ।।

भावार्थ :– श्रीकृष्ण आगे कहते हैं कि मैं सृष्टि की रचना का कार्य अकेला नहीं करता, बल्कि मेरी प्रकृति अर्थात् मेरी विभिन्न शक्तियाँ मेरी अध्यक्षता में सृष्टि की

रचना करती हैं। उदाहरण स्वरूप- जिस प्रकार एक देश का राजा राज्य के सभी कार्य स्वयं नहीं करता, पर उसकी अध्यक्षता में, देख-रेख में ही सभी विभागों के मंत्री अपना-अपना कार्य करते हैं। इसी प्रकार विभिन्न देवता विभिन्न प्रकार के कार्यों को करते हैं तथा मैं उनकी अध्यक्षता करता हूँ ताकि यह सृष्टि सुचारू रूप से चल सके और इसी उद्देश्य से सृष्टि में समय- समय पर परिवर्तन भी होते रहते हैं। परन्तु-

अवजानन्ति माम् मूढा, मानुषीन् तनु-माश्रितम् ।
परं भाव-मजानन्तो, मम भूत-महेश्वरम् ॥ 11 ॥

भावार्थ :— मुझ ऐसे परमतत्व को अज्ञानी मनुष्य कृष्ण नाम का एक साधारण मनुष्य मानते हैं। वे मेरे ईश्वरीय रूप को नहीं जानते, जिसके कारण वे मेरे द्वारा बताये हुए मार्ग पर नहीं चलते और सांसारिक व्यक्तियों और वस्तुओं को ही सत्य समझकर उनका संग्रह और भोग करते रहते हैं।

मोघाशा मोघ-कर्माणो, मोघज्ञाना विचेतसः ।
राक्षसी-मासुरीम् चैव, प्रकृतिम् मोहिनीम् श्रिताः ॥ 12 ॥

भावार्थ :— हे अर्जुन ! जिन मनुष्यों को मेरी प्राप्ति की इच्छा नहीं होती। उन मनुष्यों की सभी प्रकार की आशाएँ, सभी शुभकर्म तथा समस्त प्रकार का ज्ञान व्यर्थ है। ऐसे मनुष्य कितनी ही ऊँचे-ऊँचे लोकों की या अन्य सांसारिक भोगों की इच्छाएँ कर ले तथा उनकी पूर्ति के लिये अनेकानेक शुभ कर्म भी कर ले तो भी ऐसे मनुष्यों की वे इच्छाएँ, वे कर्म अथवा उनका वह ज्ञान भी उन्हें जन्म-मरण के चक्र से मुक्ति नहीं दिला सकता क्योंकि ऐसे अज्ञानी मनुष्य आसुरी प्रकृति के अर्थात् कामनायुक्त, क्रोधयुक्त तथा लोभ और मोह की प्रधानता वाले स्वभाव वाले होते हैं। लेकिन-

महात्मानस्-तु मां पार्थ, दैवीम् प्रकृति-माश्रिताः ।
भजन्-त्यनन्य-मनसो, ज्ञात्वा भूतादि-मव्ययम् ॥ 13 ॥

भावार्थ :— हे पार्थ ! करुणा, दया, क्षमा आदि जितने भी श्रेष्ठ गुण हैं, वे सभी मेरा ही स्वरूप है अर्थात् दैवी प्रकृति के लक्षण हैं। दैवी प्रकृति का आश्रय लेने वाले महात्मालोग मुझे संपूर्ण प्राणियों का उत्पत्तिकर्ता तथा कभी नष्ट न होने वाला ईश्वर मानकर अनन्य प्रेम से मेरा भजन करते हैं। साथ ही, उनकी सांसारिक क्रियाएँ भी केवल मेरी प्रसन्नता के लिये होती हैं।

सततं कीर्तयन्तो मां, यतन्तश्-च दृढ-व्रताः ।
नमस्यन्तश्-च मां भक्त्या, नित्य-युक्ता उपासते ॥ 14 ॥

भावार्थ :— मुझमें निरंतर लगे हुए मेरे ऐसे भक्त मुझे ही अनादि, अविनाशी और सर्वोपरि रूप में मानते हैं। उनके मन में सांसारिक भोगों तथा प्राणियों के प्रति जरा भी मोह अथवा द्वेष नहीं होता। जिससे मेरी प्राप्ति के दृढ़निश्चय और लगन के साथ वे मेरी साधना में ही लगे रहते हैं और भक्तिपूर्वक कीर्तन करते हुए तथा मुझे बारंबार प्रणाम करते हुए मेरी उपासना करते हैं। इतना ही नहीं, वे खाना-पीना, सोना-जागना, व्यापार-नौकरी करना आदि जो साधारण क्रियाएँ भी करते हैं, वे भी मेरी प्रसन्नता के लिये ही करते हैं।

ज्ञान-यज्ञेन चाप्यन्ये, यजन्तो मामुपासते ।
एकत्वेन पृथक्त्वेन, बहुधा विश्वतो-मुखम् ॥ 15 ॥

भावार्थ :— जबकि मेरे ज्ञानयोगी साधक संसार का मोह-त्यागकर अपनी आत्मा को मेरा ही अंश मानकर मेरी उपासना करते हैं तथा मेरे कर्मयोगी साधक अपने को सेवक मानकर तथा संसार को मेरा विराट्रूप मानकर अपने शरीर, मन, बुद्धि को संसार की ही सेवा में लगा देते हैं।

अहं क्रतु-रहं यज्ञः, स्वधाह-मह-मौषधम् ।
मन्त्रोऽह-मह-मेवाज्य, महमग्नि-रहं हुतम् ॥ 16 ॥
पिताहमस्य जगतो, माता धाता पितामहः ।
वेद्यं पवित्र-मोंङ्कार, ऋक्-साम-यजुरेव च ॥ 17 ॥
गतिर्-भर्ता प्रभुः साक्षी, निवासः शरणं सुहृत् ।
प्रभवः प्रलयः स्थानं, निधानं बीज-मव्ययम् ॥ 18 ॥

भावार्थ :— अब श्रीकृष्ण बताते हैं कि उनको चाहे ज्ञानयोग, कर्मयोग, कर्मसन्यास, ध्यानयोग, भक्तियोग आदि किसी भी मार्ग को अपनाकर पूजा जाए, उनके साधकों द्वारा की गई हर प्रकार की उपासना उन्हीं तक पहुँचती है, क्योंकि वे कहते हैं कि वैदिक रीति से की जाने वाली हवन-पूजा (क्रतु) अथवा पौराणिक रीति से की जाने वाली हवन-पूजा (यज्ञ) दोनों मेरा ही स्वरूप है। पितरों को अर्पण की जानी वाली स्वधा मैं हूँ। क्रतु, यज्ञ और स्वधा के लिए आवश्यक तिल, जौ, वनस्पतियाँ, बूटियाँ आदि औषधि भी मैं ही हूँ तथा इन उपासनाओं के लिये आवश्यक घृत (घी), अग्नि तथा हवन करने रूपी क्रिया भी मैं ही हूँ। मैं ही इनके फलस्वरूप प्राप्त होने वाली पवित्रता हूँ। साथ ही मैं ही जानने योग्य परमतत्व, सर्वश्रेष्ठ शब्द ओउम्, ऋग्वेद, सामवेद और यजुर्वेद भी हूँ। मैं ही चराचर

जगत का पिता, धारण करने वाला धाता, पैदा करने वाली माता तथा ब्रह्माजी को भी पैदा करने के नाते जगत का पितामह भी हूँ। प्राणियों के लिये प्राप्त करने योग्य सर्वोपरि तत्व अथवा परमगति मैं ही हूँ। संसार का भरण-पोषण करने वाला भर्ता तथा संसार का मालिक 'प्रभु' मैं हूँ। मैं सृष्टि में होने वाली, हो रही तथा हो चुकी सभी घटनाओं का साक्षी हूँ। महाप्रलय के बाद सभी प्राणी मुझमें ही रहते हैं, इसलिये मैं ही उन सब का निवास स्थान तथा उन सबको शरण देने वाला शरणागत वत्सल भी हूँ। बिना कारण प्राणियों का हित करने वाला सुहृद तथा हितैषी मैं ही हूँ। मैं ही संसार की उत्पत्ति और प्रलय हूँ तथा संसारी प्राणियों के रहने का निवास स्थान भी मैं हूँ। सभी प्राणी मेरे ही अंश है, इसलिए मैं ही उनका निधान हूँ। मेरा कभी नाश नहीं होता, इसलिए मैं ही अव्यय (कभी नष्ट न होने वाला) बीज भी हूँ।

तपाम्यह-महं वर्षम्, निगृह्णा-म्युत्-सृजामि च ।

अमृतं चैव मृत्युश्-च, सदसच्चाह-मर्जुन ॥ 19 ॥

भावार्थ :— हे अर्जुन ! संसार के हित के लिये पृथ्वी पर सूर्यरूप से मैं ही तपता हूँ तथा इसी रूप में पृथ्वी पर स्थित जल को आवश्यकतानुसार ग्रहण करके समय आने पर मैं वर्षारूप में प्राणिमात्र के हित के लिये बरसा देता हूँ। मैं ही अमृत और मैं ही मृत्यु हूँ। संसार के सभी नाशवान् व्यक्ति, वस्तु, प्राणी, नदियाँ, पहाड़ आदि सबकुछ मेरा ही है। असत् (नाशवान शरीर) भी मैं हूँ और सत् (अनश्वर आत्मा) भी मैं ही हूँ। फिर भी-

त्रैविद्या मां सोमपाः पूत-पापा ।

यज्ञैरिष्ट्वा स्वर्-गतिं प्रार्थयन्ते ।

ते पुण्य-मासाद्य सुरेन्द्र-लोक-

मश्नन्ति दिव्यान्-दिवि देव-भोगान् ॥ 20 ॥

भावार्थ :— सांसारिक मनुष्य प्रायः सांसारिक भोगों को ही भोगने में लगे रहते है, पर उनमें भी कुछ जो पापरहित मनुष्य होते हैं, वे ऋग, साम तथा यजुर्वेद में लिखे गये स्वर्ग प्राप्ति के तरीकों को जानकर स्वर्ग प्राप्ति के उपायों में लग जाते हैं। वेदों में वर्णित यज्ञों का अनुष्ठान तथा वेद मन्त्रों से अभिमन्त्रित सोमरस को पीने से उन मनुष्यों के स्वर्ग की प्राप्ति में बाधक पाप भी नष्ट हो जाते हैं और इस प्रकार विधि-विधान पूर्वक मेरा इन्द्र रूप में पूजन करने से मैं उन्हें स्वर्गलोक का वास दे देता हूँ, जहाँ जाकर वे देवताओं के दिव्य भोगों को भोगते हैं। लेकिन-

ते तं भुक्त्वा स्वर्ग-लोकं विशालं
क्षीणे पुण्ये मर्त्य-लोकं विशन्ति ।
एवं त्रयी-धर्म-मनु-प्रपन्ना-
गतागतं काम-कामा लभन्ते ॥ 21 ॥

भावार्थ :— जब वे मनुष्य अपने पुण्यों के प्रभाव से स्वर्गलोक को जाते हैं तो वे वहाँ पर तभी तक रह पाते है, जब तक वे अपने द्वारा किये गये समस्त पुण्यों को भोग नहीं लेते, पुण्यों के समाप्त होने पर वे वापस मृत्युलोक में लौट आते हैं। इस प्रकार तीनों वेदों में बताए गए सांसारिक अथवा स्वर्गादि लोकों की इच्छा रखकर किये हुए धर्म, जप, तप, दान आदि को करने वाले मनुष्यों का मृत्युलोक तथा अन्य श्रेष्ठ लोकों में आने-जाने का यह चक्र चलता ही रहता है लेकिन-

नोट :- प्रारंभिक काल में तीन ही वेद थे- ऋग्वेद, यजुर्वेद और सामवेद। अथर्ववेद की रचना बाद में की गई है।

अनन्याश्-चिन्तयन्तो मां, ये जनाः पर्युपासते ।
तेषां नित्याभि-युक्तानां, योग-क्षेमं वहाम्यहम् ॥ 22 ॥

भावार्थ :— मेरे जो भक्त निष्काम भाव से केवल मेरी भक्ति में लगे हुए हैं, अपने उन भक्तों की सारी आवश्यकताओं की पूर्ति मैं स्वयं करता हूँ। जिस प्रकार माँ अपने छोटे से बच्चे का पालन-पोषण करती है और उसे जब-जब जिस वस्तु की आवश्यकता होती है लाकर देती है, उसी प्रकार मेरे में निरंतर लगे हुए भक्तों के लिए जब मैं किसी वस्तु की आवश्यकता समझता हूँ, तो वह वस्तु मैं स्वयं उसे लाकर देता हूँ अर्थात् मेरे ऐसे भक्तों के सारे काम मैं स्वयं करता हूँ, यहाँ तक कि उनके जीवन-निर्वाह का प्रबंध भी मैं ही करता हूँ। इतना ही नहीं -

येऽप्यन्य-देवता भक्ता, यजन्ते श्रद्धयान्विताः ।
तेऽपि मामेव कौन्तेय, यजन्त्य-विधि-पूर्वकम् ॥ 23 ॥

भावार्थ :— हे अर्जुन! जो मनुष्य देवताओं की मुझसे अलग सत्ता मानकर अन्य देवताओं का पूजन करते हैं, वे भी मेरा ही पूजन कर रहे हैं क्योंकि सभी देवता मेरा ही विस्तार अर्थात् मेरा ही रूप है। मुझसे अलग देवताओं की कोई सत्ता ही नहीं हैं। अतः मनुष्यों द्वारा किया गया देवताओं का पूजन भी वास्तव में मेरा ही पूजन है, पर है अविधिपूर्वक। क्योंकि-

अहं हि सर्व-यज्ञानां, भोक्ता च प्रभु-रेव च ।
न तु मामभि-जानन्ति, तत्त्वेनातश्-च्यवन्ति ते ।। 24 ।।

भावार्थ :— जब वे मनुष्य अन्य देवताओं का पूजन करते हुए शास्त्रों की आज्ञा के अनुसार विभिन्न शुभकर्म करते हैं, तो उनके वे शुभकर्म भी मुझे ही प्राप्त होते हैं, लेकिन वे लोग अज्ञानवश मुझको तत्व से नहीं जानते और इस कारण से मेरी सत्ता को भी नहीं मानते, जिस कारण वे मुझे प्राप्त न होकर उन देवताओं को लोकों को प्राप्त होते हैं, जहाँ से उन्हें उनके पुण्य क्षीण होने पर मृत्युलोक में लौटकर आना पड़ता है। इस प्रकार जीवन भर भक्ति करने पर भी उन्हें मोक्ष की प्राप्ति नहीं होती । इसी प्रकार-

यान्ति देव-व्रता देवान्, पितॄन्-यान्ति पितृ-व्रताः ।
भूतानि यान्ति भूतेज्या, यान्ति मद्याजिनोऽपि माम् ।। 25 ।।

भावार्थ :— देवताओं की प्राप्ति की इच्छा रखकर देवताओं का पूजन करने वाले मनुष्य शरीर छोड़ने पर देवताओं को प्राप्त होते हैं, पितरों का पूजन करने वाले पितरों को प्राप्त होते हैं अर्थात् पितरलोक में जाते हैं तथा भूत-प्रेतों का पूजन करने वाले भूत-प्रेतों के लोकों को जाते हैं। जहाँ से उन सभी का जन्म-मरण के चक्र में वापस आना-जाना लगा रहता है, लेकिन मेरे जो भक्त अनन्य तथा निष्काम भाव से मेरी प्राप्ति के प्रयासों में लग जाते हैं, वे मुझको प्राप्त होते हैं। जहाँ से उन्हें वापस लौटकर जन्म-मृत्यु के चक्र में नहीं आना पड़ता । लेकिन-

पत्रं पुष्पं फलं तोयं, यो मे भक्त्या प्रयच्छति ।
तदहं भक्त्युप-हृत, -मश्नामि प्रयतात्मनः ।। 26 ।।

भावार्थ :— भगवान श्रीकृष्ण की भक्ति के लिये किन-किन साधनों, वस्तुओं तथा नियमों की आवश्यकता होती है, यह बताते हुए वे कहते हैं कि मुझे तो सिर्फ अपने भक्तों का प्यार चाहिये। मेरे भक्त मुझे श्रद्धानुसार जो भी फल-फूल, पत्ते, जल आदि उपलब्ध वस्तुएँ अर्पण करते हैं, मैं उन्हें स्वीकार कर लेता हूँ। क्योंकि मैं तो केवल अपने भक्तों के मन के भावों का भूखा हूँ। मेरे भक्त जब मुझे प्रेम भाव से कोई भी वस्तु, चाहे वो कैसी भी हो, अर्पण करते हैं, तो मैं भी प्रेम-भाव से ही उस वस्तु को स्वीकार करता हूँ। महात्मा विदुर की पत्नी ने जब प्रेम (भक्ति) के आवेश में मुझे केले के स्थान पर उसके छिलके खिलाये थे तो वे भी मुझे केले की ही तरह प्रिय लगे थे, क्योंकि उनमें विदुरानी का प्रेम भाव ही मुख्य था। साथ ही-

यत्-करोषि यद-इनासि, यज्-जुहोषि ददासि यत् ।
यत्-तपस्यसि कौन्तेय, तत्-कुरूष्व मदर्पणम् ॥ 27 ॥

भावार्थ :— पूर्ण समर्पण भाव की प्राप्ति के लिये श्रीकृष्ण अपने भक्तों को अपने सारे कार्य भी उन्हें ही अर्पण करने को कहते है जिससे उनके भक्त कर्मबन्धन से छूटकर मुक्ति को प्राप्त हो जाएँ। इसके लिये वे अर्जुन को समझाते हुए कहते हैं कि हे अर्जुन ! तू जो कुछ कर्तव्यकर्म करता है, जो कुछ खाता है, यज्ञ, दान, तप आदि करता है, वह सब कुछ मेरे अर्पण कर दे अर्थात् तू जो भी सांसारिक क्रिया करता है, उसे करते हुए यह भाव रख कि मैं यह कार्य प्रभु की प्रसन्नता के लिये कर रहा हूँ।

नोट :– भगवान श्रीकृष्ण की भक्ति सिर्फ मंदिर तक ही सीमित नहीं है। सभी घर, गाँव, शहर, सभी प्राणी, वस्तुएँ तथा सारी सृष्टि प्रभु का निवास स्थान है। इसीलिये कुछ भी कार्य करते समय उसे प्रभु से जोड़कर करें । जैसे कहीं जाते समय यह भाव रखें कि मैं प्रभु के ही एक रूप के दर्शन करने जा रहा हूँ। साफ-सफाई करते समय यह सोचे कि मैं प्रभु के निवास स्थान को साफ कर रहा हूँ। व्यापार/नौकरी करते समय सोचे कि मैं प्रभु के ही रूप अन्य प्राणियों तथा मनुष्यों की सेवा करने के लिए व्यापार/नौकरी कर रहा हूँ आदि। इस प्रकार जब मनुष्य प्रत्येक कार्य श्रीकृष्ण को प्रसन्न करने के भाव से करने लगेगा तो उसे भगवान श्रीकृष्ण की अनन्य भक्ति प्राप्त हो जाएगी ।

शुभाशुभ-फलैरेवं, मोक्ष्यसे कर्म-बन्धनै: ।
सन्न्यास-योग-युक्तात्मा, विमुक्तो मामुपैष्यसि ॥ 28 ॥

भावार्थ :— इस प्रकार सभी वस्तुओं और क्रियाओं को मेरे अर्पण करने से अर्थात् तेरे स्वयं के मेरे प्रति अर्पित हो जाने से तेरे अनन्त जन्मों के जो कर्मफल है, उन सबसे भी तू मुक्त हो जाएगा। अब वे अर्जुन को समझाते हुए कहते हैं कि जिस प्रकार पापकर्म बंधन कारक है, उसी प्रकार पुण्यकर्म भी बंधनकारक है। उनका पुण्यफल भोगने के लिए भी मनुष्य को वापस जन्म लेना पड़ता है। इसलिए, हे अर्जुन! तू अपने सभी अच्छे-बुरे कर्मों को मुझे अर्पण कर दे, जिससे तू जन्म-मरण के चक्र से छूट जाएगा और मुझे प्राप्त हो जाएगा ।

समोऽहं सर्व-भूतेषु, न मे द्वेष्योऽस्ति न प्रिय: ।
ये भजन्ति तु मां भक्त्या, मयि ते तेषु चाप्यहम् ॥ 29 ॥

भावार्थ :— हे कुन्तीनंदन ! प्राणियों में जन्म से, कर्म से अथवा परिस्थिति आदि से अनेक प्रकार की भिन्नता होने पर भी मैं सभी प्राणियों में समान रूप से स्थित रहता हूँ।

सभी प्राणी मुझे समान रूप से प्रिय है और सब पर मेरी समान रूप से कृपा है, परन्तु जो भक्ति पूर्वक भजन करते हैं अर्थात् जिनकी संसार में आसक्ति नहीं है और जो केवल मुझे ही अपना मानते हैं, वे मेरे हैं और मैं उनमें हूँ। जैसे लकड़ी का टुकड़ा और शीशे का टुकड़ा, ये दोनों ही सूर्य के लिये समान हैं, परन्तु धूप में रखने पर लकड़ी का टुकड़ा सूर्य की किरणों को रोक देता है, जबकि शीशा सूर्य की किरणों को अपने में केन्द्रित करके अग्नि प्रकट कर देता है अर्थात् वस्तुओं में यह भेद वस्तुओं के कारण है सूर्य के कारण नहीं। ऐसे ही मैं सब में समान रूप से व्याप्त हूँ, लेकिन जो प्राणी मुझसे प्रेम करते हैं, मैं और मेरी कृपा उन्हें विशेष रूप से प्राप्त होती है, लेकिन –

अपि चेत्-सुदुराचारो, भजते मामनन्य-भाक् ।
साधुरेव स मन्तव्यः, सम्यग्-व्यवसितो हि सः ॥ 30 ॥

भावार्थ :– हे अर्जुन ! पापी से पापी मनुष्य भी अगर मेरी शरण में आना चाहे तो वह आ सकता है, मेरी तरफ से किसी को मना नहीं हैं, क्योंकि मेरा किसी के भी प्रति राग- द्वेष नहीं है। अगर किसी मनुष्य ने पहले कई दुराचार किये हैं, लेकिन अब वह अनन्य भाव से मेरे भजन में लग गया है, तो ऐसे मनुष्य को साधु ही मानना चाहिये, क्योंकि उसमें मेरी प्राप्ति के दृढ़निश्चय के साथ अगर मेरी अनन्य भक्ति भी आ गई है तो उसके आचरण सुधरते देर नहीं लगेगी । साथ ही-

क्षिप्रं भवति धर्मात्मा, शश्वच्-छान्तिं निगच्छति ।
कौन्तेय प्रति-जानीहि, न मे भक्तः प्रणश्यति ॥ 31 ॥

भावार्थ :– एक दुराचारी मनुष्य भी जिस क्षण ये दृढ़निश्चय कर लेता है कि अब मैं अपने पापकर्मों का पूरी तरह से त्याग करके केवल ईश्वर की भक्ति करूँगा, वह उसी क्षण भगवान का हो जाता है और उसके हृदय में भगवान के आते ही सारे बुरे भाव उससे दूर चले जाते हैं, जिससे वह निरंतर रहने वाली शांति को प्राप्त हो जाता है। श्रीकृष्ण अब अर्जुन से प्रतिज्ञा करवाते हैं कि हे कुंतीनंदन ! तुम प्रतिज्ञा करो कि मेरे किसी भी भक्त का पतन नहीं होता, वे यह प्रतिज्ञा स्वयं नहीं करते क्योंकि अगर भक्त प्रतिज्ञा करें तो भगवान श्रीकृष्ण उसे पूरा करने के लिये अपनी प्रतिज्ञा भी तोड़ देते है। वे आगे कहते हैं कि दुराचारी से दुराचारी मनुष्य भी मेरा भक्त बन सकता है, पर भक्त बनने के बाद वह पुनः दुराचारी नहीं बन सकता अर्थात् उसका पतन नहीं हो सकता ।

मां हि पार्थ व्यपाश्रित्य, येऽपि स्युः पाप-योनयः ।
स्त्रियो वैश्यास्-तथा शूद्रास्, तेऽपि यान्ति परां गतिम् ॥ 32 ॥

भावार्थ :— हे पृथानंदन ! मेरी भक्ति नीची से नीची योनि से लेकर ऊँची से ऊँची योनि तक के सभी प्राणी प्राप्त कर सकते है, चाहे कोई पापकर्म करने वाला मनुष्य हो, चाहे स्त्रियाँ, वैश्य अथवा शूद्र हो, वे भी सर्वथा मेरी शरण होकर निःसंदेह परमगति को प्राप्त हो जाते हैं।

नोट :- यहाँ श्रीकृष्ण द्वारा स्त्रियों, शूद्र और वैश्य का वर्णन अलग से करने का अर्थ है कि उन्हें भगवद् प्राप्ति के लिये अपने पति (स्त्रियों के लिये) अथवा किसी ऊँची जाति, वर्ण या आश्रम वाले पर (वैश्य तथा शूद्रों के लिये) आश्रित रहने की आवश्यकता नहीं है। वे सभी स्वतंत्रता पूर्वक भगवान का आश्रय लेकर परमगति को प्राप्त हो सकते हैं। तो फिर–

किं पुनर्-ब्राह्मणाः पुण्या, भक्ता राजर्षयस्-तथा ।

अनित्य-मसुखं लोक, –मिमं प्राप्य भजस्व माम् ।। 33 ।।

भावार्थ :— पवित्र आचरण वाले ब्राह्मण और तुम्हारे समान संत स्वरूप क्षत्रिय अगर मेरी शरण हो जाएँ तो वे परमगति को प्राप्त हो ही जाएँगे, इसमें तो कोई संदेह है ही नहीं। इसलिये हे अर्जुन! तू इस नाशवान् और दुःखों से भरे मनुष्य शरीर से सुख भोगने में अपना भाव और समय नष्ट न करके मेरा भजन कर । साथ ही–

मन्मना भव मद्-भक्तो, मद्याजी मां नमस्कुरू ।

मामेवैष्यसि युक्त्वैव, मात्मानं मत्-परायणः ।। 34 ।।

भावार्थ :— तू मेरा भक्त हो जा, अपने मन को पूरी तरह मुझमें लगाते हुए अपना कर्म कर और उस कर्म की प्रत्येक क्रिया को मुझे अर्पण करता जा। तेरे सामने अच्छी-बुरी जैसी भी परिस्थितियाँ आए, उसे तू अपने पूर्वकर्मों का फल समझकर उनमें समान भाव रख और इस प्रकार तू अपने आप को पूरी तरह मेरे समर्पित कर दे। अपने हर कर्म को मेरा ध्यान करते हुए तथा मेरी पूजा समझ के कर। इस प्रकार जब तू अपने आपको पूरी तरह मुझमें लगा देगा तो तू मुझको ही प्राप्त हो जाएगा ।

इस प्रकार ओउम् तत् सत् इन भगवन्नामों के उच्चारण के साथ ब्रह्मविद्या और योगशास्त्र से युक्त श्रीमद्भगवद् गीता रूपी उपनिषद् के श्रीकृष्ण और अर्जुन के संवाद में 'राजविद्या राजगुह्य योग' नामक नवाँ अध्याय समाप्त ।

जय श्री कृष्ण

दसवाँ अध्याय

श्रीभगवान् उवाच

भूय एव महाबाहो, श्रृणु मे परमं वचः ।
यत्तेऽहं प्रीयमाणाय, वक्ष्यामि हित-काम्यया ।। 1 ।।

भावार्थ :— भगवान् श्रीकृष्ण द्वारा विस्तृत रूप में सबकुछ बताने के बाद भी अर्जुन उनकी बातों से पूरी तरह संतुष्ट नजर नहीं आ रहे थे क्योंकि वे तो उन्हें साधारण मनुष्य और अपना मित्र ही मान रहे थे । इसलिये अर्जुन के संशय को दूर करने के लिये श्रीकृष्ण अर्जुन से कहते हैं कि हे अर्जुन! तुम मेरी बातों को फिर से सुनो, जिन्हें मैं सिर्फ तुम्हारे हित की कामना से कहूँगा और इससे तुम्हारा हर संशय दूर हो जाएगा लेकिन मैं ये सिर्फ इसलिये कह रहा हूँ क्योंकि तुम मुझमें अत्यंत प्रेम रखते हो ।

न मे विदुः सुरगणाः, प्रभवं न महर्षयः ।
अहमादिर्-हि देवानां, महर्षीणां च सर्वशः ।। 2 ।।

भावार्थ :— हे पार्थ ! तुमने अन्यान्य देवताओं की तुलना में मेरे बारे में बहुत कम सुना और पढ़ा होगा क्योंकि सभी देवता और अनेक दुसरे महर्षि, जो कि विभिन्न शक्तियों, ज्ञान और दिव्यता से भरपूर है, वे भी मेरे प्रकट होने के रहस्य को भलीभांति नहीं जानते, क्योंकि उनमें जो बुद्धि, शक्ति या सामर्थ्य है, वह सब उन्होंने मुझसे ही प्राप्त की है। वे सब मुझसे ही प्रकट हुए है, इसलिए वे भी मेरे और अपने प्रकट होने के रहस्य को पूरी तरह नहीं जानते । लेकिन-

यो मामज-मनादिम् च, वेत्ति लोक-महेश्वरम् ।
असम्मूढः स मर्त्येषु, सर्व-पापैः प्रमुच्यते ।। 3 ।।

भावार्थ :— जिस मनुष्य की मुझमें श्रद्धा है और जिसका मन हर पल मुझमें ही लगा हुआ है, केवल वे ही मुझे अजन्मा (जिसका जन्म न हुआ हो), अनादि (जो सदा से विद्यमान हो) और सम्पूर्ण लोकों के ईश्वर के रूप में जान लेते है तथा दृढ़ता से मान भी लेते है। ऐसे मनुष्य ही सच्चे ज्ञानी है तथा ऐसा जानने और मानने से वे सभी प्रकार के पापों से मुक्त हो जाते हैं।

बुद्धिर-ज्ञान-मसम्मोहः, क्षमा सत्यं दमः शमः ।
सुखं दुःखं भवोऽभावो, भयं चाभय-मेव च ॥ 4 ॥
अहिंसा समता तुष्टिस्, -तपो दानं यशोऽयशः ।
भवन्ति भावा भूतानां, मत्त एव पृथग्-विधाः ॥ 5 ॥

भावार्थ :-- श्रीकृष्ण आगे कहते है कि किसी भी मनुष्य के अंदर जो विभिन्न प्रकार के श्रेष्ठ भाव रहते है जैसे कि अपने उद्देश्य के प्रति निश्चयात्मक बुद्धि, सही-गलत का ज्ञान, शरीर और संसार के प्रति मोहरहित होना, क्षमा, सत्य बोलना, मन और इन्द्रियों का वश में होना, सुख-दुःख में समान भाव रखना, सांसारिक व्यक्ति या वस्तु से मिलने या बिछड़ने पर होने वाला सुख या दुःख का भाव, गलत कार्यों को करने में भय लगना तथा भय रहित होकर सत्य तथा न्याय के साथ खड़े रहना, अपने तन-मन और वचन से कभी किसी प्राणी को दुःख न देना, हर अच्छी और बुरी परिस्थिति में समान भाव से रहना, आवश्यकता से ज्यादा मिले या कम, हर स्थिति में संतुष्ट रहना, अपने कर्तव्यपालन में होने वाले कष्ट (तप) को सहन करना, फल की इच्छा न रखकर जरूरतमंदों की सहायता करना (दान), प्रसिद्धि और निन्दा दोनों को समान रूप से स्वीकार करना, ये अनेक प्रकार के तथा अलग-अलग तरह के श्रेष्ठ भाव उनमें मुझसे ही उत्पन्न होते है । साथ ही-

महर्षयः सप्त पूर्वे, चत्वारो मनवस्-तथा ।
मद्-भावा मानसा जाता, येषां लोक इमाः प्रजाः ॥ 6 ॥

भावार्थ :-- ये सारी सृष्टि मेरे ही संकल्प से पैदा होती है । सृष्टि के आरंभ में पैदा होने वाले सात महर्षि और उनसे भी पहले पैदा होने वाले चार सनकादि तथा चौदह मनु, जिनसे सृष्टि के सारे मनुष्य पैदा हुए है । वे भी मेरे ही मन के भावों से उत्पन्न हुए है और मुझमें ही अनन्य भक्ति और प्रेम रखते है ।

एतां विभूतिं योगं च, मम यो वेत्ति तत्त्वतः ।
सोऽविकम्पेन योगेन, युज्यते नात्र संशयः ॥ 7 ॥

भावार्थ :-- जो मनुष्य मेरी इस विभूति तथा योग को गहराई (तत्व) से जानता तथा दृढ़ता से मान लेता है, वह मेरी सदा रहने वाली भक्ति को प्राप्त होता है । यहाँ विभूति और योग को तत्व से जानने का अर्थ ये जानना है कि किसी भी प्राणी के अंतःकरण में प्रकट होने वाले जितने प्रकार के भाव है, साथ ही प्रभावशाली व्यक्तियों में ज्ञान की दृष्टि से, विवेक की दृष्टि से तथा संसार की उत्पत्ति और संचालन की दृष्टि से जो कुछ विशेष

गुण है, उन सबके मूल में भगवान श्रीकृष्ण ही है। जो मनुष्य ऐसा जान तथा मान लेता है, वह फिर हर श्रेष्ठ व्यक्ति, वस्तु तथा प्राणी के अंदर जो विशेष गुण है, उसके मूल में मुझे ही देखता है, जिससे कि वह अनन्य भक्ति से युक्त हो जाता है। इसमें कुछ भी संशय नहीं है। इतना ही नहीं–

नोट :– विभिन्न प्राणियों, व्यक्तियों तथा वस्तुओं में पाये जाने वाले श्रेष्ठ तथा विशेष गुणों को ही भगवान की विभूतियाँ कहते है।

अहं सर्वस्य प्रभवो, मत्तः सर्वम् प्रवर्तते ।
इति मत्वा भजन्ते मां, बुधा भाव-समन्विताः ॥ 8 ॥

भावार्थ :– हे पार्थ ! इस सृष्टि के आस्तित्व में होने का मूलकारण मैं ही हूँ, जिस प्रकार बिजली की शक्ति से यंत्र चलता है, उसी प्रकार मेरे ही कारण ये सृष्टि चलायमान है। जो बुद्धिमान मनुष्य होते हैं, वे इस बात को जानते भी है और मानते भी हैं और ऐसा मानकर वे मुझमें ही श्रद्धा-प्रेम रखते हुए मेरा ही भजन करते हैं तथा हर एक परिस्थिति में मेरी ही शरण लेते हैं और इस प्रकार–

मच्चित्ता मद्-गत-प्राणा, बोधयन्तः परस्परम् ।
कथयन्तश्-च मां नित्यं, तुष्यन्ति च रमन्ति च ॥ 9 ॥

भावार्थ :– जब मेरा कोई अनन्य भक्त अपने आप को पूरी तरह से मुझमें लगा देता है, तो उसका शरीर, मन और आत्मा सभी मुझमें लग जाते हैं और मेरे ऐसे भक्तों को जब मेरे ऐसे ही दूसरे भक्त मिल जाते है तो उनके बीच मेरी बातें छिड़ जाती है, फिर जब वे एक दूसरे को मेरे तत्व, रहस्य, गुण आदि बताते हुए मेरा कीर्तन करते हैं तो एक विलक्षण सत्संग होता है और इस प्रकार निरंतर मेरा ही कथन और चिंतन करते हुए वे भक्त अपने आप में ही संतुष्ट रहते है, जिससे मुझमें उनका प्रेम बढ़ता ही रहता है।

तेषां सतत-युक्तानां, भजतां प्रीति-पूर्वकम् ।
ददामि बुद्धि-योगं तं, येन मामुपयान्ति ते ॥ 10 ॥

भावार्थ :– इस प्रकार जो भक्त अकेले में अथवा सबके साथ रहते हुए भी नित्य मेरे ही ध्यान में लगे रहते है उन्हें मैं वह बुद्धियोग (किसी भी परिस्थिति में समान भाव से रहने की बुद्धि) दे देता हूँ। जिससे उन्हें समय के साथ मेरी अनुभूति हो जाती है और फिर उन्हें मेरी प्राप्ति भी हो जाती है।

तेषा-मेवानु-कम्पार्थ, -मह-मज्ञानजं तमः ।
नाशया-म्यात्म-भावस्थो, ज्ञान-दीपेन भास्वता ॥ 11 ॥

भावार्थ :– मेरे इन भक्तों के हृदय में कुछ भी सांसारिक इच्छा नहीं होती यहाँ तक कि उनके भीतर तो मुझे छोड़कर मुक्ति तक की इच्छा नहीं होती। वे तो बस प्रेमपूर्वक सदा मेरा ही भजन करते रहते हैं। उनके इस निष्कामभाव और प्रेम को देखकर मेरा हृदय द्रवित हो जाता है और मैं उनपर कृपा करने के लिये उनके अज्ञानजन्य अंधकार को दूर कर देता हूँ अर्थात् जिस तत्वज्ञान की महिमा शास्त्रों में गाई गई है, उसकी प्राप्ति के लिए उन्हें किसी गुरू के पास जाकर ज्ञान की प्राप्ति नहीं करनी पड़ती, उसकी प्राप्ति मैं उन्हें स्वयं करा देता हूँ।

अर्जुन उवाच

परं ब्रह्म परं धाम, पवित्रं परमं भवान् ।
पुरूषं शाश्वतं दिव्य, -मादि-देव-मजं विभुम् ॥ 12 ॥
आहुस्-त्वा-मृषयः सर्वे, देवर्षिर-नारदस्-तथा ।
असितो देवलो व्यासः, स्वयं चैव ब्रवीषि मे ॥ 13 ॥

भावार्थ :– भगवान् श्रीकृष्ण के इन वचनों को सुनकर अर्जुन के सारे संशय दूर हो गये और वो उनकी स्तुति करते हुए बोले कि हे श्रीकृष्ण! मेरे पूछने पर जिनको आपने परब्रह्म कहा है, वह परब्रह्म आप ही हैं जिस परमधाम की प्राप्ति हो जाने पर वापस इस जन्म-मृत्यु रूपी संसार में लौटकर नहीं आना पड़ता, वह परमधाम आपका ही है और जिसको पवित्रों में पवित्र कहा गया है, वह महान् पवित्र भी आप ही हैं। ग्रन्थों में ऋषियों ने, देवर्षि नारद ने, ऋषि असित और उनके पुत्र देवल ऋषि ने तथा महर्षि व्यास जी ने भी आपको शाश्वत (सदा रहने वाला), दिव्य पुरुष, आदि देव, देवताओं का भी उत्पत्तिकर्ता, अजन्मा (जिसका जन्म न हुआ हो) तथा विभु (व्यापक) कहा है और आपने स्वयं भी मुझसे ऐसा ही कहा है।

सर्व-मेत-दृतं मन्ये, यन्-मां वदसि केशव ।
न हि ते भगवन्-व्यक्तिं, विदुर्-देवा न दानवाः ॥ 14 ॥

भावार्थ :– हे केशव, आपने जो कुछ कहा है, वह सब मैं सत्य मानता हूँ। आप ही सबको उत्पन्न तथा पालन करने वाले है- इसमें मुझे कुछ भी संदेह नहीं है। आपने कहा कि आपके प्रकट होने को देवता और दानव दोनों ही नहीं जानते तो यह ठीक ही है,

कारण कि साधारण मनुष्यों की तुलना में देवताओं में जो दिव्यता है वह दिव्यता भी उत्पन्न और नष्ट होने वाली है। इसलिये वे भी आपके प्रकट होने के तत्व को तथा कारण को पूरा-पूरा नहीं जान सकते और जब देवताओं के लिये भी आपको जानना मुश्किल है तो दानव तो जान ही कैसे सकते है।

स्वय-मेवात्म-नात्मानं, वेत्थ त्वं पुरूषोत्तम ।

भूत-भावन भूतेश, देव-देव जगत्-पते ॥ 15 ॥

भावार्थ :— सभी प्राणियों को अपने संकल्पमात्र से उत्पन्न करने वाले होने से आप 'भूतभावन' कहलाते है। सम्पूर्ण प्राणियों और देवताओं के मालिक होने से आप ही 'भूतेश' और 'देवदेव' है। सारे जगत का पालन-पोषण करने वाला होने से आप जगत्पति और संपूर्ण पुरूषों में उत्तम होने से आप संपूर्ण लोकों में और वेदों में 'पुरूषोत्तम' नाम से कहे गये है। आप स्वयं ही अपने आप से अपने आप को जानते हैं अर्थात अपने बारे में संपूर्ण ज्ञान केवल आपको ही है।

नोट :— यहाँ 'भूत' शब्द का अर्थ 'आत्मा' है।

वक्तु-महॅस्य-शेषेण, दिव्या ह्यात्म-विभूतयः ।

याभिर्-विभूतिभिर्-लोका, निमांस्त्वं व्याप्य तिष्ठसि ॥ 16 ॥

भावार्थ :— भगवान श्रीकृष्ण को लेकर अर्जुन के मन में सारे संशय दूर हो चुके थे, लेकिन अब वो भक्तिभाव के कारण उनके बारे में और जानना चाहते थे। इसलिये अर्जुन आगे कहते हैं कि हे प्रभु! जिन विभूतियों (दिव्य गुणों) के साथ आप इन सम्पूर्ण लोकों को अपने में समेटे हुए है। अपने उन दिव्य गुणों का पूरी तरह से वर्णन करने में केवल आप ही समर्थ है।

कथं विद्यामहं योगिंस्, -त्वां सदा परि-चिन्तयन् ।

केषु केषु च भावेषु, चिन्त्योऽसि भगवन् मया ॥ 17 ॥

भावार्थ :— भगवान ने आठवें अध्याय के चौदहवें श्लोक में कहा है कि जो अनन्य चित्त होकर नित्य-निरंतर मेरा स्मरण करता है, उस योगी को मैं सुलभता से प्राप्त हो जाता हूँ। इसलिये अर्जुन पूछते हैं कि हे योगियों में श्रेष्ठ! किस प्रकार निरंतर चिंतन करते हुए मैं आपको जान सकता हूँ और हे भगवन्! कौन से ऐसे भाव है, जिनमें रमकर मैं आपका चिंतन कर सकता हूँ?

विस्तरे-णात्मनो योगं, विभूतिं च जनार्दन ।

भूयः कथय तृप्तिर्-हि, शृण्वतो नास्ति मेऽमृतम् ॥ 18 ॥

भावार्थ :— अर्जुन श्रीकृष्ण की योगशक्ति और विभूतियों के विषय में विस्तार से जानना चाहते थे क्योंकि श्रीकृष्ण के वचनों को सुनकर उनके दुःख से भरे हृदय को आराम तो मिल रहा था, लेकिन उसे अभी भी पूर्ण शांति की प्राप्ति नहीं हुई थी, बल्कि उनकी जिज्ञासा और भी बढ़ गई थी। इसलिये वे श्रीकृष्ण से कहते हैं कि आप अपने योग सामर्थ्य और विभूतियों के बारे में विस्तार से कहिये, क्योंकि आपके अमृतमयी वचनों को सुनते-सुनते मेरे तृप्ति नहीं हो रही है।

श्रीभगवान् उवाच

हन्त ते कथयिष्यामि, दिव्या ह्यात्म-विभूतयः ।
प्राधान्यतः कुरू-श्रेष्ठ, नास्त्यन्तो विस्तरस्य मे ॥ 19 ॥

भावार्थ :— अर्जुन के प्रेम और ज्ञानप्राप्ति की जिज्ञासा से भरे हुए प्रश्नों को सुनकर श्रीकृष्ण कहते हैं कि हे कुरूश्रेष्ठ। मेरी विभूतियाँ (दिव्यगुण) अनन्त है, इसलिये उनके बारे में विस्तार से कहना संभव नहीं है। इसलिये, मैं तेरे लिये अपनी कुछ प्रधान विभूतियों के बारे में कहूँगा।

अहमात्मा गुडाकेश, सर्व-भूताशय-स्थितः ।
अहमादिश्-च मध्यं च, भूताना-मन्त एव च ॥ 20 ॥

भावार्थ :— हे निंद्रा को जीतने वाले अर्जुन! मैं सभी प्राणियों के हृदय में स्थित उनकी आत्मा हूँ तथा सभी प्राणियों का आदि, मध्य और अंत भी मैं ही हूँ अर्थात् सभी जीव मुझसे ही उत्पन्न होते है, धरती पर जब तक वे विभिन्न योनियों में भटकते रहते है, मैं उनके हृदय में ही निवास करता हूँ और मुक्ति मिल जाने के बाद वे मुझमें ही लीन हो जाते हैं।

नोट :- जब मनुष्य कुछ सही या गलत कार्य कर रहा होता है तो कई बार उसको अपने हृदय से आवाज आती है कि उसके द्वारा किया जा रहा कार्य सही है या गलत। वही है उसकी आत्मा अर्थात् श्रीकृष्ण और जो मनुष्य अपनी आत्मा की आवाज को सुनते है, वे कभी कोई गलत कार्य कर ही नहीं सकते ।

आदित्याना-महं विष्णुर्, -ज्योतिषां रवि-रंशुमान् ।
मरीचिर्-मरूता-मस्मि, नक्षत्राणा-महं शशी ॥ 21 ॥

भावार्थ :— श्रीकृष्ण आगे कहते हैं कि मैं ही ऋषि कश्यप की पत्नी अदिति के पुत्रों में से विष्णु (वामन) हूँ। चंद्रमा, तारे, सूर्य आदि जितनी भी प्रकाशमान वस्तुएँ है, उन

सबमें मैं सूर्य हूँ। मैं ही उनचास मरूतों का तेज और सत्ताईस नक्षत्रों का अधिपति चंद्रमा भी हूँ। यहाँ श्रीकृष्ण यह समझाना चाहते हैं कि इन श्रेष्ठ व्यक्तियों में जो भी श्रेष्ठता है, दिव्य गुण है, वह उनके ही द्वारा प्रदान किये गये है।

वेदानां सामवेदोऽस्मि, देवाना-मस्मि वासवः ।
इन्द्रियाणां मनश्-चास्मि, भूताना-मस्मि चेतना ।। 22 ।।

भावार्थ :— आगे श्रीकृष्ण कहते हैं कि वेदों में मैं सामवेद हूँ। देवताओं में मैं उनका अधिपति इन्द्र हूँ। शरीर में स्थित इन्द्रियों में वे स्वयं को मन बताते है, क्योंकि मन के वश में आ जाने से इन्द्रियाँ अपने आप वश में आ जाती है तथा संपूर्ण प्राणियों में जो प्राणशक्ति है (जो प्राणियों को जिंदा रखती है), वह भी मैं ही हूँ।

रूद्राणां शंकरश्-चास्मि, वित्तेशो यक्ष-रक्षसाम् ।
वसूनां पावकश्-चास्मि, मेरूः शिखरिणा-महम् ।। 23 ।।

भावार्थ :— एकादश रूद्रों में मैं शम्भु अर्थात शंकर हूँ। यक्ष तथा राक्षसों में मैं उनका अधिपति कुबेर हूँ। आठ वसुओं में मुझे अनल (अग्नि) जान तथा सभी पर्वत समूहों में मैं सुमेरू हूँ।

नोट :- इन विभूतियों में इनकी दूसरों से श्रेष्ठता श्रीकृष्ण के कारण ही आयी है। इसलिए, इन श्रेष्ठ व्यक्तियों तथा पदार्थों के चिन्तन में भगवान् श्रीकृष्ण का ही चिन्तन होना चाहिये।

पुरोधसां च मुख्य मां, विद्धि पार्थ बृहस्पतिम् ।
सेनानीना-महं स्कन्दः, सरसा-मस्मि सागरः ।। 24 ।।

भावार्थ :— संसार के सभी पुरोहितों में मैं देवराज इन्द्र का गुरु और देवताओं का कुलगुरू बृहस्पति हूँ। इसी प्रकार संसार के सभी सेनापतियों में मैं देवताओं का सेनापति तथा भगवान शंकर का पुत्र स्कन्द (कार्तिकेय) हूँ। पृथ्वी पर स्थित सभी जलाशयों में श्रीकृष्ण स्वयं को समुद्र बताते है क्योंकि समुद्र सभी जलाशयों का अधिपति है।

नोट :- कहने का तात्पर्य है कि जब भी इनकी श्रेष्ठता का विचार आए तो उसमें भगवान् श्रीकृष्ण का ही ध्यान होना चाहिये, क्योंकि इनमें जो भी विशेषता दिखाई देती है, वह उनके द्वारा ही प्रदान की गई है।

महर्षीणां भृगु-रहं, गिरा-मस्म्येक-मक्षरम् ।
यज्ञानां जप-यज्ञोऽस्मि, स्थावराणां हिमालयः ।। 25 ।।

भावार्थ :— सभी महर्षियों में मैं भृगु हूँ, जिनके चरणचिन्हों को भगवान विष्णु भी अपने वक्षस्थल पर धारण किये रहते है। सभी शब्दों में मैं 'ओउम्' हूँ। 'ओउम्' शब्द से ही माँ गायत्री, माँ गायत्री से वेद और वेदों से ही शास्त्र, पुराण आदि प्रकट हुए है। संसार में किये जाने वाले सभी प्रकार के यज्ञों में श्रीकृष्ण ने स्वयं को जपयज्ञ बताया है क्योंकि भगवन्नाम का जप करने में किसी भी विधि या वस्तु की आवश्यकता नहीं पड़ती। साथ ही, स्थिर रहने वालों में मैं हिमालय हूँ।

अश्वत्थः सर्व-वृक्षाणां, देवर्षीणां च नारदः ।

गन्धर्वाणां चित्ररथः, सिद्धानां कपिलो मुनिः ॥ 26 ॥

भावार्थ :— वृक्षों में कृष्ण स्वयं को पीपल का वृक्ष बताते हैं, जो दूसरों को दिन रात प्राण वायु देता है और इससे कई प्रकार की औषधियाँ भी बनती है। स्वर्ग के गायकों अर्थात् गंधर्वों में मैं चित्ररथ हूँ। चित्ररथ स्वर्ग के गायकों में सर्वश्रेष्ठ और गायनविद्या में अत्यंत निपुण है। सभी सिद्ध मुनियों में श्रीकृष्ण स्वयं को कपिल मुनि बताते है, जो कि सांख्ययोग (ज्ञानयोग) के रचयिता है।

उच्चैःश्रवस-मश्वानां, विद्धि माममृतोद्-भवम् ।

ऐरावतं गजेन्द्राणां, नराणां च नराधिपम् ॥ 27 ॥

भावार्थ :— हे पार्थ! सभी प्रकार के घोड़ों में तू मुझे समुद्रमंथन के समय पैदा होने वाला उच्चैःश्रवा नाम का घोड़ा जान। हाथियों में मैं देवराज इन्द्र का वाहन ऐरावत नाम का हाथी हूँ तथा सभी मनुष्यों में मैं उनका राजा हूँ, क्योंकि राजा ही संपूर्ण प्रजा का संरक्षण, पालन तथा शासन करने वाला होता है।

आयुधाना-महं वज्रं, धेनूना-मस्मि कामधुक् ।

प्रजनश्च-चास्मि कन्दर्पः, सर्पाणा-मस्मि वासुकिः ॥ 28 ॥

भावार्थ :— सभी प्रकार के आयुधों (शस्त्रों) में मैं इन्द्र का वज्र हूँ। इसी प्रकार सभी गायों में मैं सभी मनोरथों को पूर्ण करने वाली कामधेनु गाय हूँ। सभी जीवों में रहने वाली कामसुख की भावना में मैं धर्म के अनुकूल केवल संतान प्राप्ति के लिये उपयोग होने वाला 'काम' हूँ। तथा सभी प्रकार के सर्पों में मैं वासुकि हूँ, जिन्होंने समुंद्र-मंथन में मंदराचल पर्वत की रस्सी बनकर समुद्र को मथने में अपना योगदान दिया था और इस कारण समुद्र से चौदह प्रकार के अनमोल रत्नों की उत्पत्ति हुई थी।

नोट :- इन विभूतियों में जो विलक्षणता दिखाई देती है, वह प्रतिक्षण नाश की तरफ बढ़ने वाले इस संसार की हो ही कैसे सकती है, यह तो केवल परमपिता परमात्मा की ही हो सकती है।

अनन्तश्च-चास्मि नागानां, वरुणो यादसा-महम् ।
पितृणा-मर्यमा चास्मि, यमः संयमता-महम् ॥ 29 ॥

भावार्थ :── सभी नागों में मैं सहस्त्र फणों वाला तथा क्षीरसागर में भगवानविष्णु की शय्या बनकर रहने वाला शेषनाग हूँ। सभी प्रकार के जल के अंदर रहने वाले जीवों में मैं जल का अधिपति वरुण हूँ। सात मुख्य पित्तरों में मैं 'अर्यमा' नाम का पित्तर हूँ तथा प्राणियों पर शासन करने वाले जितने भी राजा है, उनमें मैं यमराज हूँ क्योंकि सभी राजाओं के कर्मों का हिसाब भी यमराज ही करते हैं।

नोट :- नागों और सर्पों में यह अंतर हैं कि सर्प जमीन पर रहते हैं और नाग जल के अंदर।

प्रह्लादश्च-चास्मि दैत्यानां, कालः कलयता-महम् ।
मृगाणां च मृगेन्द्रोऽहं, वैनतेयश्च-च पक्षिणाम् ॥ 30 ॥

भावार्थ :── सभी दैत्यों में मैं भक्त प्रह्लाद हूँ। गणना करने के सभी साधनों (दिन, पक्ष, महीने, वर्ष, मिनट, घण्टे आदि) में मैं काल (समय) हूँ। सभी प्रकार के पशुओं में मैं सिंह और सभी पक्षियों में मैं गरुड़ हूँ।

नोट :- इन सबकी विशेषताओं की ओर जब भी नजर जाए तो उसमें भगवान का ही चिंतन होना चाहिये।

पवनः पवता-मस्मि, रामः शस्त्रभृता-महम् ।
झषाणां मकरश्च-चास्मि, स्त्रोतसा-मस्मि जाह्नवी ॥ 31 ॥

भावार्थ :── सभी पवित्र करने वाली चीजों में मैं वायु हूँ क्योंकि वायु अत्यंत प्रभावी ढंग से शुद्धिकरण का कार्य करती है। यह अशुद्ध जल को वाष्प के रूप में परिवर्तित करती है तथा पृथ्वी से दुर्गंध को दूर करती है। शस्त्रों को धारण करने वाले सभी मनुष्यों में मैं राम हूँ। सभी जलीय जन्तुओं में मैं मगर (मगरमच्छ) हूँ तथा सभी बहने वाले जल के स्त्रोतों में मैं गंगा जी हूँ क्योंकि गंगाजी अपने स्पर्श, दर्शन तथा स्नान तीनों ही तरीकों से अपने भक्तों का उद्धार कर देती है।

सर्गणा-मादि-रन्तश्च-च, मध्यं चैवाह-मर्जुन ।
अध्यात्म-विद्या विद्यानां, वादः प्रवदता-महम् ॥ 32 ॥

भावार्थ :── सर्ग (सृष्टि) की उत्पत्ति, मध्य और अंत का कारण भी मैं ही हूँ, जिस विद्या से तत्त्वज्ञान की प्राप्ति होती है, वह अध्यात्मविद्या (आत्मा का ज्ञान) भी मैं हूँ। आपस में किये जाने वाले शास्त्रार्थों में मैं बिना पक्षपात के केवल विचार विमर्श के लिए किया जाने वाला 'वाद' हूँ।

अक्षराणा-मकारोऽस्मि, द्वन्द्वः सामासिकस्य च ।
अहमेवा-क्षयः कालो, धाताहं विश्वतो-मुखः ।। 33 ।।

भावार्थ :— श्रीकृष्ण आगे कहते हैं कि मैं अक्षरों में वर्णमाला का पहला अक्षर 'अ' हूँ, जिसका बिना व्यंजन वर्णों का उच्चारण ही नहीं हो सकता। व्याकरण में मैं समासों में आने वाला द्वन्द्व समास हूँ। द्वन्द्व समास वह समास होता है, जिसमें दोनों ही पद समान रूप से महत्वपूर्ण होते है। मैं कालों (समय) में भी महाकाल हूँ। यूं तो समय की गणना ब्रह्माजी से या सूर्य से होती है, पर महाप्रलय के समय जब ब्रह्माजी और सूर्य दोनों मुझमें लीन हो जाते है, तब समय की गणना मुझसे ही होती है। मेरे मुख सभी दिशाओं में है अर्थात् सभी दिशाओं में तथा सभी प्राणियों पर मेरी समान रूप से दृष्टि रहती है। इसलिए मैं ही सभी प्राणियों का धाता (पालन-पोषण करने वाला) भी हूँ।

मृत्युः सर्व-हरश्च-चाह, -मुद्भवश्च-च भविष्यताम् ।
कीर्तिः श्रीर्-वाक्-च नारीणां, स्मृतिर्-मेधा धृतिः क्षमा ।। 34 ।।

भावार्थ :— मृत्यु में नष्ट करने की ऐसी शक्ति है कि मृत्यु के बाद इस संसार की स्मृति तक नहीं रहती। इस प्रकार मृत्यु में पिछले जन्मों की चिन्ता, मोह आदि मिटाने की जो शक्ति है, वह मेरा ही स्वरूप है। साथ ही सभी प्राणियों की उत्पत्ति का कारण भी मैं ही हूँ। स्त्री जाति में मैं ही कीर्ति (प्रसिद्धि), श्री (ऐश्वर्य), वाक (वाणी), स्मृति (याद), मेधा (बुद्धि), धृति (निश्चय शक्ति) और क्षमा हूँ। ये सातों संसार भर की स्त्रियों में श्रेष्ठ मानी गई है। इनमें से कीर्ति, स्मृति, मेधा, धृति और क्षमा दक्ष प्रजापति की कन्याएँ है। 'श्री' महर्षि भृगु की कन्या है और वाक ब्रह्माजी की कन्या है।

बृहत्-साम तथा साम्नां, गायत्री छन्दसा-महम् ।
मासानां मार्गशीर्षोऽह, -मृतूनां कुसुमाकरः ।। 35 ।।

भावार्थ :— वेदों की श्रुतियों (ईश्वर से सुनी हुई बातें) में मैं सामवेद में दी गई वृहत्साम नाम की श्रुति हूँ और वेदों की जो ऋचाएँ (मन्त्र) है, उनमें मैं गायत्री मंत्र हूँ। गायत्री मंत्र को वेदों की जननी कहते है, क्योंकि गायत्री मंत्र से ही वेदों की उत्पत्ति हुई हैं। बारह महीनों में मैं मार्गशीर्ष (अगहन) का महीना हूँ। इसी महीने में नए अन्न की उत्पत्ति होती है, जिससे सभी प्राणी जीवित रहते है। छहों ऋतुओं में मैं वसन्त ऋतु हूँ। वसन्त ऋतु में मौसम सभी ऋतुओं से ज्यादा सुहाना होता है।

नोट :- इन विभूतियों में जो श्रेष्ठता दिखाई देती है, वह केवल भगवान की है। इसलिये, इनके चिंतन में भगवान का ही चिंतन होना चाहिए।

द्यूतं छलयता-मस्मि, तेजस्-तेजस्विना-महम् ।

जयोऽस्मि व्यवसायोऽस्मि, सत्त्वं सत्त्व-वता-महम् ॥ 36 ॥

भावार्थ :— छल करके दूसरों का राज्य, वैभव, धन, सम्पत्ति आदि (सर्वस्व) का हरण करने का विशेष सामर्थ्य रखने वाली जो विद्या है, उसे जुआँ कहते है। इस जुएँ में जीतने और हराने की जो शक्ति है, वह भगवान की ही है। इसलिये भगवान ने छल करने वालों में जुएँ को अपनी विभूति बताया है। महापुरूषों के उस प्रभाव का नाम तेज है, जिसके सामने पापी मनुष्य भी पाप करने से हिचकते है। इस तेज को भगवान ने अपनी विभूति बताया है। वे आगे कहते है कि मैं ही जीतने वालों की जीत, दृढ़निश्चयी मनुष्यों का निश्चय और सात्विक मनुष्यों का सात्विक भाव हूँ।

वृष्णीनां वासुदेवोऽस्मि, पाण्डवानां धनञ्जयः ।

मुनीना-मप्यहं व्यासः, कवीना-मुशाना कविः ॥ 37 ॥

भावार्थ :— महाभारत काल में यादवों का एक वंश था, वृष्णि वंश । जिसमें भगवान् श्रीकृष्ण ने जन्म लिया था। श्रीकृष्ण कहते हैं कि वृष्णि वंशियों में मेरी विभूति मैं स्वयं हूँ। पाण्डवों में पाण्डव श्रेष्ठ अर्जुन भी तू मुझको ही जान । मुनियों में मैं व्यास मुनि हूँ, जिन्होंने वेदों को लिपिबद्ध किया था। इससे पहले एक दूसरे से सुनकर ही वेदों का ज्ञान प्राप्त किया जाता था। साथ ही, उन्होंने अनेक पुराणों तथा उपपुराणों की रचना भी की तथा महाभारत भी उन्हीं के द्वारा लिखा गया है। सभी कवियों में अर्थात शास्त्रीय सिद्धांतों को जानने वालों में मैं शुक्राचार्य हूँ, जो असुरों के गुरु तथा संजीवनी विद्या अर्थात मृत व्यक्ति को जीवित करने की विद्या के भी जानकार थे।

दण्डो दमयता-मस्मि, नीति-रस्मि जिगीषताम् ।

मौनं चैवास्मि गुह्यानां, ज्ञानं ज्ञान-वता-महम् ॥ 38 ॥

भावार्थ :— हे अर्जुन ! मैं दुष्टों को दुष्टता के मार्ग से दूर रखने वाली और सन्मार्ग पर लाने वाली दण्डनीति हूँ। विजय चाहने वालों की नीति अर्थात् कार्ययोजना भी मैं ही हूँ। इसके अलावा संसार में जितने भी मन के भाव हैं, जिससे बातों को गोपनीय रखा जा सकता है, उनमें मैं मौन हूँ तथा संसार के सभी ज्ञानवानों का ज्ञान भी मैं ही हूँ।

यच्चापि सर्व-भूतानां, बीजं तदह-मर्जुन ।

न तदस्ति विना यत्-स्यान्, -मया भूतं चराचरम् ॥ 39 ॥

भावार्थ :— अंत में भगवान् श्रीकृष्ण अपनी सभी विभूतियों का सार बताते हुए कहते हैं कि संसार के सभी चर-अचर प्राणियों, व्यक्तियों, वस्तुओं के होने का मूल कारण मैं

ही हूँ अर्थात् मैं ज्यों का त्यों रहता हुआ ही संसार के रूप में प्रकट हो जाता हूँ और संसार में चल-अचल जो कुछ भी देखने में आता है, वह मेरे बिना हो ही नहीं सकता ।

नान्तोऽस्ति मम दिव्यानां, विभूतीनां परन्-तप ।
एष तूद्देशतः प्रोक्तो, विभूतेर्-विस्तरो मया ॥ 40 ॥

भावार्थ :– हे पार्थ ! मेरी दिव्य विभूतियों का कोई अंत नहीं है क्योंकि मैं अनन्त हूँ। मेरा न कोई आदि है और न ही अंत । ये जो मैंने तुम्हारे सामने अपनी विभूतियों के बारे में बताया है, ये तो मैंने बहुत ही संक्षेप में कहा है, क्योंकि उनका पूर्ण रूप से वर्णन संभव ही नहीं है।

यद्-यद्-विभूतिमत्-सत्त्वं, श्रीमदूर्जित-मेव वा ।
तत्तदेवा-वगच्छ त्वं, मम तेजोंऽश-सम्भवम् ॥ 41 ॥

भावार्थ :– श्रीकृष्ण आगे कहते हैं कि संसार में जिस किसी सजीव-निर्जीव व्यक्ति, वस्तु, घटना आदि में जो कुछ विशेषता, विलक्षणता, योग्यता दिखे तो यही मानना चाहिये कि उसमें यह विलक्षणता मेरे (भगवान श्रीकृष्ण के) सामर्थ्य से, प्रभाव से ही आई है।

नोट :– फूल में सुंदरता, पढ़ाने वालों में पढ़ाने की शक्ति, गायकों में गायनकला आदि सभी शक्तियाँ भगवान की ही दी हुई है अर्थात् जिस किसी में या जहाँ कहीं कोई विशेषता दिखे तो उसे भगवान की ही मानें, लेकिन साथ ही जिस किसी व्यक्ति या वस्तु को भगवान ने वो विशेषता दी है, हमें उसका भी सम्मान करना चाहिये । परन्तु-

अथवा बहुनैतेन, किं ज्ञातेन तवार्जुन ।
विष्टभ्याह-मिदं कृत्स्न, मेकांशेन स्थितो जगत् ॥ 42 ॥

भावार्थ :– हे अर्जुन! जब मैं स्वयं जिसके शरीर के एक छोटे से भाग में अनन्त कोटि ब्रह्माण्ड समाये हुए है, एक सारथि के रूप में तेरे सामने बैठा हूँ और तेरी आज्ञा का पालन कर रहा हूँ तो तुझे इतनी सारी बातें जानने की भी क्या आवश्यकता है।

इस प्रकार ओउम् तत् सत् इन भगवन्नामों के उच्चारण के साथ ब्रह्मविद्या और योगशास्त्र से युक्त श्रीमदभगवद्गीता रूपी उपनिषद के श्रीकृष्ण और अर्जुन के संवाद में 'विभूतियोग' नाम का दसवाँ अध्याय समाप्त हुआ ।

जय श्री कृष्ण

ग्यारहवाँ अध्याय

अर्जुन उवाच

मदनुग्रहाय परमं, गुह्य-मध्यात्म-सञ्ज्ञितम् ।
यत्-त्वयोक्तं वचस्-तेन्, मोहोऽयं विगतो मम ॥ 1 ॥

भावार्थ :— पिछले अध्याय के अंतिम श्लोक में जब भगवान श्रीकृष्ण कहते हैं कि वे ही सम्पूर्ण सृष्टि को अपने शरीर के एक अंश में व्याप्त करके अर्जुन के सामने बैठे है। तब अर्जुन का ध्यान इस तरफ जाता है कि उसके मित्र श्रीकृष्ण कितने विलक्षण है। उनके शरीर के किसी एक अंश से अनन्त सृष्टियाँ उत्पन्न होती है, उसी में स्थित रहती है और उसी में लीन हो जाती है, लेकिन श्रीकृष्ण वैसे के वैसे ही रहते है। इस बात का अर्जुन पर बहुत प्रभाव पड़ा। वे भगवान से कहते है कि हे कृष्ण! केवल मुझपर कृपा करने के उद्देश्य से ही आपने जो ऐसा परमगोपनीय अध्यात्मिक तत्व कहा है, उससे मेरा मोह नष्ट हो गया है।

भवाप्ययौ हि भूतानां, श्रुतौ विस्तरशो मया ।
त्वत्तः कमल-पत्राक्ष, माहात्म्य-मपि चाव्ययम् ॥ 2 ॥

भावार्थ :— हे कमलनयन ! मैंने आपसे संपूर्ण सृष्टि की उत्पत्ति और प्रलय के समय उसके आपमें विलय हो जाने को सुना तथा आपकी विभूति और योग के प्रभाव से युक्त आपके अविनाशी महात्म्य को भी सुना । साथ ही-

एवमेतद्-यथात्थ त्व, -मात्मानं परमेश्वर ।
द्रष्टु-मिच्छामि ते रूप, मैश्वरं पुरूषोत्तम ॥ 3 ॥

भावार्थ :— जैसे मैंने आपसे सुना है, वह वैसा ही है, इस बात पर मैं पूरी तरह से विश्वास भी करता हूँ, पर 'सम्पूर्ण संसार मेरे शरीर के एक हिस्से में समाया है, आपकी इस बात को सुनकर मेरे मन में आपके उस रूप को देखने की तीव्र इच्छा हो रही है। हे परमेश्वर ! मैं आपके उस ईश्वर संबंधी रूप को देखना चाहता हूँ ।

मन्यसे यदि तच्छक्यं, मया द्रष्टु-मिति प्रभो ।
योगेश्वर ततो मे त्वं, दर्शयात्मान-मव्ययम् ॥ 4 ॥

भावार्थ :— हे प्रभु ! यदि मेरे द्वारा आपका वह परमऐश्वर्यमय रूप देखा जा सकता है और अगर मैं उसका अधिकारी हूँ, तो हे योगेश्वर! आपका वह अविनाशी स्वरूप

जिसमें अनन्त सृष्टियाँ उत्पन्न होती है, उसी में स्थित रहती है तथा उसी में लीन हो जाती है, का मुझे दर्शन करा दीजिये ।

श्रीभगवान् उवाच

पश्य मे पार्थ रूपाणि, शतशोऽथ सहस्त्रशः ।
नाना-विधानि दिव्यानि, नाना-वर्णाकृतीनि च ॥ 5 ॥

भावार्थ :— अर्जुन की संकोचपूर्ण प्रार्थना सुनकर भगवान श्रीकृष्ण प्रसन्न हो गए और अर्जुन से बोले कि हे पार्थ! तू मेरे रूपों को देख। रूपों में भी तीन-चार नहीं, बल्कि अनगिनत रूपों को देख जो कि भिन्न-भिन्न प्रकार की बनावट, रंग और आकृति वाले है।

पश्यादित्यान्-वसून्-रुद्रा, नश्विनौ मरुतस्-तथा ।
बहून्यदृष्ट-पूर्वाणि, पश्याश्चर्याणि भारत ॥ 6 ॥

भावार्थ :— हे अर्जुन ! तू बारह आदित्यों, आठ वसुओं, ग्यारह रूद्रों तथा दो अश्विनी कुमारों को अर्थात तैंतीस कोटि (प्रकार) देवताओं को मेरे शरीर में देख। इसके अलावा तू उनचास मरूद्गणों को भी देख। साथ ही तू मेरे पहले कभी न देखे और कभी न सुने गए अनेक अन्य रूपों को भी देख ले ।

नोट :- ये बारह आदित्य, ग्यारह रूद्र, आठ वसु और दो अश्विनी कुमार ही तैंतीस कोटि (प्रकार के) देवता है, जिन्हें कोटि शब्द का अर्थ करोड़ निकालने के कारण तैंतीस करोड़ देवता कहा जाता है।

इहैकस्थं जगत्-कृत्स्नं, पश्याद्य सचराचरम् ।
मम देहे गुडाकेश, यच्चान्यद्-द्रष्टु-मिच्छसि ॥ 7 ॥

भावार्थ :— श्रीकृष्ण आगे कहते हैं कि हाथों में घोड़ों की लगाम और चाबुक थामे तेरे सामने बैठे हुए मुझ कृष्ण के शरीर के एक अंश में सम्पूर्ण जगत को भी देख अर्थात् तू जहाँ-जहाँ दृष्टि डालेगा, वहीं तुझे अनन्त कोटि ब्रह्माण्ड दिखेंगे। तू मनुष्य, देवता, राक्षस, पशु- पक्षी, वृक्ष, पहाड़ सहित सम्पूर्ण जगत को देख ले। मेरे इस शरीर में भूत-भविष्य और वर्तमान सहित सभी कुछ प्रत्यक्ष है, इसीलिये यदि तू इसके अलावा और कुछ भी देखना चाहता है तो वह भी देख ले। लेकिन-

न तु मां शक्यसे द्रष्टु, मनेनैव स्व-चक्षुषा ।
दिव्यं ददामि ते चक्षुः, पश्य मे योग-मैश्वरम् ॥ 8 ॥

भावार्थ :— भगवान श्रीकृष्ण के कहने पर भी जब अर्जुन कुछ नहीं देख सके तो

अर्जुन की स्थिति को समझते हुए श्रीकृष्ण पुनः बोले कि तेरे ये जो नेत्र हैं, इनकी शक्ति बहुत सीमित है। ये सांसारिक व्यक्तियों और वस्तुओं को तो देख सकते है, परन्तु वे मेरे इस ईश्वरीय रूप को नहीं देख सकते, इसलिए मैं तेरे नेत्रों को दिव्य शक्ति प्रदान करता हूँ, जिससे तू मेरे ईश्वरीय सामर्थ्य को देख सके ।

संजय उवाच

एवमुक्त्वा ततो राजन्, महायोगेश्वरो हरिः ।
दर्शयामास पार्थाय, परमं रूप-मैश्वरम् ॥ 9 ॥

भावार्थ :— ये सारा आँखों देखा हाल संजय महाराज धृतराष्ट्र को सुना रहे थे और संजय को भी महर्षि वेदव्यास से दिव्य दृष्टि मिली हुई थी, इसलिये अर्जुन के साथ उन्होंने भी भगवान श्रीकृष्ण के विश्वरूप के दर्शन किये। अब संजय उन्हीं विश्वरूप भगवान के बारे में धृतराष्ट्र से विस्तृत वर्णन आरंभ करते हुए कहते हैं कि हे राजन् ! ऐसा कहकर महायोगेश्वर श्रीकृष्ण   ने अर्जुन को दिव्य दृष्टि दी, जिससे अर्जुन ने भगवान का परमऐश्वर्यमय रूप देखा ।

अनेक-वक्त्र-नयन, मनेकाद्भुत-दर्शनम् ।
अनेक-दिव्याभरणं, दिव्यानेको-द्यतायुधम् ॥ 10 ॥
दिव्य-माल्याम्बर-धरं, दिव्य-गन्धानु-लेपनम् ।
सर्वाश्चर्य-मयं देव, मनन्तं विश्वतो-मुखम् ॥ 11 ॥

भावार्थ :— अर्जुन ने देखा कि विराटरूप में प्रकट हुए भगवान के अनेकों मुख और नेत्र है और वे सबके सब दिव्य है, साथ ही उनके प्रत्येक रूप के हाथों में, पैरों में, शरीरों में और गले में जितने आभूषण हैं, वे भी दिव्य है। विराट रूप भगवान ने अपने हाथों में चक्र, गदा, धनुष आदि अनेक प्रकार के अस्त्र-शस्त्र धारण किये हुए हैं, गले में सोने-चाँदी, मोती, रत्न, फूल आदि की अनेक दिव्य मालाएँ धारण कर रखी है, शरीरों पर विभिन्न रंगों के दिव्य वस्त्र पहन रखे हैं और ललाटों पर चन्दन, कस्तूरी, कुंकुम आदि अनेक प्रकार के तिलक किये हुए है। साथ ही, उन्होंने अपने शरीरों पर जितने लेप किये हुए हैं वे सब भी दिव्य हैं। इस प्रकार देखते ही चकित कर देने वाले, अनन्त रूप वाले तथा चारों ओर मुख ही मुख वाले अपने विश्वरूप को भगवान श्रीकृष्ण ने अर्जुन को दिखलाया।

दिवि सूर्य-सहस्त्रस्य, भेवद्-युग-पदुत्थिता ।
यदि भाः सदृशी सा स्याद्, भासस्-तस्य महात्मनः ॥ 12 ॥

भावार्थ :— उस समय ऐसा प्रकाश हुआ जैसे कि आकाश में हजारों सूर्य एक साथ उदित हो गये हों, लेकिन हजारों सुर्यों के एक साथ उदित होने पर भी वह प्रकाश विराट भगवान के प्रकाश के समान नहीं था, क्योंकि सूर्य का प्रकाश तो सांसारिक है और विराट भगवान का प्रकाश दिव्य। सांसारिक प्रकाश कितना भी बड़ा क्यों न हो, दिव्य प्रकाश के सामने तुच्छ ही है।

तत्रैकस्थं जगत्-कृत्स्नं, प्रविभक्त-मनेकधा ।
अपश्यद्-देव-देवस्य, शरीरे पाण्डवस्-तदा ॥ 13 ॥

भावार्थ :— हे राजन् ! अर्जुन ने अपने दिव्य चक्षुओं से देवों के देव भगवान के शरीर के एक भाग में सम्पूर्ण चराचर जगत को अनेक भागों में (मनुष्य, पशु-पक्षी, देवता, राक्षस, पहाड़, नदी आदि में) विभक्त तथा उनके भूत, वर्तमान और भविष्य सहित प्रत्यक्ष देखा ।

ततः स विस्मयाविष्टो, हृष्ट-रोमा धनञ्जयः ।
प्रणम्य शिरसा देवं, कृताञ्जलि-रभाषत ॥ 14 ॥

भावार्थ :— अर्जुन ने भगवान के रूप के बारे में जैसी कल्पना भी नहीं की थी, उससे बढ़कर रूप उन्होंने भगवान का देखा, जिसे देखकर उन्हें बड़ा आश्चर्य हुआ और आश्चर्य की अधिकता के कारण उनका शरीर रोमांचित हो गया। फिर वे हाथ जोड़कर और सिर को झुकाकर प्रणाम करते हुए विश्व रूप भगवान से बोले ।

अर्जुन उवाच

पश्यामि देवांस्-तव देव देहे, सर्वमृंस्-तथा भूत-विशेष-संघान् ।
ब्रह्माण-मीशं कमलासनस्थ-मृषींश्च सर्वा-नुरगांश्च दिव्यान् ॥ 15 ॥

भावार्थ :— हे देव! मैं आपके शरीर में सम्पूर्ण देवताओं को, विभिन्न प्रकार के सांसारिक जीवों को, कमलासन पर बैठे हुए ब्रह्माजी को, शंकर जी को, सम्पूर्ण ऋषियों को और सम्पूर्ण दिव्य सर्पों को भी देख रहा हूँ ।

नोट :- यहाँ जब अर्जुन कमल के आसन पर बैठे हुए ब्रह्माजी को देख रहे है तो इससे सिद्ध होता है कि वे कमल की नाल और उसके उत्पत्ति स्थान भगवान विष्णु को भी देख रहे हैं। भगवान के शरीर के एक-एक रोम में अनन्त कोटि ब्रह्माण्ड स्थित है इसलिये, अर्जुन की दृष्टि भगवान के शरीर के जिस हिस्से पर भी पड़ती है, वहीं उन्हें अनेकों ब्रह्माण्ड और उनमें स्थित संसार दिखाई देने लगता है।

अनेक-बाहूदर-वक्त्र-नेत्रं,
पश्यामि त्वां सर्वतोऽनन्त-रूपम् ।
नान्तं न मध्यं न पुनस्-तवादिम्,
पश्यामि विश्वेश्वर विश्व-रूप ।। 16 ।।

भावार्थ :— अर्जुन पुनः कहते हैं कि हे विश्वरूप ! हे विश्वेश्वर प्रभु ! मुझे जो कुछ भी दिखाई दे रहा है, सब कुछ आपमें ही समाया हुआ है। आप अनन्तरूप है और इस विश्व के मालिक भी आप ही हैं। मैं आपके शरीर के किसी भी हिस्से का आदि, मध्य और अंत नहीं समझ पा रहा हूँ। आपके हाथ, पेट, मुख, नेत्र आदि सभी अनन्त हैं। साथ ही–

किरीटिनं गदिनं चक्रिणं च
तेजो-राशिम् सर्वतो दीप्ति-मन्तम् ।
पश्यामि त्वां दुर्-निरीक्ष्यं समन्ताद्-
दीप्ता-नलार्क-द्युतिमप्रमेयम् ।। 17 ।।

भावार्थ :— मैं आपको किरीट (मुकुट), गदा और चक्र धारण किये हुए भी देख रहा हूँ। ऐसा लगता है कि अर्जुन विश्वरूप में भगवान विष्णु के भी चतुर्भुज रूप को देख रहे है। वे आगे कहते हैं कि आप तेज की राशि है। आपका प्रकाश चारों ओर फैला हुआ है। देदीप्यमान सूर्य और अग्नि के समान आपकी कान्ति है। आपके तेज प्रकाश के कारण दिव्यदृष्टि होते हुए भी आप ठीक से दिख नहीं पा रहे है। साथ ही, आप हर तरफ से अप्रमेय भी है अर्थात् आपकी कोई सीमा नहीं है।

त्वमक्षरं परमं वेदितव्यं
त्वमस्य विश्वस्य परं निधानम् ।
त्वमव्ययः शाश्वत-धर्म-गोप्ता
सनातनस्-त्वं पुरूषो मतो मे ।। 18 ।।

भावार्थ :— वेदो, पुराणों, सन्तो की वाणियों तथा सांसारिक बंधनों से छूटे हुए महापुरूषों द्वारा जानने योग्य जो परमानंद स्वरूप परम अक्षर है, जिसको निर्गुण-निराकार भी कहते हैं, वे आप ही है। इस संसार के परम आश्रय तथा आधार भी आप ही हैं। जब-जब धर्म की हानि और अधर्म की वृद्धि होती हैं, तब-तब आप ही साकार रूप में अवतार लेकर अधर्म का नाश तथा धर्म की रक्षा करते हैं। अविनाशी तथा सदा रहने वाले सनातन पुरूष भी आप ही हैं, ऐसा मैं मानता हूँ। इतना ही नहीं–

अनादि-मध्यान्त-मनन्त-वीर्य-
मनन्त-बाहुं शशि-सूर्य-नेत्रम् ।
पश्यामि त्वां दीप्त-हुताश-वक्त्रं
स्व-तेजसा विश्व-मिदं तपन्तम् ॥ 19 ॥

भावार्थ :— आप आदि, मध्य और अन्त से भी रहित हैं। आपमें अपार सामर्थ्य, बल और तेज है। आपकी अनगिनत भुजाएँ है। संसार मात्र को प्रकाशित करने वाले जो सूर्य और चन्द्र हैं, आपके नेत्र उनके समान प्रकाशवान और शीतलता से युक्त है। यज्ञ, होम आदि में जो कुछ हवन किया जाता है, उन सबको अग्नि रूप से ग्रहण करने वाले भी आप ही हैं। आपके ही तेज से ये सारा संसार संतप्त हो रहा है अर्थात् तप रहा है।

द्यावा-पृथिव्यो-रिद-मन्तरं हि
व्याप्तं त्वयैकेन दिशश्-च सर्वाः ।
दृष्ट्वाद्भुतं रूप-मुग्रं तवेदं,
लोक-त्रयं प्रव्यथितं महात्मन् ॥ 20 ॥

भावार्थ :— हे महात्मन् । स्वर्ग और पृथ्वी के बीच जितनी भी खाली जगह है, उन सबमें भी आप ही आप व्याप्त हैं तथा दसों दिशाओं में भी आप ही व्याप्त है, लेकिन आपके इस अलौकिक, विलक्षण, अद्भुत और भयंकर रूप को देखकर तीनों लोक व्यथित हो रहे हैं अर्थात् डर रहे हैं।

अमी हि त्वां सुर-संघा विशन्ति
केचिद्-भीताः प्राञ्जलयो गृणन्ति ।
स्वस्ती-त्युक्त्वा महर्षि-सिद्ध-संघाः
स्तुवन्ति त्वां स्तुतिभिः पुष्कलाभिः ॥ 21 ॥

भावार्थ :— देवताओं के समूह जिनकी आयु पूरी हो चुकी हैं, वे सब आप में ही लीन हो रहे हैं और जिनकी आयु अभी कुछ शेष है, वे भयभीत हुए हाथ जोड़े आपके नाम और गुणों का कीर्तन कर रहे हैं। साथ ही, महर्षियों और सिद्धों के समुदाय कल्याण हो। मंगल हो। ऐसा कहकर उत्तम-उत्तम स्त्रोतों द्वारा आपकी स्तुति कर रहे हैं ।

रूद्रादित्या वसवो ये च साध्या
विश्वेऽश्विनौ मरूतश्-चोष्मपाश्-च ।
गन्धर्व-यक्षा-सुर-सिद्ध-संघा
वीक्षन्ते त्वां विस्मिताश्-चैव सर्वे ॥ 22 ॥

भावार्थ :– सभी रूद्र, आदित्य, वसु, साध्यगण, विश्वदेव, अश्विनी कुमार, मरूद्गण, पितृगण तथा गन्धर्व, यक्ष, असुर और सिद्धों के जो समुदाय हैं, वे सभी चकित होकर आपको देख रहे हैं अर्थात् देख कर भी समझ नहीं पा रहे हैं कि आप कौन हैं।

नोट :– इस अध्याय के पन्द्रहवें से अठारहवें श्लोक तक अर्जुन ने विश्वरूप भगवान के देवरूप का, १९वें से २२वें श्लोक तक उग्ररूप का तथा २३वें से तीसवें श्लोक तक महा विकराल रूप का वर्णन किया है। साथ ही, इन रूपों को देखकर उनके मन की क्या स्थिति क्या हो रही है, यह भी बताया है तथा अर्जुन के इस पूरे वर्णन से ये भी पता चलता है कि विश्वरूप भगवान अपने रूप बार-बार बदल रहे हैं।

रूपं महत्ते बहु-वक्त्र-नेत्रं

महाबाहो बहु-बाहूरू-पादम् ।

बहूदरं बहु-दंष्ट्रा-करालं

दृष्ट्वा लोकाः प्रव्यथितास्-तथाहम् ।। 23 ।।

भावार्थ :– हे महाबाहो, आपके अनेक तरह के मुख हैं, जो एक दूसरे से नहीं मिलते। कई मुख सौम्य हैं जबकि कई मुख विकराल है। ऐसे ही आपके जो नेत्र हैं, वे भी समान नहीं है, बल्कि अलग-अलग आकृतियों के हैं। कई हाथ हैं, जिनकी बनावट और कार्य विलक्षण-विलक्षण हैं। जंघाएँ भी विचित्र-विचित्र प्रकार की है। पेट भी कोई छोटा, कोई बड़ा तथा कोई भयंकर रूप का हैं। मुखों में विकराल प्रकार की दाढें (दाँत) है। ऐसे महान् भयंकर तथा विकराल रूप को देखकर सभी प्राणी व्याकुल हो रहे हैं और मैं भी व्याकुल हो रहा हूँ।

नभः स्पृशं दीप्त-मनेक-वर्णम्

व्यात्ताननं दीप्त-विशाल-नेत्रम् ।

दृष्ट्वा हि त्वां प्रव्यथितान्त-रात्मा

धृतिं न विन्दामि शमं च विष्णो ।। 24 ।।

भावार्थ :– विश्वरूप भगवान को ठीक से पहचान तथा समझ नहीं पाने के कारण अर्जुन उनके लिए विभिन्न नामों का प्रयोग कर रहे है। इस श्लोक में उन्हें विष्णु नाम से संबोधित करते हुए अर्जुन कहते हैं कि हे विष्णों! आपके काले, पीले, श्याम, गौर आदि अनेक रंगों के शरीर हैं, जो बहुत ही प्रकाशित है। आपका यह रूप इतना लंबा है कि वह धरती से आकाश को स्पर्श कर रहा है। संपूर्ण विश्व को अपने अंदर समा लेने के लिये आपका मुख फैला हुआ दिख रहा है। साथ ही आपके नेत्र भी बड़े ही विशाल और

देदीप्यमान हैं। आपके इस रूप को देखकर मैं बहुत ही अशांत हो रहा हूँ। मुझे कहीं से भी धैर्य और शांति नहीं मिल रही है।

दंष्ट्रा-करालानि च ते मुखानि
दृष्ट्वैव कालानल-सन्निभानि ।
दिशो न जाने न लभे च शर्म
प्रसीद देवेश जगन्निवास ॥ 25 ॥

भावार्थ :— महाप्रलय के समय संपूर्ण त्रिलोकी को भस्म करने के लिये जो अग्नि प्रकट होती है, उसके समान आपके मुख हैं। जो भयंकर दाँतों (दाढ़ों) के कारण बहुत ही विकराल हो रहे है। ऐसे विकराल मुखों को देखकर मुझे दिशाओं का ज्ञान भी नहीं हो रहा है और मैं सुख और शांति को भी प्राप्त नहीं हो पा रहा हूँ। अर्जुन को लग रहा है कि भगवान उससे क्रोधित हैं और इसी कारणवश वे अपने विकराल रूप में प्रकट हुए है। इसलिये वे कहते है कि हे देवेश, हे जगन्निवास। आप प्रसन्न होइये ।

अमी च त्वां धृतराष्ट्रस्य पुत्राः
सर्वे सहैवा-वनिपाल-सङ्घैः ।
भीष्मो द्रोणः सूत-पुत्रस्-तथासौ
सहास्मदीयै-रपि योध-मुख्यैः ॥ 26 ॥
वक्त्राणि ते त्वरमाणा विशन्ति
दंष्ट्रा-करालानि भयानकानि ।
केचिद्-विलग्ना दशनान्तरेषु
सन्दृश्यन्ते चूर्णित-रूत्तमांगैः ॥ 27 ॥

भावार्थ :— अर्जुन आगे कहते हैं कि हमारे पक्ष के धृष्टधुम्न, विराट, द्रुपद आदि योद्धाओं सहित विपक्ष के भीष्म, द्रोण और कर्ण जैसे धर्मपालक लोग भी आपमें प्रवेश कर रहें है तथा दुर्योधन के पक्ष में जितने राजा लोग हैं, जो दुर्योधन का हित करना चाहते है, उन सभी राजाओं सहित धृतराष्ट्र के दुर्योधन, दुःशासन आदि सौ पुत्र भी विकराल दाढ़ों के कारण अत्यंत भयानक दिख रहे आपके मुखों में बड़ी तेजी से प्रवेश कर रहे हैं। आपके मुखों में प्रवेश करने वाले योद्धाओं में से कई तो सीधे पेट में चले जा रहे हैं, जबकि कई एक चूर्ण हुए मस्तकों सहित आपके दाँतों और दाढ़ों के बीच में फंसे हुए दिख रहे हैं।

यथा नदीनां बहवोऽम्बु-वेगाः
समुद्र-मेवाभि-मुखा द्रवन्ति ।
तथा तवामी नर-लोक-वीरा
विशन्ति वक्त्राण्यभि-विज्वलन्ति ॥ 28 ॥

भावार्थ :— जिस प्रकार सभी नदियाँ दौड़ती हुई समुद्र की तरफ जाती है, उसी प्रकार धर्म में आस्था रखने वाले तथा आपको पाने की इच्छा रखने वाले भीष्म, द्रोण आदि महान शूरवीर तो आपके ज्ञानमय (प्रकाशमय) मुखों में प्रवेश कर रहें हैं और –

यथा प्रदीप्तं ज्वलनं पतंगा
विशन्ति नाशाय समृद्ध-वेगाः ।
तथैव नाशाय विशन्ति लोकास्-
तवापि वक्त्राणि समृद्ध-वेगाः ॥ 29 ॥

भावार्थ :— जैसे पतंगे तेज जलती हुई अग्नि को देखकर तथा उस पर मुग्ध होकर बड़े वेग से दौड़ते हुए उसमें प्रवेश कर जाते हैं, वैसे ही सांसारिक भोगों की लालसा में फंसे हुए दुर्योधनादि राजालोग पतंगों की ही तरह बड़ी तेजी से आपके कालरूप मुख में जा रहे है तथा –

लेलिह्यसे ग्रसमानः समन्ताल्-
लोकान्-समग्रान् वदनैर्-ज्वलद्भिः ।
तेजोभि-रापूर्य जगत्-समग्रं
भाससू-तवोग्राः प्रतपन्ति विष्णो ॥ 30 ॥

भावार्थ :— आप उन संपूर्ण प्राणियों का संहार कर रहे है और कोई इधर-उधर ना चले जाएँ, इसलिये बार-बार जीभ के लपेटे से उन्हें अपने अग्निरूप मुखों में लेते हुए उन्हें निगल रहे हैं। हे विष्णों! आपका यह तेज संपूर्ण जगत में परिपूर्ण होकर सबको संतप्त (व्यथित) कर रहा है।

आख्याहि मे को भवानुग्र-रूपो
नमोऽस्तु ते देव-वर प्रसीद ।
विज्ञातु-मिच्छामि भवन्तमाद्यं
न हि प्रजानामि तव प्रवृत्तिम् ॥ 31 ॥

भावार्थ :— भगवान श्रीकृष्ण का उग्ररूप देखकर अर्जुन बहुत अधिक डर गये हैं, इसलिये उन्हें यह भी स्मरण नहीं है कि वे अपने सखा श्रीकृष्ण को ही विराट्रूप में देख

रहे है। इसलिये अत्यंत उग्ररूप धारी भगवान का वास्तविक परिचय जानने के लिये अर्जुन उनसे प्रश्न करते हैं कि आप देवरूपों में भी दिख रहे है और उग्ररूपों में भी दिख रहें है तो वास्तव में ऐसे रूपों को धारण करने वाले आप कौन है। हे देवताओं में श्रेष्ठ ! आपको नमस्कार हैं! आप प्रसन्न होइये । संसार के उत्पत्तिकर्ता रूपी आपको मैं तत्व से जानना चाहता हूँ और क्योंकि मैं नहीं जानता कि आप यहाँ क्यों प्रकट हुए है तथा आपके मुखों में हमारे पक्ष और विपक्ष के बहुत सारे योद्धा क्यों समाते जा रहे हैं। अतः कृपा करके बताइये कि आप क्या करना चाहते है।

श्रीभगवान उवाच

कालोऽस्मि लोक-क्षयकृत्-प्रवृद्धो
लोकान् समाहर्तु-मिह प्रवृत्तः ।
ऋतेऽपि त्वां न भविष्यन्ति सर्वे
येऽवस्थिताः प्रत्यनीकेषु योधाः ॥ 32 ॥

भावार्थ :— इस पर विश्वरूप भगवान श्रीकृष्ण अर्जुन के प्रश्नों का उत्तर देते हुए कहते हैं कि मैं संपूर्ण लोकों का नाश करने वाला बढ़ा हुआ काल हूँ और मैं इस समय दोनों सेनाओं का संहार करने के लिये ही यहाँ आया हूँ। इसलिये, तुम युद्ध करो या न करो, दोनों ही स्थिति में तुम्हारे पक्ष और विपक्ष के ये लोग ऐसे भी जिंदा नहीं रहेंगे और ये बात तुमने मेरे विराट्रूप में देख भी ली है।

तस्मात्त्व-मुत्तिष्ठ यशो लभस्व
जित्वा शत्रून् भुङ्क्ष्व राज्यं समृद्धम् ।
मयैवैते निहताः पूर्वमेव
निमित्त-मात्रं भव सव्यसाचिन् ॥ 33 ॥

भावार्थ :— इसलिये हे अर्जुन ! जब तुम इस युद्ध का भविष्य जान ही चुके हो तो फिर तुम सोच-विचार छोड़कर युद्ध के लिये खड़े हो जाओ और युद्ध जीतने से प्राप्त होने वाले यश को प्राप्त कर लो, साथ ही शत्रुओं से मुक्त और धन-धान्य से संपन्न राज्य को भोगो। यहाँ जितने भी योद्धा आएँ है, उनमें से अधिकांश की आयु समाप्त हो चुकी है अर्थात मेरे द्वारा वे पहले ही मारे जा चुके है। इसलिये हे अर्जुन! तुम केवल निमित्त मात्र बन जाओ अर्थात् युद्ध तुम्हे पूरी सावधानी और तत्परता के साथ ही करना है पर युद्ध जीतने का अभिमान नहीं करना हैं, क्योंकि युद्ध का नतीजा तो पहले ही तय हो चुका हैं।

नोट :- इस श्लोक के माध्यम से भगवान श्रीकृष्ण हमें समझाना चाहते हैं कि मनुष्य को अपना नियत कर्म करते समय दूसरों के हित की भावना से अपने कर्तव्यों को पूरी लगन, तत्परता और सावधानी से तो करना ही चाहिए, पर उन कर्मों के होने या न होने का अभिमान या दुःख नहीं करना चाहिये, क्योंकि उन कर्मों का होना या न होना तो पहले से तय है।

द्रोणं च भीष्मं च जयद्रथं च

कर्ण तथान्या-नपि योधवीरान् ।

मया हतांस्-त्वं जहि मा व्यथिष्ठा

युध्यस्व जेतासि रणे सपत्नान् ।। 34 ।।

भावार्थ :– गुरू द्रोण, पितामह भीष्म, जयद्रथ, कर्ण आदि विपक्ष के जितने भी शूरवीर हैं, वे सब मेरे द्वारा पहले ही मारे जा चुके है। इसलिये मेरे द्वारा मारे जा चुके इन शूरवीरों को तुम भी मार दो। साथ ही, तुम किसी बात का दुःख या चिंता मत करो और केवल अपने क्षत्रिय धर्म का पालन करते हुए युद्ध करो। इस युद्ध में तुम अपने शत्रुओं को अवश्य ही जीतोगे ।

संजय उवाच

एतच्छुत्वा वचनं केशवस्य

कृताञ्जलिर्-वेपमानः किरीटी ।

नमस्-कृत्वा भूय एवाह कृष्णं

सगद्गदं भीतभीतः प्रणम्य ।। 35 ।।

भावार्थ :– ये सब देखकर संजय धृतराष्ट्र को अर्जुन के मन की दशा बताते हुए कहते हैं कि हे राजन् ! अर्जुन तो भगवान के विराट् तथा उग्ररूप को देखकर पहले से ही भयभीत थे, पर जब विराट भगवान ने उनसे कहा कि मैं काल हूँ और दोनों पक्षों की सेनाओं का अंत करने के लिये यहाँ आया हूँ, तो यह सुनकर अर्जुन और ज्यादा डर गये और फिर हाथ जोड़कर बार-बार प्रणाम करते हुए गद्गद् वाणी से विराटरूप भगवान की स्तुति करते हुए बोले ।

अर्जुन उवाच

स्थाने हृषीकेश तव प्रकीर्त्या

जगत-प्रहृष्य-त्यनुरज्यते च ।

रक्षांसि भीतानि दिशो द्रवन्ति
सर्वे नमस्यन्ति च सिद्ध-संघाः ।। 36 ।।

भावार्थ :— हे अन्तर्यामी भगवान् ! आपके नाम, गुण और लीला का कीर्तन करने से ये सम्पूर्ण जगत हर्षित हो रहा है और अनुराग को भी प्राप्त हो रहा है, जबकि आपके इसी नाम, गुण, कीर्तन आदि से भयभीत होकर राक्षस लोग दसों दिशाओं में भागते हुए जा रहे है। इतना ही नहीं, संपूर्ण सिद्धगण भी आपको नमस्कार कर रहे हैं।

नोट :- अर्जुन को जो यह सब दिखाई दे रहा है वो सब विराट रूप भगवान के अंतर्गत ही है। उन्हीं के शरीर में एक से एक विचित्र लीला हो रही है।

कस्माच्च ते न नमेरन्-महात्मन्
गरीयसे ब्रह्मणोऽप्यादि-कर्त्रे ।
अनन्त देवेश जगन्निवास
त्वमक्षरं सदसत्-तत्-परं यत् ।। 37 ।।

भावार्थ :— हे महात्मन् ! आप गुरूओं के भी गुरु और सृष्टि को उत्पन्न करने वाले पितामह ब्रह्माजी को भी उत्पन्न करने वाले हैं। अतः सिद्ध पुरुष आपको नमस्कार करे यह उचित ही है। हे अनन्त ! हे देवेश ! हे जगन्निवास । आप अक्षर स्वरूप है अर्थात आपका कभी नाश नहीं होता । सत् (आत्मा) और असत् (शरीर) दोनों आप ही है तथा इन दोनों से परे भी जो कुछ है अर्थात् मन, बुद्धि आदि से जिसकी कल्पना भी नहीं की जा सकती, वह भी आप ही हैं ।

त्वमादि-देवः पुरूषः पुराणस्-
त्वमस्य विश्वस्य परं निधानम् ।
वेत्तासि वेद्यं च परं च धाम
त्वया ततं विश्व-मनन्त-रूप ।। 38 ।।

भावार्थ :— आप ही संपूर्ण देवताओं के आदि देव है, क्योंकि सबसे पहले आप ही प्रकट होते है और आप ही पुराण पुरुष है, क्योंकि केवल आप ही सदा से हैं और सदा रहने वाले है। यह संसार जिस रूप में देखने में, सुनने में और समझने में आता है, उन सब के परम आधार भी आप ही है। आप ही सभी जीवों के भूत, भविष्य और वर्तमान को जानने वाले हैं। साथ ही, जिसको मुक्ति तथा परमपद् आदि नामों से कहते हैं, ऐसे परमधाम भी आप ही हैं। विराटरूप में प्रकट होने वाले आपके रूपों का कोई अंत नहीं है तथा संसार के कण-कण में भी आप ही व्याप्त हो रहे हैं। साथ ही-

वायुर्-यमोऽग्निर्-वरुणः शशांकः
प्रजापतिस्-त्वं प्रपितामहश्-च ।
नमो नमस्तेऽस्तु सहस्र-कृत्वः
पुनश्च भूयोऽपि नमो नमस्ते ॥ 39 ॥

भावार्थ :— वायुदेव, यमदेव, अग्निदेव, वरुणदेव, चंद्रदेव, दक्ष प्रजापति तथा ब्रह्माजी के भी पिता आप ही है। इन्द्र आदि जितने देवता हैं, वे सब भी आपका ही रूप है। आपको हजारों बार नमस्कार है। नमस्कार है। आपको बारंबार नमस्कार है। नमस्कार है।

नमः पुरस्ता-दथ पृष्ठतस्-ते
नमोऽस्तु ते सर्वत एव सर्व ।
अनन्त-वीर्यामित-विक्रमस्-त्वं
सर्वम् समाप्नोषि ततोऽसि सर्वः ॥ 40 ॥

भावार्थ :— अर्जुन अत्यंत भयभीत है। क्या बोलूं, यह उनकी समझ में नहीं आ रहा है। इसलिये वे बार-बार सब ओर से विराट रूप भगवान को नमस्कार ही नमस्कार कर रहे है और कह रहे है कि हे अनन्त पराक्रम और सामर्थ्य वाले प्रभु ! यह सम्पूर्ण संसार आपके अंदर ही समाया हुआ है। सब कुछ आप ही है।

नोट :– यहाँ अर्जुन एक बड़ी विलक्षण बात देख रहे है कि भगवान अनन्त सृष्टियों में परिपूर्ण (व्याप्त) हो रहे हैं और वे अनन्त सृष्टियाँ भगवान के किसी न किसी अंश में है।

सखेति मत्वा प्रसभं यदुक्तं
हे कृष्ण हे यादव हे सखेति ।
अजानता महिमानं तवेदं
मया प्रमादात् प्रणयेन वापि ॥ 41 ॥
यच्चाव-हासार्थ-मसत्-कृतोऽसि
विहार-शय्यासन-भोजनेषु ।
एकोऽथवाप्य-च्युत तत्-समक्षं
तत्-क्षामये त्वा-मह-मप्रमेयम् ॥ 42 ॥

भावार्थ :— जब अर्जुन विराट भगवान के अति उग्र रूप को देखकर भयभीत हो गए तो वे भगवान के कृष्णरूप को भूल गये और पूछ बैठे कि इतने उग्र रूप वाले आप कौन हैं? परन्तु जब उनको वापस याद आया कि ये विराटरूप भगवान तो उनके परम मित्र श्रीकृष्ण ही है, तब उन्हें श्रीकृष्ण के प्रभाव को देखकर उनके साथ अपने सखाभाव से

किये गये व्यवहार की याद आती है और इसलिए वे श्रीकृष्ण से क्षमा मांगते हुए कहते हैं कि मैंने कभी आपकी ऐसी महिमा को और स्वरूप को जाना ही नहीं कि आप इतने विलक्षण है। आपके शरीर के एक-एक अंश में अनन्त कोटि ब्रह्मांड स्थित है। इसलिये मैंने असावधानी या प्रेमवश या बिना सोचे-समझे हे कृष्ण ! हे यादव ! हे सखे! आज तक जो कुछ भी आपसे न कहने योग्य कहा है अथवा हे अच्युत! चलते-फिरते, सोते-जागते, उठते-बैठते, खाते- पीते समय में, अकेले अथवा उन सखाओं, कुटुम्बियों आदि के सामने मेरे द्वारा आपका जो अनजाने में तिरस्कार किया गया है। वह सब मैं आपसे क्षमा करवाता हूँ।

पितासि लोकस्य चराचरस्य
त्वमस्य पूज्यश्च गुरूर-गरीयान् ।
न त्वत्-समोऽस्त्य-भ्यधिकः कुतोऽन्यो
लोकत्रयेऽप्य-प्रतिम-प्रभाव ॥ 43 ॥

भावार्थ :– हे प्रभु ! आप ही अनन्त ब्रह्माण्डों में समस्त प्रकार के जीवों को उत्पन्न करने वाले पिता, सर्वाधिक पूजनीय और गुरूओं के भी गुरु हैं। इस त्रिलोकी में जब आपके समान भी कोई नहीं है, तो आपसे अधिक कोई कैसे हो सकता है? आपका प्रभाव अतुलनीय है अर्थात् उसकी तुलना किसी से भी नहीं की जा सकती । और-

तस्मात् प्रणम्य प्रणिधाय कायं
प्रसादये त्वा-महमीश-मीड्यम् ।
पितेव पुत्रस्य सखेव सख्युः
प्रियः प्रियायार्-हसि देव सोढुम् ॥ 44 ॥

भावार्थ :– जब बड़े-बड़े देवता, असुर, महर्षि भी आपके सामने कुछ नहीं है तो फिर मैं तो किसी गिनती में भी नहीं आता । इतना ही नहीं, मुझे तो ठीक प्रकार से स्तुति करनी भी नहीं आती। इसलिये मैं तो केवल आपके चरणों में लम्बा पड़कर दण्डवत प्रणाम ही कर सकता हूँ और इसी से आपको प्रसन्न करना चाहता हूँ। साथ ही अर्जुन कहते है कि जैसे पिता पुत्र के, मित्र मित्र के तथा पति पत्नी के प्रेम भाव से किये गए अपमान को सह लेता है। ऐसे ही हे भगवन् । आपको साधारण मनुष्य मानकर सखा रूप में जो कुछ भी असावधानीवश मैंने कहा है। उसके लिये मैं आपसे क्षमा प्रार्थना करता हूँ।

अदृष्ट-पूर्वम् हृषितोऽस्मि दृष्ट्वा, भयेन च प्रव्यथितं मनो मे ।
तदेव मे दर्शय देव-रूपं, प्रसीद देवेश जगन्निवास ॥ 45 ॥

भावार्थ :— ऐसा अलौकिक आश्चर्यमय विशालरूप मैंने पहले कभी नहीं देखा है। इसलिये, इसे देखकर मैं अपने आपको बड़ा सौभाग्यशाली मानकर हर्षित हो रहा हूँ, परन्तु साथ ही साथ आपके रूप की उग्रता को देखकर भय से मेरा मन व्याकुल भी हो रहा है। इसलिए हे प्रभु ! मैंने आपके विश्वरूप के अंतर्गत आपके जिस विष्णुरूप को देखा था, अपना वहीं रूप मुझे दिखलाइये । हे देवेश! हे जगन्निवास । अब आप मुझ पर प्रसन्न होकर विष्णु रूप हो जाइये ।

किरीटिनं गदिनं चक्र-हस्त-
मिच्छामि त्वां द्रष्टु-महं तथैव ।
तेनैव रूपेण चतुर्भुजेन
सहस्त्र-बाहो भव विश्व-मूर्तें ।। 46 ।।

भावार्थ :— आपका वो रूप जिसमें आपने सिर पर दिव्य मुकुट तथा हाथों में चक्र और गदा को धारण कर रखा है, मैं आपके उसी रूप को देखना चाहता हूँ। हलांकि मैंने आपका यह चतुर्भुज रूप कुछ समय पहले आपके विराटरूप के अंतर्गत देखा है, लेकिन अब मैं केवल आपके विष्णुरूप को ही देखना चाहता हूँ। इसलिए कृपा करके अब आप अपने विश्वरूप को त्यागकर विष्णुरूप हो जाइये ।

श्रीभगवान् उवाच
मया प्रसन्नेन तवार्जुनेदं
रूप परं दर्शित-मात्म-योगात् ।
तेजोमयं विश्व-मनन्त-माद्यं
यन्मे त्वदन्येन न दृष्ट-पूर्वम् ।। 47 ।।

भावार्थ :— विश्वरूप श्रीकृष्ण अर्जुन की बातें सुनकर कहते हैं कि हे अर्जुन ! तू जो बार-बार यह कह रहा है कि आप प्रसन्न हो जाइये, तो हे प्यारे सखा ! मेरा यह रूप जिसे देखकर तू भयभीत हो गया है, वह मैंने तुझे डराने के लिये या क्रोधवश नहीं दिखाया है। मैंने तो तेरी जिज्ञासा को शांत करने के लिये तुझपर प्रसन्न होकर तुझे यह विराटरूप दिखाया है। साथ ही, मैंने यह विराटरूप पूर्णतया अपने सामर्थ्य से तुझे दिखाया है, इसमें मेरा किसी तरह का छल या माया नहीं है। मेरा यह रूप अत्यंत श्रेष्ठ, तेज से परिपूर्ण तथा आदि और अंत से रहित है और इसे तेरे अलावा पहले किसी ने भी नहीं देखा है।

नोट :– माता यशोदा, माता कौशल्या आदि ने भी भगवान का विश्वरूप देखा था पर भगवान का कालरूपी विश्वरूप अर्जुन से पहले किसी ने भी नहीं देखा था ।

न वेद-यज्ञाध्ययनैर्-न दानैर्-
न च क्रियाभिर्-न तपोभि-रूग्रैः ।
एवं-रूपः शक्य अहं नृ-लोके
द्रष्टुं त्वदन्येन कुरू-प्रवीर ।। 48 ।।

भावार्थ :– हे अर्जुन ! मेरा यह विश्वरूप न तो वेदों के अध्ययन से, न यज्ञों के अनुष्ठान से, न बड़े-बड़े दान पुण्य से, न कठिन तपस्याओं से और न किन्हीं अन्य क्रियाओं से देखा जा सकता है। इसे तो केवल मेरी इच्छा और कृपा से ही देखा जा सकता है। तू इस समय जो मेरा यह विश्वरूप देख रहा है इसके पीछे तेरे द्वारा किया गया कोई तप, दान, यज्ञ आदि कारण नहीं है, बल्कि मेरी कृपा और इच्छा ही एकमात्र कारण है।

नोट :- श्रीकृष्ण की इच्छा के कारण ही संजय को भी महर्षि वेदव्यास से दिव्य चक्षु प्राप्त हुए थे, जिसके कारण वे भी भगवान श्रीकृष्ण के विश्वरूप को देख पा रहे थे तथा अर्जुन के रथ के उपर विराजमान हनुमान जी ने भी भगवान के इस रूप के दर्शन किये थे। जबकि महाभारत के युद्ध में उपस्थित अन्य कोई भी योद्धा भगवान के विश्वरूप को नहीं देख पाया ।

मा ते व्यथा मा च विमूढ-भावो
दृष्ट्वा रूपं घोर-मीदृङ्-ममेदम् ।
व्यपेत-भीः प्रीत-मनाः पुनस्-त्वं
तदेव मे रूप-मिदं प्रपश्य ।। 49 ।।

भावार्थ :– हे अर्जुन ! मेरे इस उग्ररूप को देखकर तुझे व्यथा (घबराहट) नहीं होनी चाहिये, बल्कि प्रसन्नता होनी चाहिये। साथ ही तुझे जो मेरे काल रूप से भय लग रहा है, वह तुझे तेरा अपने शरीर तथा संसार के साथ अपनापन होने के कारण ही लग रहा है अर्थात् ये शरीर तथा संबंधी (परिवार वाले) नष्ट ना हो जाए, इस विचार से ही तू भयभीत हो रहा है। जबकि ये तो तेरी मूर्खता है, इसलिये तू इसे छोड़ दे और निर्भय तथा प्रसन्नमन वाला होकर मेरे उस चतुर्भुज रूप को, जिसे तुमने मेरे विश्वरूप में देखा था, पुनः देख ।

संजय उवाच
इत्यर्जुनं वासुदेवस्-तथोक्त्वा,
स्वकं रूपं दर्शयामास भूयः ।

आश्वास-यामास च भीतमेनं,
भूत्वा पुनः सौम्य-वपुर्-महात्मा ॥ 50 ॥

भावार्थ :— भगवान के ऐसा कहने पर संजय धृतराष्ट्र से कहते हैं कि हे राजन् । जिस प्रकार कृपा करके भगवान ने अपना विश्वरूप अर्जुन को दिखलाया था, उसी प्रकार कृपा करके भगवान ने अर्जुन को अपना चतुर्भुज रूप दिखलाया और फिर अर्जुन की इच्छानुसार उसे अपना चतुर्भुज रूप दिखाकर भगवान् श्रीकृष्ण वापस अपने मनुष्य रूप में प्रकट हो गए और भयभीत अर्जुन को सांत्वना देने लगे ।

अर्जुन उवाच

दृष्ट्वेदं मानुषं रूपं, तव सौम्यं जनार्दन ।
इदानी-मस्मि संवृत्तः, सचेताः प्रकृतिं गतः ॥ 51 ॥

भावार्थ :— भगवान् श्रीकृष्ण से सांत्वना पाकर स्थिर चित्त होकर अर्जुन बोले – हे जनार्दन ! आपके ऐसे सौम्य मनुष्य रूप को वापस देखकर मेरा मन स्थिर हो गया है। मेरा सारा भ्रम मिट गया है और मैं अपनी वास्तविक स्थिति को भी प्राप्त हो गया हूँ ।

श्रीभगवान् उवाच

सुदुर्-दर्श-मिदं रूपं, दृष्ट्वानसि यन्-मम ।
देवा अप्यस्य रूपस्य, नित्यं दर्शन-काङ्क्षिणः ॥ 52 ॥

भावार्थ :— अर्जुन की बातें सुनकर श्रीकृष्ण पुनः बोले हे अर्जुन ! मेरा यह जो चतुर्भुज रूप तुमने देखा है, इसके दर्शन भी अत्यंत ही दुर्लभ है। यहाँ तक कि, देवता भी इसके दर्शन की नित्य लालसा रखते हैं।

नोट :— भगवान के दर्शनों के नित्य लालसा रखने पर भी भगवान के इस चतुर्भुज रूप के दर्शन देवताओं के लिए भी दुर्लभ है, क्योंकि मनुष्य ही अपने द्वारा किये गए पुण्यों का फल भोगने के लिए देवता बनते है और उन देवताओं में से भी अधिकतर के अंदर भगवान के इस रूप के दर्शनों की केवल इच्छा होती है, तीव्र उत्कंठा या अनन्य भक्ति नहीं। इसलिये, उन्हें भगवान के इस चतुर्भुज रूप के दर्शन नहीं होते ।

नाहं वैदैर्-न तपसा, न दानेन न चेज्यया ।
शक्य एवं-विधो द्रष्टुं, दृष्ट्वानसि मां यथा ॥ 53 ॥

भावार्थ :— अपनी इसी बात पर और बल देते हुए श्रीकृष्ण पुनः कहते हैं कि तुमने मेरा जो ये चतुर्भुज रूप देखा है, इसे ना तो वेदों द्वारा बताये गये अनुष्ठानों से, न तप से, न दान से और ना यज्ञ से ही देखा जा सकता है, लेकिन–

भक्त्या त्वनन्यया शक्य, अहमेवं-विधोऽर्जुन ।
ज्ञातुं द्रष्टुं च तत्त्वेन, प्रवेष्टुं च परन्-तप ।। 54 ।।

भावार्थ :— हे अर्जुन ! अनन्य भक्ति से मेरा यह चतुर्भुज रूप देखा जा सकता है और साथ ही, मुझे तत्व (गहराई) से जानकर प्राप्त भी किया जा सकता है।

मत्-कर्मकृन्-मत्-परमो, मद्-भक्तः संग-वर्जितः ।
निर्वैरः सर्व-भूतेषु, यः स मामेति पाण्डव ।। 55 ।।

भावार्थ :— हे पाण्डव! जो मनुष्य मेरी प्रसन्नता के लिये ही अपने सारे कर्तव्यकर्म करते हैं, मेरे भक्त हैं, हर प्रकार की आसक्ति से रहित हैं और किसी भी प्राणी से वैर भाव नहीं रखते, ऐसे अनन्य भक्ति युक्त मनुष्य मुझे ही प्राप्त होते हैं ।

इस प्रकार ओउम् तत्-सत् इन भगवन्नामों के उच्चारणपूर्वक ब्रह्मविद्या और योगशास्त्रमय श्रीमद्भगवद्गीता रूपी उपनिषद् के श्रीकृष्ण और अर्जुन के संवाद में 'विश्वरूपदर्शन योग' नामक ग्याहरवाँ अध्याय समाप्त हुआ ।

बारहवाँ अध्याय

नोट :- भगवान श्रीकृष्ण ने पिछले कुछ श्लोकों में अनन्यभक्ति की महिमा और फलसहित उसके स्वरूप का वर्णन किया। जिससे अर्जुन के मन में यह जिज्ञासा उत्पन्न हुई कि सगुण भगवान की उपासना करने वाले और निर्गुण ब्रह्म की उपासना करने वाले दोनों प्रकार के भक्तों में श्रेष्ठ कौन है। इसलिए अर्जुन अगले श्लोक में भगवान श्रीकृष्ण से प्रश्न करते है :-

अर्जुन उवाच

एवं सतत-युक्ता ये, भक्तास्-त्वां पर्युपासते ।
ये चाप्यक्षर-मव्यक्तं, तेषां के योग-वित्तमाः ॥ 1 ॥

भावार्थ :— हे प्रभु ! आपके जो भक्त नित्य- निरंतर आपके सगुण रूप की उपासना में लगे रहते है अथवा आपके वे भक्त जो आपके निर्गुण रूप की उपासना करते हैं। आपके इन दोनों प्रकार के भक्तों में से श्रेष्ठ योगी कौन है?

श्रीभगवान् उवाच

मय्य्यावेश्य मनो ये मां, नित्य-युक्ता उपासते ।
श्रद्धया परयोपेतास्, ते मे युक्त-तमा मताः ॥ 2 ॥

भावार्थ :— अर्जुन के प्रश्न का उत्तर देते हुए भगवान श्रीकृष्ण बोले कि हे अर्जुन ! मेरे भक्त मुझे तीन रुपों में पूजते हैं। (१) निर्गुण निराकार अर्थात् ब्रह्म- मेरे इस रुप में मेरे भक्त मुझे एक दिव्य प्रकाश के रुप में पूजते है। (२) सगुण निराकार अर्थात् परमात्मा- मेरे इस रुप को पूजने वाले मेरे भक्त मानते हैं कि मैं सभी प्राणियों के हृदय में स्थित हूँ और मेरा कोई आकार नहीं है। फिर भी मैं सभी की उत्पत्ति, पालन-पोषण आदि करता हूँ तथा सबके कर्मों का हिसाब रखता हूँ। (३) सगुण-साकार अर्थात् भगवान- मेरे इस रुप को ध्याने वाले भक्त मेरा एक आकार मानते हैं और वे मुझे उसी रुप में पूजते हैं। इस रुप में उनके इष्ट का एक नाम है, पहचान है और जिसमें मन को लगाकर वे नित्य निरंतर मेरी भक्ति में लीन रहते हैं। मेरे इन तीनों ही प्रकार के भक्तों में मेरे सगुण-साकार रुप को ध्याने वाले भक्त ही श्रेष्ठ योगी हैं।

ये त्वक्षर-मनिर्देश्य, -मव्यक्तं पर्युपासते ।
सर्वत्र-गम-चिन्त्यं च, कूटस्थ-मचलं ध्रुवम् ॥ 3 ॥
सन्नियम्येन्द्रिय-ग्रामं, सर्वत्र सम-बुद्धयः ।
ते प्राप्नुवन्ति मामेव, सर्व-भूत-हिते रताः ॥ 4 ॥

भावार्थ :– भगवान् श्रीकृष्ण उन्हें साकार रूप में भजने वाले भक्तों को श्रेष्ठ बताते हैं, लेकिन इन श्लोकों के माध्यम से वे यह भी कहते हैं कि मुझे निराकार रूप में पूजने वाले वे भक्त, जो कि अपनी इन्द्रियों को भली प्रकार से वश में करके मन बुद्धि से परे मुझ उस सर्वव्यापी, नित्य, अचल, निराकार, अविनाशी, सच्चिदानंदघन ब्रह्म की प्राप्ति में निरंतर एकीभाव से लगे रहकर प्राणिमात्र के हित में रत रहते हैं तथा हर स्थिति में समान भाव से रहते है, वे भी मुझे ही प्राप्त होते है। लेकिन–

क्लेशोऽधिक-तरस्-तेषा, मव्यक्ता-सक्त-चेतसाम् ।
अव्यक्ता हि गतिर्दुःखं, देहवद्भि-रवाप्यते ॥ 5 ॥

भावार्थ :– हे अर्जुन ! निराकार ब्रह्म की उपासना में साधकों को विशेष परिश्रम होता है। क्योंकि, ऐसे साधकों को अपना देहाभिमान छोड़ना पड़ता है कारण कि जब मनुष्य अपने इष्ट को निराकार मानता है तो उसे खुद को भी तो शरीर से अलग एक निराकार आत्मा ही मानना पड़ता है अर्थात् जब तक शरीर का अभिमान हैं, तब तक निराकार की उपासना कठिन है। ऐसा नहीं है कि निराकार की उपासना गलत हैं, लेकिन इसकी उपासना कठिन हैं। जबकि –

नोट :- निराकार भक्त एक बंदर के बच्चे की तरह होता है, जिस प्रकार एक बंदर का बच्चा जब एक डाल से दूसरे डाल पर कूदने के लिए अपनी माँ को पकड़ता है तो उस समय वह पूरी तरह अपनी पकड़ के भरोसे होता है, पकड़ मजबूत हुई तो वह दूसरी डाली पर पहुँच जाएगा लेकिन अगर पकड़ ढ़ीली हुई तो वह गिर जाएगा, जबकि साकार भक्त एक बिल्ली के बच्चे की तरह होता है जो अपनी रक्षा के लिये पूरी तरह बिल्ली के ही भरोसे होता है।

ये तु सर्वाणि कर्माणि, मयि सन्न्यस्य मत्-पराः ।
अनन्ये-नैव योगेन, मां ध्यायन्त उपासते ॥ 6 ॥

भावार्थ :– हे अर्जुन ! मेरे जो भक्त अपने किये हुए प्रत्येक कर्म को मुझे अर्पित कर देते हैं अर्थात् मुझे ही परमपूज्य और सर्वश्रेष्ठ मानकर मेरे ही आश्रित रहते हैं। साथ ही, प्रत्येक अच्छी–बुरी परिस्थिति को अपने ही पिछले कर्मों का फल जानकर सदा संतुष्ट रहते हैं और केवल मेरी ही प्राप्ति का लक्ष्य रखकर जप, ध्यान, कीर्तन आदि करते हैं।

तेषामहं समुद्धर्ता, मृत्यु-संसार-सागरात् ।
भवामि नचिरात् पार्थ, मय्यावेशित-चेतसाम् ॥ 7 ॥

भावार्थ :— उनका उद्धार मैं स्वयं करता हूँ। यहाँ भगवान श्रीकृष्ण अर्जुन को बताते हैं कि मेरे में अनन्य भाव से चित्त को लगाने वाले प्रेमी भक्तों का मैं शीघ्र ही मृत्युरूप संसार समुद्र से उद्धार कर देता हूँ। इसलिए-

मय्येव मन आधत्स्व, मयि बुद्धिम् निवेशय ।
निवसिष्यसि मय्येव, अत ऊर्ध्वन् न संशयः ॥ 8 ॥

भावार्थ :— हे अर्जुन ! तू मुझमें ही अपनी मन और बुद्धि को लगा, फिर तू मुझमें ही निवास करेगा अर्थात् तेरी सोच में, तेरी बातों में, तेरी दिनचर्या के कार्यों आदि में, मैं सदा तेरे साथ ही रहूँगा अर्थात् तुझे मेरा हर पल अनुभव होगा। इसमें कोई संशय नहीं है। लेकिन-

अथ चित्तं समाधातुं, न शक्नोषि मयि स्थिरम् ।
अभ्यास-योगेन ततो, मामिच्छाप्तुन् धनञ्जय ॥ 9 ॥

भावार्थ :— हे अर्जुन ! अगर तुझे अपनी मन-बुद्धि को मेरे में स्थिर अर्थात् पूर्णरूप से समर्पित करना कठिन लगता है तो अभ्यास योग के द्वारा मुझे प्राप्त करने का प्रयास कर क्योंकि जब मनुष्य मेरी प्राप्ति के उद्देश्य से बार-बार मेरे नाम जप, भजन-कीर्तन आदि का अभ्यास करता है। तब उसका मन शुद्ध होने लगता है और उसमें मेरी प्राप्ति की इच्छा जागृत हो जाती है और जब उसकी यह इच्छा तीव्र होने से व्याकुलता में बदल जाती है, तब वह भक्त मुझे प्राप्त कर लेता है।

अभ्यासेऽप्य-समर्थोऽसि, मत्-कर्म-परमो भव ।
मदर्थ-मपि कर्माणि, कुर्वन् सिद्धि-मवाप्स्यसि ॥ 10 ॥

भावार्थ :— लेकिन अगर तू अभ्यास योग को करने में भी असमर्थ है तो केवल मेरे लिये ही समस्त कर्म करने के परायण हो जा अर्थात् तेरे समस्त कर्मों का उद्देश्य सांसारिक व्यक्तियों अथवा वस्तुओं की प्राप्ति न होकर केवल मेरी प्राप्ति हो। जैसे-अगर तू भोजन बनाएँ तो तेरा उद्देश्य मुझे भोग लगाने का हो, धन कमाएं तो तेरा उद्देश्य मेरे ही स्वरूप सभी प्राणियों की सेवा का हो आदि। इस प्रकार धीरे-धीरे जब तू अपने सभी कर्मों को मेरे लिये करने लगेगा तो तुझमें मेरी प्राप्ति की इच्छा जागने लगेगी और जब समय के साथ-साथ तेरी यह इच्छा व्याकुलता में बदल जाएगी तो तुझे मेरी प्राप्ति हो जाएगी और-

अथै-तदप्य-शक्तोऽसि, कर्तुम् मद्योग-माश्रितः ।
सर्व-कर्म-फल-त्यागं, ततः कुरू यतात्मवान् ॥ 11 ॥

भावार्थ :— तू अगर अपने सभी कर्मों को भी मुझे अर्पित नहीं कर सकता तो अपने सभी कर्मों को संसार की भलाई की भावना से कर, लेकिन ऐसा करते हुए तेरी उन कर्मों से किसी प्रकार के फल (मान, बड़ाई, यश) आदि की इच्छा नहीं होनी चाहिये। इस प्रकार जब तू अपने कर्मों के बदले किसी भी प्रकार के फल की इच्छा का त्याग कर देगा तो इस संसार से तेरा संबंध-विच्छेद हो जाएगा। श्रीकृष्ण कर्मफल के त्याग के लिए मन और इन्द्रियों को वश में करने की आवश्यकता बताते है। मन तथा इन्द्रियों के वश में होने से ही साधक व्यक्तियों तथा वस्तुओं के मोह, द्वेष और आसक्ति को छोड़ पाएगा तथा कर्म फल की इच्छापूर्ति का त्याग कर अपने कर्मों को संसार के हित की भावना से कर पाएगा जिससे कि उसे परमशांति की प्राप्ति हो जाएगी तथा वही शान्ति उसे परमतत्व का बोध कराकर परमात्मा से मिला देगी।

श्रेयो हि ज्ञान-मभ्यासाज्, -ज्ञानाद्-ध्यानं विशिष्यते ।
ध्यानात्-कर्म-फल-त्यागस्, -त्यागाच्-छान्ति-रनन्तरम् ॥ 12 ॥

भावार्थ :— श्रीकृष्ण आगे कहते है कि मेरे अधिकांश भक्त मुझे अपने पूर्वजों से प्राप्त रीति-रिवाजों तथा नियमों के अनुसार एक नित्य अभ्यास के तहत पूजते है। उनमें से कई की मुझमें श्रद्धा होती है और कई केवल रीति-निवाजों को पूरा करने के लिये ही मेरा पूजन करते हैं। ऐसे अभ्यास रूपी पूजन से शास्त्र ज्ञान श्रेष्ठ है, जिसमें भक्त मेरी प्राप्ति के मार्ग को सही तरीके से जानकर मेरी प्राप्ति का प्रयास कर पाते है। लेकिन, मेरी प्राप्ति का केवल ज्ञान होने से ही मेरी प्राप्ति नहीं हो सकती। इसलिये, ज्ञान से श्रेष्ठ है ध्यान, जिसमें साधक ज्ञान की प्राप्ति कर मेरे ध्यान में लीन हो जाता है। परन्तु, ध्यान से भी श्रेष्ठ है कर्मफल का त्याग, जिसमें साधक अपने मन और इन्द्रियों को वश में करके मुझ में निरंतर लीन रहते हुए अपने आपको पूरी तरह से प्राणिमात्र की सेवा में लगा देता है और बदले में किसी तरह के मान-यश आदि की भी कामना नहीं करता। मेरा ऐसा साधक तत्काल ही परमशांति को प्राप्त कर लेता है। इसके अलावा—

अद्वेष्टा सर्व-भूतानां, मैत्रः करूण एव च ।
निर्ममो निरहंकारः, सम-दुःख-सुखः क्षमी ॥ 13 ॥
सन्तुष्टः सततं योगी, यतात्मा दृढ-निश्चयः ।
मय्य्यर्पित-मनो-बुद्धिर्, -यो मद्-भक्तः स मे प्रियः ॥ 14 ॥

भावार्थ :– जो मनुष्य सभी प्रकार के द्वेष-भाव से रहित है, किसी से ईर्ष्या (जलन) नहीं करता, सबसे स्वार्थरहित प्रेम करता है, दयालु है, तथा जिसमें मोह-आसक्ति नहीं है। साथ ही, वह अहंकार से रहित है, सुख-दुःख को समान रूप से देखता है, क्षमावान है अर्थात् अपराध करने वाले को भी माफ कर देता है, निरंतर संतुष्ट है, मन और इन्द्रियों सहित शरीर को वश में किये हुए हैं और मुझमें दृढ़ निश्चय वाला है। ऐसा मुझमें अपनी मन और बुद्धि को अर्पित करने वाला मेरा भक्त मुझको अति प्रिय है। साथ ही, जो मनुष्य इन गुणों की प्राप्ति का प्रयास करता है, मेरा वो भक्त भी मुझे प्रिय है।

यस्मान्नो-द्विजते लोको, लोकान्नो-द्विजते च यः ।
हर्ष-मर्ष-भयोद्वेगैर्, –मुक्तो यः स च मे प्रियः ॥ 15 ॥

भावार्थ :– श्रीकृष्ण आगे बताते हैं कि जो साधक कभी उत्तेजना में नहीं आता और किसी दूसरे को भी उत्तेजित नहीं करता, जिसे दूसरों की उन्नति देखकर जलन नहीं होती, जो सुख और दुःख को एक जैसा देखता है तथा जो किसी भी प्रकार के भय और उद्वेग (आवेश) से भी रहित है, वो भक्त मुझे प्रिय है। साथ ही-

अनपेक्षः शुचिर्-दक्ष, उदासीनो गत-व्यथः ।
सर्वारम्भ-परित्यागी, यो मद्-भक्तः स मे प्रियः ॥ 16 ॥

भावार्थ :– मेरा जो भक्त किसी भी प्रकार के कर्मफल की इच्छा या आकांक्षा से रहित है, प्रत्येक कर्म को बस अपना कर्तव्य समझकर पूरी ईमानदारी और चतुरता से करता है, अनावश्यक नये-नये कर्मों में नहीं फंसता, जिससे कि उसका ध्यान मुझसे हट जाएँ तथा उसे इस राह में सुख मिले या दुःख, वह पूर्ण संतुष्ट है। इतना ही नहीं, वह तो केवल दूसरों के हित की भावना से ही अपने कर्तव्य कर्मों को करता है तथा अपने आस-पास के स्थान की तथा अपने मन की शुद्धि का भी पूरा ध्यान रखता है। मेरा ऐसा भक्त भी मुझे प्रिय है।

नोट :– श्रीकृष्ण पिछले कुछ श्लोकों में अपने साधक भक्तों (जो भक्त उनकी प्राप्ति के प्रयासों में लगे हैं) के लक्षण बता रहे थे। अब अगले तीन श्लोकों में वे अपने सिद्ध भक्तों के अर्थात् उनके जिन भक्तों ने उन्हें अपने जीवन के हर क्षण में अनुभव कर लिया है, उनके लक्षण बता रहे है।

यो न हृष्यति न द्वेष्टि, न शोचति न काड्.क्षति ।
शुभाशुभ-परित्यागी, भक्ति-मान्यः स मे प्रियः ॥ 17 ॥

भावार्थ :– श्रीकृष्ण कहते हैं कि मेरे सिद्ध भक्तों का सांसारिक भोगों, व्यक्तियों तथा वस्तुओं से कोई लगाव होता ही नहीं, इसलिये उनका इनसे किसी प्रकार का द्वेष

(ईर्ष्या) भी नहीं होता। उन्हें किसी भी सांसारिक व्यक्ति या वस्तु की प्राप्ति से न तो खुशी होती है और न ही अप्राप्ति से दुःख। वह किसी भी कार्य को न ही किसी के प्रति मोह या लगाव वश करता है और न ही शत्रुता वश। केवल मेरी ही भक्ति में सदा लीन मेरा ऐसा भक्त मुझे प्रिय है।

समः शत्रौ च मित्रे च, तथा मानाप-मानयोः ।
शीतोष्ण-सुख-दुःखेषु, समः संग-विवर्जितः ॥ 18 ॥
तुल्य-निन्दा-स्तुतिर्-मौनी, सन्तुष्टो येन केनचित् ।
अनिकेतः स्थिर-मतिर्, भक्तिमान् मे प्रियो नरः ॥ 19 ॥

भावार्थ :— श्रीकृष्ण सिद्धि प्राप्त अपने एक और भक्त के लक्षण बताते हुए कहते हैं कि मेरे ऐसे भक्त के सामने शत्रु आए चाहे मित्र, वह दोनों से ही समान रूप से व्यवहार करता है, उसे सम्मान मिले या अपमान, उसके मन में किसी तरह के भाव नहीं उठते। वह सर्दी-गर्मी अथवा सुख-दुःख सभी में समान भाव से रहता है एवं हर प्रकार के मोह तथा आसक्ति से भी रहित है। उसकी चाहे निन्दा हो या स्तुति, वह हर स्थिति में समान रहते हुए केवल मेरा ही चिंतन करता रहता है। उसका अपना जीवन-निर्वाह चाहे जैसे भी हो रहा हो, उसके रहने का स्थान जैसा भी हो, वह सदा संतुष्ट रहता है। उसका अपने शरीर से कोई लगाव नहीं होता है तथा उसकी बुद्धि केवल मुझमें ही टिकी होती है। मेरा ऐसा पूरी तरह से मुझमें लीन भक्त मुझे प्रिय है।

ये तु धर्म्यामृत-मिदं, यथोक्तं पर्युपासते ।
श्रद्-दधाना मत्-परमा, भक्तास्-तेऽतीव मे प्रियाः ॥ 20 ॥

भावार्थ :— इस प्रकार श्रीकृष्ण अलग-अलग श्लोको द्वारा उनकी प्राप्ति की राह में लगे हुए और अपने सिद्धि प्राप्त भक्तों के लक्षण बताने के बाद अब अपने नये भक्तों के लिये कहते हैं कि जो मनुष्य मुझमें पूरी श्रद्धा रखकर और पूरी तरह मेरे ही आश्रित होकर मेरे द्वारा कहे गए इन धर्ममय वचनों को अच्छी तरह समझ कर जीवन में उतारने का प्रयास करता है, मेरा वो भक्त भी मुझे अत्यंत प्रिय है।

इस प्रकार ओउम्-तत्-सत् इन भगवन्नामों के उच्चारणपूर्वक ब्रह्मविद्या और योगशास्त्रमय श्रीमद्भगवद्गीता रूपी उपनिषद के श्रीकृष्ण और अर्जुन के संवाद में 'भक्तियोग' नामक बारहवाँ अध्याय पूर्ण हुआ ।

जय श्री कृष्ण

तेरहवाँ अध्याय

अर्जुन उवाच

प्रकृतिं पुरुषं चैव क्षेत्रं क्षेत्रज्ञमेव च ।
एतद्वेदितुमिच्छामि ज्ञानं ज्ञेयं च केशव ।। 1 ।।

भावार्थ :— जैसे-जैसे भगवान श्रीकृष्ण से अर्जुन को विभिन्न विषयों पर ज्ञान प्राप्त होता जा रहा था, उनकी ज्ञान प्राप्ति की इच्छा और भी बढ़ती ही जा रही थी। भगवान के सगुण-साकार रूप तथा उसकी उपासना के तरीकों के बारे में विस्तार से जानने के बाद अब अर्जुन के मन में उनके निर्गुण-निराकार रूप तथा उसकी उपासना के तरीकों के बारे में जानने की जिज्ञासा उत्पन्न हुई, इसलिये वे भगवान श्रीकृष्ण से प्रश्न करते हैं कि हे केशव, मैं प्रकृति और पुरुष तथा क्षेत्र और क्षेत्रज्ञ के बारे में जानना चाहता हूँ। साथ ही मैं यह भी जानना चाहता हूँ कि सच्चा ज्ञान क्या है और ज्ञान प्राप्ति का उद्देश्य क्या है।

श्रीभगवान् उवाच

इदं शरीरं कौन्तेय, क्षेत्र-मित्यभि-धीयते ।
एतद्यो वेत्ति तं प्राहुः, क्षेत्रज्ञ इति तद्-विदः ।। 2 ।।

भावार्थ :— इस पर अर्जुन के प्रश्नों का उत्तर देते हुए भगवान श्रीकृष्ण कहते हैं कि हे कुन्तीपुत्र अर्जुन। हमारा यह शरीर क्षेत्र (खेत) की तरह है। जैसे क्षेत्र में बोये हुए बीजों का उनके अनुरूप फल समय आने पर प्रकट होता है वैसे ही हमारे शरीर द्वारा किये गये कर्मों का भी फल समय-समय पर प्रकट होता है। इसलिये हमारे शरीर का एक नाम क्षेत्र भी है और जिससे इस क्षेत्र (शरीर) का अस्तित्व है तथा जिसके होने से ही इस क्षेत्र का होना माना जाता है, उस आत्मा को ही क्षेत्रज्ञ नाम से जाना जाता है।

क्षेत्रज्ञं चापि मां विद्धि, सर्व-क्षेत्रेषु भारत ।
क्षेत्र-क्षेत्रज्ञयोर्-ज्ञानं, यत्तज्-ज्ञानं मतं मम ।। 3 ।।

भावार्थ :— हे अर्जुन ! यह शरीर (क्षेत्र) और आत्मा (क्षेत्रज्ञ) दो भिन्न वस्तुएँ है। यह शरीर प्रकृति में पाये जाने वाले पाँच पदार्थों (पृथ्वी, जल, अग्नि, वायु और आकाश) से मिलकर बना है, इसलिए यह शरीर मेरी प्रकृति का अंश है, जबकि आत्मा मेरा ही अंश है और चूंकि क्षेत्रज्ञ (आत्मा) के बिना क्षेत्र (शरीर) का कोई महत्व नहीं है, इसलिए शरीर रूपी सभी क्षेत्रों (शरीरों) का मूल क्षेत्रज्ञ (परम आत्मा) तू मुझको ही जान। क्षेत्र (शरीर)

की इस संसार के साथ एकता है और क्षेत्रज्ञ (आत्मा) की मेरे साथ एकता है। इस प्रकार, जो क्षेत्र-क्षेत्रज्ञ का ज्ञान है, वही मेरे मत में असली ज्ञान है।

तत्-क्षेत्रं यच्च यादृक् च, यद्-विकारि यतश्-च यत् ।
स च यो यत् प्रभावश्-च, तत् समासेन मे श्रृणु ॥ 4 ॥

भावार्थ :— इस क्षेत्र (शरीर) का जो स्वरूप है, जैसा स्वभाव है अथवा क्षेत्र-क्षेत्रज्ञ (शरीर- आत्मा) के माने हुए संबंध के कारण क्षेत्र (शरीर) में इच्छा-द्वेष आदि जो बुराइयाँ है तथा क्षेत्र जिससे पैदा होता है, यह सब तू मुझसे सुन। साथ ही तू क्षेत्रज्ञ अर्थात आत्मा के भी स्वरूप तथा प्रभाव के बारे में मुझसे संक्षेप में सुन ।

ऋषिभिर्-बहुधा गीतं, छन्दोभिर्-विविधैः पृथक् ।
ब्रह्मसूत्र-पदैश्-चैव, हेतुमद्भिर्-विनिश्चितैः ॥ 5 ॥

भावार्थ :— हे पार्थ! वेदों के जानकार तथा शास्त्रों-पुराणों आदि के रचयिता ऋषियों ने क्षेत्र-क्षेत्रज्ञ का बहुत ही विस्तार से वर्णन किया है। इतना ही नहीं, अनेकों तर्कों से युक्त तथा अच्छी प्रकार से निश्चित किये हुए ब्रह्मसूत्र के पदों में भी क्षेत्र-क्षेत्रज्ञ का विस्तार से वर्णन किया गया है।

महाभूता-न्यहंकारो, बुद्धि-र्व्यक्त-मेव च ।
इन्द्रियाणि दशैकं च, पञ्च चेन्द्रिय-गोचराः ॥ 6 ॥

भावार्थ :— श्रीकृष्ण अब पहले क्षेत्र (शरीर) के बारे में बताना आरंभ करते हुए कहते हैं कि जीवों का शरीर प्रकृति, पंच महाभूत (अग्नि, जल, वायु, आकाश और पृथ्वी), पाँच ज्ञानेन्द्रियाँ (आँख, नाक, कान, जीभ तथा त्वचा), पाँच कर्मेन्द्रियाँ (हाथ, पाँव, मुँह, उपस्थ और गुहा), इन्द्रियों के पाँच विषय (देखना, सुनना, सूंघना, छूना और स्वाद लेना), अहंकार, बुद्धि और मन इन चौबीस तत्त्वों के मेल से बना है तथा –

इच्छा द्वेषः सुखं दुःखं, संघातश्-चेतना धृतिः ।
एतत् क्षेत्रं समासेन, सविकार-मुदाहृतम् ॥ 7 ॥

भावार्थ :— इस क्षेत्र (शरीर) में इच्छा, द्वेष, दुःख, संघात (शरीर), चेतना (प्राण शक्ति) और धृति (धारण शक्ति) - ये छः विकार (बुराइयाँ) है। लेकिन इनमें भी मुख्य विकार है इच्छा । इच्छित वस्तुओं की प्राप्ति होने या ना होने से ही मनुष्य सुखी या दुःखी रहता है। साथ ही, उन वस्तुओं की प्राप्ति न होने पर जिस व्यक्ति के कारण उसकी वह इच्छा पूरी नहीं हो पाई, उसके प्रति द्वेष या शत्रुता का भाव भी मन में आता है। इसके अलावा यह शरीर (संघात) भी अपने आप में एक बुराई ही है, जिसमें बसने वाली चेतना

या प्राणशक्ति नित घटती रहती है और मनुष्य इस शरीर सहित प्राणशक्ति को अर्थात् जीवन को बचाने तथा बढ़ाने के प्रयास में सदा लगा रहता है। अगली बुराई है– धृति या धारण शक्ति। यह शरीर, मन तथा बुद्धि कभी अच्छी बात को अपनाती (धारण करती) है तो कभी बुरी बात को। इस प्रकार यह भी शरीर (क्षेत्र) का एक विकार ही है।

अमानित्व-मदभित्व, -महिंसा क्षान्ति-राजवम् ।
आचार्यो-पासनं शौचं, स्थैर्य-मात्म-विनिग्रहः ॥ 8 ॥

भावार्थ :– क्षेत्र और क्षेत्रज्ञ का ज्ञान इन विकारों से भरे क्षेत्र (शरीर) में ज्ञान का प्रकाश लाता है। साथ ही, क्षेत्रज्ञ (आत्मा) को मुक्ति के मार्ग पर भी ले जाता है, लेकिन इस ज्ञान की प्राप्ति केवल बुद्धि द्वारा नहीं की जा सकती। इसे प्राप्त करने के लिये मन की शुद्धि की भी बहुत आवश्यकता होती है। इसलिए हे अर्जुन ! मैं तुम्हें कुछ आवश्यक गुणों, आदतों तथा स्वभाव आदि के बारे में बताता हूँ जिनके होने से मनुष्य का हृदय पवित्र होता है तथा उसमें ज्ञान का प्रकाश आता है। वे गुण है श्रेष्ठता के अभिमान का अभाव, घमण्ड का अभाव, किसी भी प्राणी को किसी भी तरह से न सताना, बोलने में और मन में सादगी, श्रद्धा और भक्ति के साथ गुरू की सेवा करना, बाहर और भीतर की शुद्धि अर्थात् अपने शरीर और आस-पास की सफाई के साथ मन और बुद्धि में भी दया, उदारता आदि गुणों का होना तथा बुद्धि की स्थिरता और मन का वश में होना ।

इन्द्रियार्थेषु वैराग्य, मनहङ्कार एव च ।
जन्म-मृत्यु-जरा-व्याधि, दुःख-दोषानु-दर्शनम् ॥ 9 ॥

भावार्थ :– इसके अलावा एक सच्चे ज्ञानी में इस लोक तथा परलोक के सम्पूर्ण भोगों की आसक्ति का अभाव होता है। साथ ही, उसमें किसी बात का अहंकार भी नहीं होता, वह केवल यह सोचता है कि जन्म, मृत्यु, बुढ़ापा, ये नाशवान शरीर तथा इसमें रहने वाली बीमारियाँ, ये ही समस्त दुःखों का कारण है और हमें कुछ ऐसा करना चाहिये कि हमें बार-बार इस जन्म-मृत्यु के चक्कर में न आना पड़े ।

असक्ति-रनभिष्वङ्गः, पुत्र-दार-गृहादिषु ।
नित्यं च सम-चित्तत्व, मिष्टानिष्टो-पपत्तिषु ॥ 10 ॥

भावार्थ :– ऐसा मनुष्य सभी सांसारिक व्यक्तियों, वस्तुओं आदि से सुख लेने की इच्छा का त्याग कर देता है। पुत्र, स्त्री, घर, जमीन, पशु, धन सहित अन्य किन्हीं भी भौतिक वस्तुओं में से जिनके साथ भी उन्हें अपना संबंध दिखाई देता है, वह उनकी देखभाल और सेवा तो करता है, पर उनसे किसी भी प्रकार का सुख लेने की इच्छा नहीं

रखता । साथ ही अनुकूल या प्रतिकूल व्यक्ति, वस्तु, परिस्थिति आदि के प्राप्त होने पर उसमें सुख-दुःख, मोह-दुश्मनी, क्रोध आदि भाव नहीं आते तथा उसके मन में सभी जीवों के प्रति एवं सभी परिस्थितियों में भी समान भाव रहता है ।

मयि चानन्य-योगेन, भक्ति-र्व्यभिचारिणी ।
विविक्त-देश-सेवित्व, मरातिर्-जन-संसदि ।। 11 ।।

भावार्थ :— उसकी मेरे सिवाय किसी से कुछ भी पाने की कोई इच्छा नहीं होती। एकान्त में रहकर परमात्मा का चिंतन करने का उसका स्वभाव होता है, पर ऐसा स्थान ना मिले तो भी वह विचलित नहीं होता, उपलब्ध साधनों में ही वह मेरी प्राप्ति के प्रयासों में लगा रहता है। साधारण सामाजिक घटनाओं में वह रूचि नहीं लेता अर्थात कहाँ क्या हो रहा है, कब होगा, कैसे होगा, ये सब जानने में उसकी रूचि नहीं होती, लेकिन जहाँ ईश्वर चर्चा हो रही हो तो उसमें उसकी रूचि अवश्य होती है।

अध्यात्म-ज्ञान-नित्यत्वं, तत्त्व-ज्ञानार्थ-दर्शनम् ।
एतज्-ज्ञान-मिति प्रोक्त, -मज्ञानं यदतोऽन्यथा ।। 12 ।।

भावार्थ :— एक सच्चा ज्ञानी जानता है कि संसार की तो निरन्तर उत्पत्ति और विनाश होता ही रहता है। परन्तु, परमात्मा नित्य-निरंतर रहता है, उसका कभी भी नाश नहीं होता और परमात्मा के बिना इस संसार का कोई आस्तित्व ही नहीं है। ऐसे मनुष्य को सृष्टि के हर प्राणी तथा वस्तु में परमात्मा के दर्शन होते हैं तथा वह उन्हें (परमात्मा को) हर पल अनुभव भी करता है। इसलिए, जिस साधक में ये सारे गुण आ जाते हैं, वहीं असली ज्ञानी है और परमात्मा को सृष्टि के मूल आधार के रूप में मानना, देखना और अनुभव करना ही सच्चा ज्ञान है और बाकी जो बातें इसके विपरीत है, वही अज्ञान है। ऐसा हमारे वेदों, शास्त्रों तथा पुराणों में भी कहा गया है ।

ज्ञेयं यत्तत्-प्रवक्ष्यामि, यज्-ज्ञात्वा-मृत-मश्नुते ।
अनादिमत्-परं बंह्म, न सत्-तन्ना-सदुच्यते ।। 13 ।।

भावार्थ :— हे अर्जुन ! एक ज्ञानी के आवश्यक गुण बताने के बाद अब मैं तुम्हें उसके लिये जो जानने योग्य परमतत्व है, उसे भी अच्छी प्रकार कहूँगा, जिसे जानकर मनुष्य अमरता को अनुभव कर लेता है अर्थात जिसको जानने के बाद कुछ भी जानना, करना, पाना आदि बाकी नहीं रहता। इस संदर्भ में श्रीकृष्ण सबसे पहले निर्गुण-निराकार ब्रह्म के बारे में बताते हुए कहते हैं कि वह जानने योग्य परमतत्व अनादि और परब्रह्म है जो कि सत् (कभी नष्ट न होने वाला) और असत् (नष्ट होने वाला) दोनों ही नहीं कहा

जा सकता, क्योंकि सब जगह वो ही तो है, उसके सिवाय कुछ है ही नहीं, तो फिर क्या सत् और क्या असत् ।

नोट :- नाशवान् सृष्टि भी परमात्मा का ही रूप है और अनश्वर आत्मा भी, तो फिर ऐसा कुछ बचा ही नहीं, जो परमात्मा का भाग न हो ।

सर्वतः-पाणि-पादं तत्, सर्वतोऽक्षि-शिरो-मुखम् ।
सर्वतः-श्रुतिमल्-लोके, सर्व-मावृत्य तिष्ठति ॥ 14 ॥

भावार्थ :— अब सगुण-निराकार परमात्मा की व्याख्या करते हुए श्रीकृष्ण कहते है, उन परमात्मा का कोई आकार नहीं है अर्थात् उनके हाथ, पैर, नेत्र, सिर, मुख आदि नहीं है, लेकिन अपने साधकों की मन की भावना के अनुसार वे अनेक हाथों, पैरों, नेत्रों, मुखों तथा सिरों वाले हो जाते है अर्थात् अगर उनके साधक उन्हें कहीं से भी कुछ भी अर्पण करना चाहते है, तो उनसे उसे वहाँ से लेने के लिए भगवान के हाथ वहाँ मौजूद हैं, परमात्मा को कोई साधक प्रणाम करता है तो वहीं उनके चरण मौजूद हैं आदि। इस प्रकार वे संसार में सबको व्याप्त करके स्थित है।

सर्वेन्द्रिय-गुणाभासं, सर्वेन्द्रिय-विवर्जितम् ।
असक्तं सर्वभृच्-चैव, निर्गुणं गुण-भोक्तृ च ॥ 15 ॥

भावार्थ :— वे परमात्मा इन्द्रियों से रहित हैं अर्थात संसारी जीवों की तरह उनके हाथ-पैर, नेत्र आदि इन्द्रियाँ नहीं है, लेकिन वे उन इन्द्रियों के विषयों को ग्रहण करने में समर्थ है। जैसे वे कानों से रहित होने पर भी अपने भक्तों की पुकार सुन लेते है। नेत्रों से रहित होने पर भी जीव मात्र को देखते रहते है आदि। उनका सभी प्राणियों से अपनापन है, पर वे किसी प्राणी के मोह (आसक्ति) में नहीं बंधे हैं। मोहरहित होते हुए भी वे बड़े से बड़े और छोटे से छोटे सभी प्राणियों का उचित रूप से भरण-पोषण करते है। साथ ही वे सत् रज और तम, इन तीनों गुणों से उपर है अर्थात ये तीनों ही गुण उन्हें प्रभावित नहीं करते, लेकिन वे हर प्राणी द्वारा इन तीनों गुणों के अन्तर्गत किये गये कार्यों का हिसाब रखते है और उसके अनुसार ही उन्हें फल भी देते हैं।

बहिरन्तश्च-च भूताना, -मचरं चरमेव च ।
सूक्ष्मत्वात्-तद-विज्ञेयं, दूरस्थं चान्तिके च तत् ॥ 16 ॥

भावार्थ :— जैसे बर्फ से बने हुए घड़ों को यदि समुद्र में डाल दिया जाए तो उन घड़ों के बाहर भी जल है, भीतर भी जल है और वे स्वयं भी जल का ही एक रूप है। ऐसे ही संपूर्ण प्राणियों के बाहर भी परमात्मा है, भीतर भी परमात्मा है और वे स्वयं भी परमात्मा

का स्वरूप ही है अर्थात संसार में परमात्मा के सिवाय कुछ भी नहीं है। दूर से दूर स्थान, समय, वस्तु तथा व्यक्ति में भी वहीं परमात्मा है और पास से पास स्थान, समय, वस्तु तथा व्यक्ति में भी वहीं परमात्मा है। जो मनुष्य सांसारिक वस्तुओं के भोग और संग्रह में लगे हैं, उनके लिए परमात्मा दूर है तथा जो परमात्मा की प्राप्ति में लगे है उनके लिये परमात्मा पास है।

परमात्मा अत्यंत सूक्ष्म होने से इन्द्रियों, मन और बुद्धि के द्वारा जानने में नहीं आता, परन्तु जो मनुष्य अपनी इन्द्रियों और मन के साथ अपना संबंध-विच्छेद करके परमात्मा की प्राप्ति में लग जाता है। उसके द्वारा परमात्मा अवश्य ही जाना जा सकता है।

नोट :– परमात्मा इतना सूक्ष्म है कि सृष्टि के छोटे से छोटे जीव जिन्हें हम अपनी इन आँखों के द्वारा देख भी नहीं सकते, उसमें भी परमात्मा का अंश विधमान है और इतना विशाल है कि सारी सृष्टि उनका ही रूप है।

अविभक्तं च भूतेषु, विभक्त-मिव च स्थितम् ।
भूत-भर्तृ तज्-ज्ञेयं, ग्रसिष्णु प्रभविष्णु च ॥ 17 ॥

भावार्थ :– इस संपूर्ण संसार में देखने और सुनने में जितने भी प्राणी आते है, उन सबके अलग-अलग दिखते हुए भी उसमें स्थित परमात्मा एक ही है। वे ही परमात्मा ब्रह्मा रूप से सबको उत्पन्न करने वाले, विष्णु रूप से सबका पालन करने वाले और रूद्र रूप से सबका संहार करने वाले हैं अर्थात् वहीं निराकार परमात्मा सृष्टि की उत्पत्ति, पालन और संहार करने के कारण ब्रह्मा, विष्णु और शिव नाम धारण करते है।

ज्योतिषा-मपि तज्-ज्योतिस्, तमसः पर-मुच्यते ।
ज्ञानं ज्ञेयं ज्ञान-गम्यं, हृदि सर्वस्य विष्ठितम् ॥ 18 ॥

भावार्थ :– संसार की सभी वस्तुएँ जिनके प्रकाश से प्रकाशित होती है, वे सूर्य और चन्द्रमा भी परमात्मा द्वारा उनको दी गई शक्ति के द्वारा ही प्रकाशित होते है। साथ ही, संसार की सभी प्रकाशमान वस्तुओं का प्रकाश तो महाप्रलय के समय समाप्त हो जाता है, लेकिन परमात्मा का प्रकाश सदा एक समान ही रहता है। ऐसे विलक्षण परमात्मा के तीन अनूठे नाम है (१) वेदकृत अर्थात् जिन्होंने वेदों को प्रकट किया है और जिससे सृष्टि का संपूर्ण ज्ञान उत्पन्न हुआ है। (२) वेदक्ति अर्थात् जो वेदों के ज्ञान का ज्ञाता है। और (३) वेदविद्य अर्थात् जिसे वेदों के द्वारा जाना जा सकता है। साथ ही, ऐसे सर्वसमर्थ परमात्मा की प्राप्ति भी बहुत आसान है, क्योंकि वे सभी प्राणियों के हृदय में ही विराजमान है, बस अपने हृदय को उनमें लगाने भर की देर है।

इति क्षेत्रं तथा ज्ञानं, ज्ञेयं चोक्तं समासतः ।
मद्-भक्त एतद्-विज्ञाय, मद्भावा-योपपद्यते ।। 19 ।।

भावार्थ :-- हे पार्थ ! इस प्रकार मैंने तुझे क्षेत्र, ज्ञान और जानने योग्य परमात्मा (ज्ञेय) के बारे में बताया। मेरा ज्ञानी भक्त इनको तत्व से जानकर मेरे ही स्वरूप को प्राप्त हो जाता है। क्षेत्र (शरीर) को जान लेने से मनुष्य का अपने शरीर से संबंध विच्छेद हो जाता है। उसके बाद ज्ञान की प्राप्ति कर मनुष्य परमात्मा की प्राप्ति के प्रयासों में लग जाता है और फिर ज्ञेय (परमात्मा) को ठीक प्रकार से जान लेने पर उसकी प्राप्ति हो जाती है।

प्रकृतिं पुरूषं चैव, विद्ध्यनादी उभावपि ।
विकारांश्च गुणांश्च-चैव, विद्धि प्रकृति-सम्भवान् ।। 20 ।।

भावार्थ :-- अब अर्जुन के एक अन्य प्रश्न का उत्तर देते हुए भगवान श्रीकृष्ण प्रकृति और पुरूष के बारे में बताते है। वे कहते हैं कि प्रकृति सम्पूर्ण जगत की उत्पत्ति का मूल कारण है, जबकि पुरूष आत्मा को कहा जाता है। प्रकृति और पुरूष दोनों ही अनादि (सृष्टि के आरम्भ से विद्यमान) है लेकिन शरीर में रहने वाले सभी विकार (इच्छा, द्वेष, सुख-दुःख, संघात, चेतना और धृति) तथा तीनों गुण (सत्, रज, तम) प्रकृति से ही उत्पन्न होते है अर्थात् आत्मा में कोई गुण या दोष नहीं है, क्योंकि यह तो परमात्मा का अंश है।

कार्य-करण-कर्तृत्वे, हेतुः प्रकृति-रूच्यते ।
पुरूषः सुख-दुःखानां, भोक्तृत्वे हेतु-रूच्यते ।। 21 ।।

भावार्थ :-- साथ ही मनुष्य के द्वारा जो भी क्रियाएँ की जाती है, वे भी कार्य और करण (जिसके द्वारा कार्य किया जाता है) के मेल से ही होती हैं, आत्मा का उसमें कोई योगदान नहीं होता। कार्य क्या है, यह बताते हुए श्रीकृष्ण कहते हैं कि प्रकृति के कार्य के अंतर्गत पंच महाभूत (आकाश, पृथ्वी, अग्नि, जल और वायु) तथा इन्द्रियों के पाँच विषय (देखना, सुनना, सूंघना, स्पर्श करना तथा स्वाद लेना) आते हैं। जबकि, करण के अंतर्गत पाँच ज्ञानेन्द्रियाँ (आँख, नाक, कान, जीभ तथा त्वचा), पाँच कर्मेन्द्रियाँ (हाथ, पाँव, मुँह, उपस्थ और गुदा), मन, बुद्धि और अहंकार आते हैं। कार्य और करण दोनों ही प्रकृति से उत्पन्न होते है और इन्हीं दोनों के मेल से सभी क्रियाएँ होती हैं। इन क्रियाओं के अनुकूल या प्रतिकूल होने से ही शरीर को सुख या दुःख की प्राप्ति होती है, लेकिन आत्मा शरीर के इस सुख या दुःख को अपना मान लेती है।

पुरूषः प्रकृतिस्थो हि, भुड़.क्ते प्रकृतिजान्-गुणान् ।
कारणं गुण-सड़.गोऽस्य, सदसद्-योनि-जन्मसु ॥ 22 ॥

भावार्थ :— वास्तव में आत्मा और शरीर एक है ही नहीं, परन्तु जब आत्मा शरीर के साथ संबंध जोड़कर उसे अपना मान लेती है तो वह शरीर द्वारा तीनों प्रकार के गुणों के वश में होकर किये गये कार्यों का भोक्ता बनती है, जिससे उसे बार-बार भिन्न-भिन्न योनियों में भटकना पड़ता है, लेकिन अगर आत्मा शरीर से अपना कोई संबंध ना माने और शरीर द्वारा किये गये किसी भी कार्य में 'मैं पन' की भावना से ऊपर उठ जाए अर्थात् शरीर द्वारा किया जाने वाला हर कार्य केवल दूसरों के हित की भावना से तथा अपने कर्तव्यों को भली-भांति पूरा करने के लिये हो, अपनी किसी इच्छा-पूर्ति के लिये नहीं, तो ''मैं'' और ''मेरा'' समाप्त होते ही शरीर का आत्मा से संबंध-विच्छेद हो जाता है और उसकी मुक्ति हो जाती है।

उप-द्रष्टा-नुमन्ता च, भर्ता भोक्ता महेश्वरः ।
परमात्मेति चाप्युक्तो, देहेऽस्मिन्-पुरूषः परः ॥ 23 ॥

भावार्थ :— यह आत्मा कई नामों से जानी जाती है। जब यह शरीर के साथ अपना संबंध मानती है तो उसे 'उपद्रष्टा' नाम दिया जाता है। उसी प्रकार जब यह किसी कार्य के होते समय उसमें प्रभु की इच्छा न मानकर अपनी सम्मति या अनुमति देती है, तब इस आत्मा को 'अनुमन्ता' कहा जाता है। उसी प्रकार, जब यह शरीर के साथ मिलकर उसके भरण पोषण तथा संरक्षण (हिफाजत) का प्रयास करती है तो आत्मा का नाम 'भर्ता' हो जाता है। यह आत्मा ही शरीर में अनुकूल तथा प्रतिकूल परिस्थितियों से मिलने वाले सुख अथवा दुःख से अपना संबंध जोड़कर उसकी 'भोक्ता' भी बन जाती है। साथ ही जब आत्मा अपने को शरीर, इन्द्रियाँ, मन, बुद्धि, धन, संपत्ति आदि का मालिक मानती है, तब वह 'महेश्वर' नाम से कही जाती है। लेकिन आत्मा का असली स्वरूप इनसे अलग है। इसे शास्त्रों में परम-आत्मा कहा गया है क्योंकि ये परमात्मा का ही एक अंश है और इसीलिए शरीर में रहते हुए भी इसका शरीर के साथ कोई संबंध नहीं है।

य एवं वेत्ति पुरूषं, प्रकृतिं च गुणैः सह ।
सर्वथा वर्तमानोऽपि, न स भूयोऽभि-जायते ॥ 24 ॥

भावार्थ :— जो मनुष्य इस आत्मा को शरीर से अलग जान लेता है और यह समझ लेता है कि इस संसार में जो कुछ भी हो रहा है वह प्रकृति (शरीर) और इसमें रहने वाले तीन तरह के गुणों के मेल से ही हो रहा है, तो फिर वह वर्ण, आश्रम, परिस्थिति आदि

के अनुसार अपने कर्तव्यरूपी कर्मों को करता हुआ भी पुनर्जन्म को प्राप्त नहीं होता।

नोट :– यहाँ कर्तव्यरूपी कर्मों में निषिद्ध कर्मों जैसे चोरी, डकैती आदि को नहीं लेना चाहिये।

ध्याने-नात्मनि पश्यन्ति, केचिदात्मान-मात्मना ।

अन्ये साङ्ख्येन योगेन, कर्म-योगेन चापरे ॥ 25 ॥

भावार्थ :– अब भगवान श्रीकृष्ण अपने द्वारा बताये गये जन्म-मरण से रहित होने के अनेक उपायों का विश्लेषण करते हुए कहते हैं कि हे अर्जुन । परमात्मा एक है लेकिन उसकी प्राप्ति के कई साधन हैं। जिस प्रकार सांख्ययोग द्वारा आत्मा और शरीर को अलग-अलग जान लेने से आत्मा शरीर के मोह से रहित होकर परमात्मा की प्राप्ति में लग जाती है। उसी प्रकार ध्यानयोग द्वारा ध्यान का धीरे-धीरे अभ्यास करते हुए जब मन अपने नियंत्रण में आ जाता है, तो उस अवस्था में मनुष्य संसार, शरीर आदि की चिन्ता से उपर उठकर अपने हृदय में स्थित उस परमात्मतत्व को अनुभव करके संतुष्ट हो जाता है। इसी प्रकार कर्मयोगी जो कुछ भी करता है, वह संसार के हित के लिये ही करता है। ऐसा करने से उसका स्वयं का क्रियाओं, पदार्थ, शरीर आदि से संबंध-विच्छेद हो जाता है और फिर उसे अपने आप में ही परमात्मतत्व का अनुभव हो जाता है। लेकिन–

अन्ये त्वेव-मजानन्तः, श्रुत्वान्येभ्य उपासते ।

तेऽपि चाति-तरन्त्येव, मृत्युं श्रुति-परायणाः ॥ 26 ॥

भावार्थ :– कई ऐसे मनुष्य भी होते है जो परमात्मा प्राप्ति के इन साधनों (कर्मयोग, ध्यानयोग, सांख्य योग आदि) को नहीं जानते और इसी कारणवश वे तत्व को जानने वाले महापुरूषों की बातें सुनकर उनके बताये अनुसार ही भक्ति करने लगते है। इन मनुष्यों में भी जिनकी परमात्मा के प्रति सच्ची श्रद्धा और उनकी प्राप्ति का दृढ़ निश्चय होता है, वे मनुष्य इन साधनों को ना जानने पर भी केवल तत्वज्ञानी पुरूषों की बातें सुनकर एवं उसके अनुसार उपासना करते हुए भी मृत्यु रूपी इस संसार सागर को निःसंदेह पार कर जाते है। लेकिन–

यावत् सञ्जायते किञ्चित्, सत्त्वं स्थावर-जङ्गमम् ।

क्षेत्र-क्षेत्रज्ञ-संयोगात्, तद्-विद्धि भरतर्षभ ॥ 27 ॥

भावार्थ :– जीव को बार-बार इस जन्म-मरण के चक्र में आना ही क्यों पड़ता है, यह बताते हुए श्रीकृष्ण कहते हैं कि जितने भी स्थावर (जो चल-फिर नहीं सकते) और

जंगम (जो चल-फिर सकते है) प्राणी इस संसार में है, वे सब के सब आत्मा और शरीर के संयोग से ही पैदा होते है। जब यह आत्मा शरीर के साथ 'मैं' और 'मेरा' का संबंध मानकर परमात्मा से दूर हो जाती है, जिससे कि इसका वास्तविक संबंध है, तभी इस आत्मा को बार-बार पुनर्जन्म के चक्करों में आना पड़ता है। परन्तु जब यह आत्मा शरीर के साथ अपना संबंध विच्छेद करके परमात्मा के साथ अपना संबंध जोड़ लेती है तब इसका पुनर्जन्म नहीं होता। हे अर्जुन ! तुम इस बात को ठीक से समझ लो । साथ ही –

समं सर्वेषु भूतेषु, तिष्ठन्तं परमेश्वरम् ।
विनश्यत्स्व-विनश्यन्तं, यः पश्यति स पश्यति ।। 28 ।।

भावार्थ :– संसार में अनेकों प्रकार के प्राणी होते हुए भी परमात्मा सबमें समान रूप से रहता है, किसी में कम या ज्यादा नहीं । प्राणी नष्ट होते रहते है और भिन्न भिन्न योनियों में जन्म भी लेते रहते है, पर उनमें स्थित परमात्मा कभी नष्ट नहीं होता। इस प्रकार जो मनुष्य हर क्षण नाश की तरफ बढ़ते हुए इस संसार में, केवल परमात्मा को विनाशरहित तथा सबमें समान भाव से स्थित देखता है, वही वास्तव में सही देखता है।

समं पश्यन् हि सर्वत्र, सम-वस्थित-मीश्वरम् ।
न हिनस्त्यात्म-नात्मानं, ततो याति परां गतिम् ।। 29 ।।

भावार्थ :– क्योंकि जो ज्ञानी मनुष्य सब जगह समानरूप से परमात्मा को ही स्थित देखता है तथा उस परमात्मा के साथ अपने सदा रहने वाले संबंध को अनुभव करता है, वह अपने द्वारा अपने साथ हिंसा नहीं करता अर्थात् वह स्वयं के हाथों स्वयं को पतन की ओर नहीं ले जाकर मुक्ति की ओर ले जाता है। इसलिये, ऐसा मनुष्य परमगति को प्राप्त हो जाता है।

प्रकृत्यैव च कर्माणि, क्रियमाणानि सर्वशः ।
यः पश्यति तथात्मान, –मकर्तरिं स पश्यति ।। 30 ।।

भावार्थ :– हे अर्जुन ! मनुष्य जो भी क्रियाएँ करता है वह सभी प्रकृति अर्थात् उसके शरीर द्वारा की जाती है आत्मा के द्वारा नहीं, क्योंकि इस सृष्टि में जितने भी प्राणी है वे सभी प्रकृति द्वारा ही बनाये गये है तथा इनमें पाये जाने वाले तीनों गुण- सत्, रज और तम (जिनके मेल से इन्द्रियाँ अपना कार्य करती हैं) भी प्रकृति से ही उत्पन्न होते है। इसलिए सभी क्रियाएँ प्रकृति द्वारा ही होने वाली कही जाती है और जो ऐसा जानकर आत्मा को अकर्ता मानता है – वहीं वास्तव में ठीक देखता है।

नोट :- गीता जी में प्रकृति को तीन अर्थों में जाना गया है, कहीं प्रकृति शब्द का उपयोग शरीर के अर्थ में किया गया है तो कभी सृष्टि के अर्थ में और कहीं इसका उपयोग स्वभाव के अर्थ के लिये भी किया गया है।

यदा भूत-पृथग्-भाव, -मेकस्थ-मनु-पश्यति ।
तत एव च विस्तारं, ब्रह्म सम्पद्यते तदा ।। 31 ।।

भावार्थ :— जब तक मनुष्य प्रकृति (शरीर) के साथ अपना संबंध मानता है तब तक वह कभी तो स्वार्थ, कभी भोग और कभी सुख की इच्छा से प्राणियों को अलग-अलग भावों (अच्छा-बुरा, प्रेम-घृणा) से देखता है। जिस प्राणी से उसे प्रेम या मोह होता है, उसमें उसे गुण दिखाई देते है और जिसके प्रति उसके मन में द्वेष या ईर्ष्या होती है, उसमें उसे अवगुण दिखाई देते है। परन्तु जब वहीं मनुष्य आसक्तिरहित होकर सभी प्राणियों, व्यक्तियों तथा वस्तुओं को समान रूप से प्रकृति के द्वारा ही उत्पन्न मानता है और उनमें परमपिता परमात्मा के ही एक अंश आत्मा को देखता है। तब उसकी दृष्टि के आगे से राग-द्वेष रूपी पर्दा हट जाता है और उसको परमात्मतत्व का अनुभव हो जाता है।

अनादित्वान्-निर्गुणत्वात्, परमात्माय-मव्ययः ।
शरीरस्थोऽपि कौन्तेय, न करोति न लिप्यते ।। 32 ।।

भावार्थ :— अब आत्मा का असली स्वरूप बताते हुए श्रीकृष्ण कहते हैं कि हे पार्थ ! आत्मा का कभी नाश नहीं होता है, यह सदा से है और सदा रहेगी किन्तु, यह शरीर द्वारा किये गये कर्मों को भोगने के लिये अलग-अलग योनियों में भटकती रहती है। साथ ही आत्मा इन तीनों प्रकार के गुणों (सत्, रज और तम) से भी रहित है। जो कि प्रकृति (संसार) से उत्पन्न होते है और प्रकृति (शरीर) में ही रहते है। आत्मा से इनका कोई संबंध नहीं है क्योंकि आत्मा तो परमात्मा का अंश है, लेकिन जब आत्मा शरीर को अपना मानकर उसके द्वारा किये गये कर्मों से अपना संबंध जोड़ती है तो वह कर्मों से बंध जाती है, लेकिन अगर वह शरीर को अपना न माने, जो कि सच्चाई भी है, तो वह शरीर में रहते हुए भी न कुछ करती है, न ही किसी कर्म से बंधती है ।

यथा सर्वगतं सौक्ष्म्या, -दाकाशं नोपलिप्यते ।
सर्वत्रा-वस्थितो देहे, तथात्मा नोपलिप्यते ।। 33 ।।

भावार्थ :— श्रीकृष्ण इसे समझाते हुए आगे कहते हैं कि हे अर्जुन! जैसे वायु, अग्नि, जल और पृथ्वी ये चारों आकाश (स्पेस) का भाग है, परन्तु आकाश इन चारों के अंतर्गत

नहीं आता, इसका कारण यह है कि ये चारों स्थूल (दिखाई देने वाले) तथा आकाश सूक्ष्म (दिखाई नहीं देने वाला) है। ये चारो सीमित है जबकि आकाश अनन्त है, लेकिन आकाश सभी जगह होते हुए भी इन चारों के साथ लिप्त नहीं होता। उसी तरह सभी शरीरों में रहने वाली आत्मा किसी भी शरीर के साथ लिप्त नहीं होती।

यथा प्रकाश-यत्येकः, कृत्स्नं लोक-मिमं रविः ।
क्षेत्रं क्षेत्री तथा कृत्स्नं, प्रकाशयति भारत ।। 34 ।।

भावार्थ :– हे भरतवंश में उत्पन्न अर्जुन ! जिस प्रकार सूर्य सारी सृष्टि को तथा सारे सौर मंडल को प्रकाशित करता है, उसी प्रकार आत्मा (क्षेत्रज्ञ) भी अत्यंत सूक्ष्म होते हुए भी चेतना शक्ति के रूप सारे शरीर (क्षेत्र) को प्रकाशित करती है क्योंकि आत्मा की उपस्थिति के बिना शरीर कोई कार्य कर ही नहीं सकता। और अब–

क्षेत्र-क्षेत्रज्ञयो-रेव, –मन्तरं ज्ञान-चक्षुषा ।
भूत-प्रकृति-मोक्षं च, ये विदुर्-यान्ति ते परम् ।। 35 ।।

भावार्थ :– श्रीकृष्ण आत्मा (क्षेत्रज्ञ) और शरीर (क्षेत्र) के विषय का सार बताते हुए कहते हैं कि इस भौतिक शरीर और आत्मा के बीच का भेद जान लेना ही सच्चा ज्ञान है। जिन साधकों को शरीर और आत्मा का यह ज्ञान प्राप्त हो जाता है, वे स्वयं को एक शरीर के रूप में न देखकर आत्मा के रूप में देखते है जिसका अंतिम लक्ष्य कर्मों के बंधन से छूटकर वापस परमात्मा में ही मिल जाना है। ऐसा जानकर वे इस संसार के मोह से छूटकर परमात्मा की खोज में लग जाते है और इन मनुष्यों का यह तत्वज्ञान उन्हें परमात्मा की प्राप्ति करा देता है।

इस प्रकार ओउम् तत्-सत् इन भगन्नामों के उच्चारण के साथ ब्रह्मविद्या और योगशास्त्रमय श्रीमदभगवद्गीता रूपी उपनिषद् के श्रीकृष्ण और अर्जुन के संवाद में क्षेत्र क्षेत्रज्ञ विभाग योग नामक तेरहवाँ अध्याय पूर्ण हुआ।

जय श्री कृष्ण

चौदहवाँ अध्याय

श्रीभगवान उवाच

परं भूयः प्रवक्ष्यामि, ज्ञानानां ज्ञान-मुत्तमम् ।
यज् ज्ञात्वा मुनयः सर्वे, परां सिद्धि-मितो गताः ॥ 1 ॥

भावार्थ :— भगवान श्रीकृष्ण आगे कहते हैं कि हे अर्जुन ! बन्धन दो प्रकार का होता है- प्रकृति (शरीर) से और प्रकृति के कार्य गुणों से । प्रकृति के बंधन से छूटने का उपाय तो मैंने तुम्हें तेरहवें अध्याय में बता दिया । अब तुम प्रकृति के कार्य गुणों के बंधन से छूटने का उपाय सुनो । हे पार्थ! लौकिक और परलौकिक जितने भी तरह के ज्ञान हैं अर्थात् जितनी भी भाषाओं, कलाओं, विद्याओं आदि का ज्ञान है, उन सबमें आत्मा और शरीर का भेद बताने वाला तथा संसार का बंधन छुड़ाकर परमात्मा की प्राप्ति कराने वाला यह ज्ञान श्रेष्ठ है। इस ज्ञान को जानकर अर्थात् इसका अनुभव करके बड़े-बड़े मुनिलोग इस संसार से मुक्त हो गए है । क्योंकि–

इदं ज्ञान-मुपाश्रित्य, मम साधर्म्य-मागताः ।
सर्गेऽपि नोपजायन्ते, प्रलये न व्यथन्ति च ॥ 2 ॥

भावार्थ :— इस ज्ञान को प्राप्त करने वाले मनुष्य के संपूर्ण संशय मिट जाते हैं जिससे वे ज्ञान रूप ही हो जाते है, उनमें किसी भी कार्य को करने का अभिमान अथवा उसके फल को भोगने की इच्छा नहीं होती। जिससे वे जन्म-मरण के बंधन से मुक्त होकर परमात्मा को प्राप्त हो जाते है। यहाँ तक कि महाउत्पत्ति और महाप्रलय के समय भी वे आत्माएँ सृष्टि की हलचलों से मुक्त रहती है।

नोट :— अब इस ज्ञान के बारे में विस्तार से बताना आरंभ करते हुए श्रीकृष्ण कहते हैं कि–

मम योनिर्-महद्-ब्रह्म, तस्मिन् गर्भम् दधाम्यहम् ।
सम्भवः सर्व-भूतानां, ततो भवति भारत ॥ 3 ॥

भावार्थ :— हे अर्जुन ! मेरी जो मूल प्रकृति (सृष्टि) है, इसे ही गर्भस्थान मानना चाहिए क्योंकि आठ तत्त्वों (भूमि, जल, अग्नि, वायु, आकाश, मन, बुद्धि और अहंकार) से बनी जड़ प्रकृति से इस अचेतन शरीर (जिसमें चेतना नहीं होती) की रचना होती है, फिर मैं परमात्मा इसमें चेतना रूपी आत्मा को स्थापित करता हूँ। इस प्रकार इस जड़ और चेतन के संयोग से ही सम्पूर्ण प्राणियों की उत्पत्ति होती है।

सर्व-योनिषु कौन्तेय, मूर्तयः सम्भवन्ति याः ।
तासां ब्रह्म महद्-योनि, -रहं बीज-प्रदः पिता ॥ 4 ॥

भावार्थ :— हे कुंतीनंदन ! इस संसार में चार प्रकार के प्राणी होते हैं- जरायुज (जो गर्भ से बच्चे के रूप में पैदा होते है। जैसे मनुष्य, गाय, कुत्ता आदि) अण्डज (जो अण्डे के रूप में पैदा होते है।), स्वदेज (जो पसीने से पैदा होते है, जैसे- जूं, लीख आदि) और उद्भिज्ज (जो पृथ्वी को फोड़कर बाहर निकलते है जैसे –वृक्ष, लता आदि) । श्रीकृष्ण कहते हैं कि इन चारों प्रकार के प्राणी चौरासी लाख योनियों में प्रतिदिन पैदा होते है। उन प्रत्येक प्राणियों को प्रकृति माता के रूप में शरीर प्रदान करती हैं जबकि मैं पिता के रूप में उनमें आत्मा को स्थापित करता हूँ।

सत्त्वं रजसू-तम इति, गुणाः प्रकृति-सम्भवाः ।
निबध्नन्ति महाबाहो, देहे देहिन-मव्ययम् ॥ 5 ॥

भावार्थ :— हे पार्थ ! जिस प्रकृति से इस शरीर की उत्पत्ति होती है, उसी प्रकृति से तीनों प्रकार के गुणों की भी उत्पत्ति होती है। अतः प्रकृति के द्वारा उत्पन्न होने के कारण इन गुणों का संबंध केवल शरीर के साथ ही होता है, परन्तु जब आत्मा इस शरीर में प्रवेश करती है, तब ये गुण आत्मा को शरीर से बांध देते है, जोड़ देते है।

तत्र सत्त्वं निर्मलत्वात्, प्रकाशक-मनामयम् ।
सुख-सङ्गेन बध्नाति, ज्ञान-सङ्गेन चानघ ॥ 6 ॥

भावार्थ :— श्रीकृष्ण आगे कहते हैं कि हे अर्जुन ! ये तीनों ही गुण एक प्रकार का बंधन है जो कि आत्मा को परमात्मा से मिलने नहीं देते, लेकिन इनमें भी सतोगुण में सबसे कम बुराइयाँ होती है। सतोगुणी मनुष्य क्षमावान, दयावान, लोभ-लालच, मोह-आसक्ति आदि से दूर होता है। जिससे उसके मन में सदा ही सुख-शांति का भाव तथा ज्ञान का प्रकाश रहता है लेकिन सतोगुणी मनुष्य में विद्यमान यह सुख-शांति का भाव तथा ज्ञान का अभिमान ही उसे बांध देता है और उसकी परमात्मा की प्राप्ति की राह में बाधक बन जाता है।

रजो रागात्मकं विद्धि, तृष्णा-सङ्ग-समुद्भवम् ।
तन्-निबध्नाति कौन्तेय, कर्म-संगेन देहिनम् ॥ 7 ॥

भावार्थ :— अब रजोगुण के बारे में बताते हुए श्रीकृष्ण कहते हैं कि जो वस्तु हमारे पास नहीं है, उसे प्राप्त करने की इच्छा कामना कहलाती है तथा जो वस्तु हमारे पास है, उससे अपनापन का भाव आसक्ति कहलाती है। इन कामनाओं तथा आसक्तियों के

कारण ही मनुष्य में रजोगुण का जन्म होता है। जिस कारण वह अपने हर कर्म को किसी न किसी फल की इच्छा से करने लगता है और फिर कर्मफल से बंधकर पाप-पुण्य का भागी बनता रहता है। जिससे कि वह सदा जन्म-मरण के चक्करों में ही घूमता रहता है। इसके बाद-

तमसू-त्वज्ञानजं विद्धि, मोहनं सर्व-देहिनाम् ।
प्रमादालस्य-निद्राभिसू, -तन्-निबध्नाति भारत ।। 8 ।।

भावार्थ :— तमोगुण को समझाते हुए श्रीकृष्ण कहते हैं कि शरीर के प्रति मोह तथा अज्ञान के कारण तमोगुण उत्पन्न होता है। इसी तमोगुण के कारण जीव प्रमाद, आलस्य और निद्रा से बंध जाता है। प्रमाद यानि लापरवाही में बेकार के काम करके अपने समय को व्यर्थ बर्बाद करना । जैसे- बीड़ी-सिगरेट पीना, नाटक-सिनेमा देखना आदि। इसी प्रकार आलस्य और अनावश्यक नींद भी तमोगुण को बढ़ाती है तथा मनुष्य की सांसारिक और पारमार्थिक उन्नति नहीं होने देती ।

सत्त्वं सुखे सञ्जयति, रजः कर्मणि भारत ।
ज्ञान-मावृत्य तु तमः, प्रमादे सञ्जयत्युत ।। 9 ।।

भावार्थ :— हे भरतवंशी अर्जुन ! इस प्रकार तीनों ही प्रकार के गुण बंधन ही है। सतोगुण मनुष्य को सुख-शांति और ज्ञान के अभिमान से बांधता है। रजोगुणी मनुष्य लालच में फंसकर जितना उसके पास है, उससे अधिक की प्राप्ति की इच्छा से केवल उन कर्मो में लगा रहता है, जिससे उसकी इच्छाओं की पूर्ति होती रहे, जबकि तमोगुण मनुष्य को प्रमाद (लापरवाही), आलस्य और अनावश्यक निद्रा से बांधकर उसे आवश्यक कर्मो से भी दूर करके न करने योग्य कर्मो में लगा देता है, जिससे कि किसी के समझाने का भी उसपर कोई प्रभाव नहीं पड़ता और यही तमोगुण की विजय है।

रजसू-तमश्-चाभिभूय, सत्त्वं भवति भारत ।
रजः सत्त्वं तमश्-चैव, तमः सत्त्वं रजसू-तथा ।। 10 ।।

भावार्थ :— हे अर्जुन ! ये तीनों गुण हमारे शरीर में ही रहते हैं। तीनों ही बराबर प्रभावी होते हैं और एक दूसरे को दबाकर सामने आने की कोशिश करते रहते है। हम जिस तरह के लोगों का संग करते है, जैसा जीवन जीने का हमारा तरीका है, ये सब चीजें इन गुणों के बढ़ने-घटने पर बहुत प्रभाव डालते है, लेकिन इनके बारे में जानकर तथा समझकर हम अपनी कोशिशों से इन्हें वश में भी कर सकते हैं, किन्तु सामान्य

परिस्थितियों में सतोगुण के बढ़ने पर रजोगुण और तमोगुण कमजोर पड़ जाते है। इसी प्रकार, रजोगुण के बढ़ने पर सतोगुण और तमोगुण कमजोर पड़ जाते है तथा तमोगुण के बढ़ने पर सतोगुण और रजोगुण दब जाते हैं ।

सर्व-द्वारेषु देहेऽस्मिन्, प्रकाश उपजायते ।
ज्ञानं यदा तदा विद्याद्, विवृद्धं सत्त्व-मित्युत ॥ 11 ॥

भावार्थ :— किस समय कौन सा गुण बढ़ा हुआ है यह समझने का उपाय बताते हुए श्रीकृष्ण कहते हैं कि जब सतोगुण बढ़ा हुआ होता है, तब शरीर के सभी द्वारों (दो आँख, दो कान, दो नाक के छेद, एक मुँह, एक उपस्थ और एक गुदा) में ज्ञान का प्रकाश भर जाता है और मनुष्य जीवन की सच्चाई को समझने लगता है। साथ ही इन्द्रियों सहित मन में भी स्वच्छता तथा निर्मलता आ जाती है, जिससे कि आत्मा-शरीर, करने योग्य-ना करने योग्य, अच्छा-बुरा आदि का स्पष्ट रूप से ज्ञान हो जाता है। तब ये समझ लेना चाहिये कि सत्वगुण बढ़ा हुआ है।

लोभः प्रवृत्ति-रारम्भः, कर्मणा-मशामः स्पृहा ।
रजस्येतानि जायन्ते, विवृद्धे भरतर्षभ ॥ 12 ॥

भावार्थ :— अब बढ़े हुए रजोगुण के लक्षण बताते हुए श्रीकृष्ण कहते हैं कि रजोगुण के बढ़ने पर लोभ बढ़ता है। जीवन-निर्वाह की चीजें पास में होने पर भी और अधिक पाने की इच्छा होती है। साथ ही, धनी और बड़ा कहलाने तथा दूसरों से मान, आदर, प्रशंसा आदि पाने की इच्छा से मनुष्य नये-नये कर्म आरंभ करता रहता है। लेकिन अगर ये मिल भी जाएँ तो स्पृहा (और अधिक पाने की भूख) बढ़ती है और नहीं मिले तो मन में अशांति का वास हो जाता है।

अप्रकाशोऽप्रवृत्तिश्च-च, प्रमादो मोह एव च ।
तमस्येतानि जायन्ते, विवृद्धे कुरू-नन्दन ॥ 13 ॥

भावार्थ :— हे पार्थ ! तमोगुण के बढ़ने पर मनुष्य की सोचने-समझने की शक्ति लुप्त हो जाती है। आवश्यक कार्यों को करने में भी उसकी रुचि नहीं रहती । जितने भी व्यर्थ के कार्य है, जैसे- धन बर्बाद करना, बीड़ी- सिगरेट पीना, जुआँ खेलना, अधिक नींद लेना, अपना समय बेकार बर्बाद करना आदि में मनुष्य लगा रहता है। साथ ही मन में एक अज्ञानता छाई रहती है जिससे कि उस मनुष्य की परमार्थिक तथा व्यवहारिक कार्य करने की भी इच्छा नहीं रहती ।

यदा सत्त्वे प्रवृद्धे तु, प्रलयं याति देह-भृत् ।
तदोत्तम-विदां लोका, -नमलान् प्रतिपद्यते ॥ 14 ॥

भावार्थ :— अपने अंत समय में कौन से गुण की तरफ झुका हुआ मनुष्य कौन सी गति प्राप्त करता है, यह बताते हुए श्रीकृष्ण कहते हैं कि कोई भी मनुष्य चाहे वह सतोगुणी, रजोगुणी या तमोगुणी हो, उसके अंत समय में उसमें अगर सत्वगुण बढ़ा हुआ हो और उसी अवस्था में उसकी मृत्यु हो जाए, तो वह उत्तम कर्म करने वालों के निर्मल लोकों में चला जाता है अर्थात उम्र भर शुभ-कर्म करने वालों को जिन ऊँचे लोकों की प्राप्ति होती है, उन्हीं लोकों में मृत्यु के समय अगर सत्वगुण बढ़ा हुआ हो तो रजोगुणी और तमोगुणी मनुष्य भी चला जाता है और इस तरह ईश्वर रजोगुणी तथा तमोगुणी मनुष्यों को अपने अंतसमय में भी अपने कर्म और भाव सुधारने का मौका देते हैं। लेकिन–

रजसि प्रलयं गत्वा, कर्म-संगिषु जायते ।
तथा प्रलीनस्-तमसि, मूढ-योनिषु जायते ॥ 15 ॥

भावार्थ :— अपने अंतसमय में यदि किसी भी मनुष्य में रजोगुण बढ़ा हुआ हो तो फिर चाहे वो मनुष्य सतोगुणी, रजोगुणी या तमोगुणी हो । अगर उसमें रजोगुण बढ़ा हुआ है और उसी अवस्था में उसकी मृत्यु हो जाती है, तो वह मनुष्य अपने अगले जन्म में भी मनुष्य के ही रूप में जन्म लेता है, क्योंकि जब तक मनुष्य में इच्छाएँ बाकी हैं, उसे ईश्वर की प्राप्ति नहीं हो सकती। लेकिन, मनुष्य रूप में जन्म लेने पर भी उन्हें अपने पिछले जन्मों के कर्मों के अनुसार ही परिस्थितियाँ तथा ऊँचे या नीचे कुल में जन्म मिलता है। इसी प्रकार अपने अंत समय में तमोगुण के बढ़ने पर मृत्यु को प्राप्त होने वाला मनुष्य, चाहे वो सतोगुणी हो या रजोगुणी, अपने अंत समय के मन के भावों के अनुसार पशु-पक्षी, कीट पतंग, वृक्ष-लता आदि मूढ़ योनियों में जन्म लेता है। लेकिन अगर उसके पिछले जन्मों के कर्म अच्छे है तो इस जन्म में वह किसी भी योनि में जन्म ले, उसके गुण-स्वभाव, आचरण आदि अच्छे ही होंगे, उसका झुकाव अच्छे कर्म करने की ओर ही होगा। उसे जीवन में अच्छी परिस्थितियाँ ही मिलेगी।

नोट :- मृत्यु का समय किसी को पता नहीं है, इसलिये अपने मन के भावों को सदा उच्च कोटि का तथा ईश्वर में लगा हुआ रखना चाहिये ।

कर्मणः सुकृतस्याहुः, सात्त्विकं निर्मलं फलम् ।
रजसस्-तु फलं दुःख, -मज्ञानं तमसः फलम् ॥ 16 ॥

भावार्थ :— श्रीकृष्ण अब बताते है कि किन गुणों के प्रभावी होने से मनुष्य का वर्तमान जीवन कैसा होता है। वे कहते हैं कि सतोगुण का फल निर्मल होता है। सतोगुणी मनुष्य के मन में सदा ही एक शांति का भाव बना रहता है। जबकि रजोगुणी मनुष्य सदा ही अपनी नयी-नयी इच्छाओं की पूर्ति में लगा रहता है, जिनमें से उनकी कुछ इच्छाओं की पूर्ति होती है और कुछ की नहीं । लेकिन वे अपनी पूरी हुई इच्छाओं से संतुष्ट न होकर पूरी न हुई इच्छाओं की तरफ देखकर दुःखी और अशांत रहते है। इसी प्रकार तमोगुण का फल अज्ञानता है। तमोगुणी मनुष्य में यह ज्ञान ही नहीं होता कि क्या सही है और क्या गलत । साथ ही, उनमें यह जानने की इच्छा भी नहीं होती । वे तो बस अपना जीवन निरर्थक कार्यों में ही बर्बाद करते रहते हैं ।

सत्त्वात् सञ्जायते ज्ञानं, रजसो लोभ एव च ।

प्रमाद-मोहौ तमसो, भवतोऽज्ञान-मेव च ॥ 17 ॥

भावार्थ :— हे कुन्तीनंदन ! सतोगुण से मनुष्य को जीवन के वास्तविक ज्ञान की प्राप्ति होती है जो उसको ईश्वर से साक्षात्कार कराने में मदद करती है। जबकि रजोगुण से लोभ उत्पन्न होता है तथा लोभ से नई-नई इच्छाएँ उत्पन्न होती है, जो कभी समाप्त नहीं होती और मनुष्य को इस संसार में उलझाए रखती है। इसी प्रकार, तमोगुण से प्रमाद (कामों में लापरवाही) मोह और अज्ञान बढ़ता है, जिसके कारण मनुष्य अनेक न करने लायक कामों में लग जाता है। लेकिन इन तीनों गुणों में तमोगुण मनुष्य का सबसे बड़ा शत्रु है, यद्यपि रजोगुण भी मनुष्य को ईश्वर प्राप्ति की राह से भटका देता है।

ऊर्ध्वम् गच्छन्ति सत्त्वस्था, मध्ये तिष्ठन्ति राजसाः ।

जघन्य-गुण-वृत्तिस्था, अधोगच्छन्ति तामसाः ॥ 18 ॥

भावार्थ :— हे अर्जुन ! अब तुम उन मनुष्यों की गति के बारे में सुनो, जिन मनुष्यों में जीवनभर किसी एक ही गुण की प्रधानता रही और अपने अंत समय में भी उसी गुण की प्रधानता में वे मृत्यु को प्राप्त हो गए । जिन मनुष्य के जीवन में सदा सत्वगुण की प्रधानता रही और इसी गुण की प्रधानता में उसका शरीर छूट जाता है तो वे स्वर्गादि ऊँचे लोकों में चले जाते है। इसी प्रकार जिस मनुष्य के जीवन में रजोगुण की प्रधानता रहती है। शास्त्र की मर्यादा में रहते हुए भी जो धन संग्रह करने और भोग-भोगने में लगे रहते है और इसी गुण की प्रधानता में उसका शरीर छूट जाता है तो वे पुनः मृत्युलोक में ही जन्म लेकर मनुष्य शरीर को प्राप्त करते है और जैसा आचरण उनका पहले था वैसे ही बन जाते है। लेकिन जिन मनुष्य के जीवन में तमोगुण की प्रधानता रही और इसी गुण की प्रधानता में ही उनकी मृत्यु हो जाती है तो वे अधोगति को चले जाते हैं ।

नोट :- जीवन भर सतोगुण या रजोगुण की प्रधानता में जीवन बिताने वाले मनुष्य अपने अंत समय में अगर तमोगुण की प्रधानता में मृत्यु को प्राप्त होते है तो वे वृक्ष-लता, पशु-पक्षी आदि योनियों में जाते है, लेकिन जिनके पूरे जीवन में तमोगुण की प्रधानता रही और इसी अवस्था में उनका शरीर छूट जाता है तो वे मनुष्य भयंकर नरकों में जाते हैं। तात्पर्य यह है कि सात्विक, राजस और तामस मनुष्य के अंतिम चिंतन के अनुसार उन्हें गति तो अवश्य मिलती है पर उस गति में उन्हें सुख या दुःख उन्हें उनके पूरे जीवन के कर्मों के अनुसार ही मिलेंगे। जैसे किसी सात्विक या राजस मनुष्य को अपने अंतिम समय में तमोगुण की प्रधानता के कारण कुत्ते का जन्म मिल गया तो उसे कुत्ते के जन्म में भी बहुत सुख मिलेगा और यदि कोई तमोगुणी मनुष्य अपने अंतिम चिंतन के कारण वापस मनुष्य भी बन गया तो उसे अपने कर्मों के फलस्वरूप भयंकर दुःख मिलेंगे। इसलिये अब भगवान श्रीकृष्ण इन तीनों ही गुणों से उपर उठने का उपाय बताते हुए कहते हैं कि-

नान्यं गुणेभ्यः कर्तारं, यदा द्रष्टानु-पश्यति ।
गुणेभ्यश्च-च परं वेत्ति, मद्-भावं सोऽधि-गच्छति ॥ 19 ॥

भावार्थ :– ये तीनों ही गुण बंधनकारक होते हैं, इसलिये यदि मनुष्य चाहे तो वे इन तीनों ही गुणों से ऊपर उठकर परमात्मा को प्राप्त कर सकते हैं। इसके लिये उन्हें केवल यह समझना होगा कि जो भी कार्य हो रहे है, वे शरीर तथा उसके द्वारा उत्पन्न गुणों के मेल से हो रहे है और इन कार्यों का कर्ता वह स्वयं (आत्मा) नहीं है। वह तो केवल परमात्मा का अंश है और परमात्मा की प्राप्ति ही उसका एकमात्र कार्य है। तभी वह सभी कार्यों को करते हुए भी उनसे निर्लिप्त रहकर परमात्मा की प्राप्ति कर सकता है और इस प्रकार –

गुणानेता-नतीत्य त्रीन्, देही देह-समुद्भवान् ।
जन्म-मृत्यु-जरा-दुःखैर्, -विमुक्तोऽमृत-मश्नुते ॥ 20 ॥

भावार्थ :– जब साधक आत्मा के जन्म लेने में कारण बनने वाले इन तीनों गुणों से ऊपर उठकर इनसे अपना संबंध विच्छेद कर लेता है, तो उसको जन्म-मृत्यु और वृद्धावस्था के दुःख नहीं सताते। इस संसार में बार-बार जन्म लेना, फिर वृद्धावस्था से संबंधिक कष्टों, रोगों और दुःखों को भोगना और फिर मृत्यु के बाद एक नया जन्म लेकर वापस उन्हीं सांसारिक चिन्ताओं और दुःखों में घिर जाना ही सभी दुःखों का मूल कारण है। लेकिन जब आत्मा इन गुणों से ऊपर उठ जाती है, तो उसे इस जन्म-मृत्यु के चक्र में वापस नहीं आना पड़ता और वह इन सब दुःखों से छूटकर अमरता को अनुभव कर लेती है क्योंकि आत्मा तो अमर है, मृत्यु तो शरीर की होती है।

अर्जुन उवाच

कैर्लिड.गैस्-त्रीन् गुणानेता, -नतीतो भवति प्रभो ।
किमाचारः कथं चैतांस्, -त्रीन् गुणा-नति-वर्तते ॥ 21 ॥

भावार्थ :— भगवान् श्रीकृष्ण की बातें सुनकर अर्जुन बोले – हे प्रभो । संसारी मनुष्यों की तुलना में इन गुणों से ऊपर उठ चुके मनुष्यों में कौन से विशेष लक्षण होते है। साथ ही, उनका आचरण (व्यवहार), खान-पान, दैनिक कार्य आदि भी सामान्य मनुष्यों जैसे ही होते है या कुछ अलग होते हैं तथा कौन सा उपाय करने से मनुष्य इन गुणों से ऊपर उठ सकता है ।

श्रीभगवान् उवाच

प्रकाशं च प्रवृत्तिं च, मोहमेव च पाण्डव ।
न द्वेष्टि सम्प्रवृत्तानि, न निवृत्तानि काड्.क्षति ॥ 22 ॥

भावार्थ :— अर्जुन के प्रश्न के उत्तर में श्रीकृष्ण गुणातीत मनुष्यों के लक्षण बताते हुए कहते हैं कि तीनों ही गुणों की तीन अलग-अलग विशेषताएँ होती है। जहाँ सतोगुण से मनुष्य के हृदय में ज्ञान का प्रकाश आता है, वहीं रजोगुणी मनुष्य अपनी इच्छाओं की पूर्ति के लिये भिन्न-भिन्न प्रकार के कार्यों में लगा रहता है तथा तमोगुण के कारण मनुष्य में अज्ञानता का वास होता है जिससे वह अपना समय तथा धन अनावश्यक कार्यों में बर्बाद करता रहता है लेकिन गुणातीत मनुष्य, इन गुणों के अपने शरीर में आने-जाने से उनपर ध्यान नहीं देता, क्योंकि वह अपने मन के सभी भावों को ईश्वर से जोड़कर देखता है इसलिए इन गुणों के आने या जाने से उसके अंदर न खुशी का भाव होता है और न ही दुःख का । वह तो केवल प्रभु के ध्यान में ही खुशी या दुःख का अनुभव करता है।

उदासीन-वदासीनो, गुणैर्-यो न विचाल्यते ।
गुणा वर्तन्त इत्येव, योऽव-तिष्ठति नैंगते ॥ 23 ॥

भावार्थ :— श्रीकृष्ण आगे कहते हैं कि गुणातीत मनुष्य संसार से पूरी तरह उदासीन होता है लेकिन, ऐसा नहीं हैं कि संसार में होने वाली घटनाएँ उस पर प्रभाव नहीं डालती क्योंकि तीनों ही गुणों की प्रवृत्तियाँ उसके भी मन में आती-जाती रहती है, पर वह उनसे विचलित नहीं होता, क्योंकि वह मानता है कि ये तीनों ही गुण उसके शरीर में एक दूसरे के साथ क्रियाएँ कर रहे हैं और उसकी आत्मा का इन गुणों से कोई संबंध नहीं है। इसलिए, उसे तो केवल ईश्वर की प्राप्ति में लगा रहना है। ऐसा विचार करने से वह धीरे-धीरे स्वयं ही इन गुणों से ऊपर उठ जाता है और इसके लिये उसे कोई प्रयास भी नहीं करना पड़ता ।

सम-दुःख-सुखः स्वस्थः, सम-लोष्टाश्म-काञ्चनः ।
तुल्य-प्रियाप्रियो धीरस्, -तुल्य-निन्दात्म-संस्तुतिः ।। 24 ।।
मानाप-मानयोस्-तुल्यस्, -तुल्यो मित्रारि-पक्षयोः ।
सर्वारम्भ-परित्यागी, गुणातीतः स उच्यते ।। 25 ।।

भावार्थ :— हे अर्जुन ! अब मैं तुम्हें गुणातीत मनुष्यों के आचरण (व्यवहार) के बारे में बताता हूँ। ऐसे मनुष्य आत्मा और शरीर के सत्य को जानने के कारण सदा अपने आत्म-रूप में स्थित रहते है अर्थात स्वयं को एक आत्मा मानते है, जिसके कारण सुख और दुःख दोनों ही परिस्थितियाँ उनके मन में किसी भी प्रकार की हलचल पैदा नहीं कर पाती। उसके लिये मिट्टी का ढेला, पत्थर और स्वर्ण – तीनों ही समान महत्व रखते है अर्थात् उन्हें इनके महत्व के बारे में तो पूरा ज्ञान होता है लेकिन उनकी प्राप्ति या अप्राप्ति से उन्हें कोई फर्क नहीं पड़ता । उनके साथ कुछ अच्छा हो या बुरा, उनकी कोई निन्दा करे या तारीफ, उनका मान हो या अपमान, इन सभी परिस्थितियों में उनके मन के भाव समान रहते है। वे मित्र तथा शत्रु दोनों के साथ ही समान रूप से व्यवहार करते है अर्थात् शत्रु को दंड देते समय भी उसके कल्याण का विचार ही उनके मन में होता है। साथ ही, वे धन संपत्ति के संग्रह अथवा भोगों को भोगने के उद्देश्य से किसी नये काम का आरंभ नहीं करते। स्वतः प्राप्त परिस्थिति के अनुसार जो काम उनके सामने आ जाये, वे उसे केवल अपना कर्तव्य समझकर पूरी तत्परता के साथ पूरा कर देते है ।

मां च योऽव्यभिचारेण, भक्ति-योगेन सेवते ।
स गुणान् समतीत्यैतान्, ब्रह्म-भूयाय कल्पते ।। 26 ।।

भावार्थ :— अब श्रीकृष्ण अर्जुन को इन गुणों से उपर उठने का उपाय बताते हुए कहते हैं कि जो मनुष्य अनन्य भाव से केवल मेरी शरण में आ जाता है तथा अन्य सभी प्रकार के सहारों को त्याग देता है। उसे इन गुणों से उपर उठने के लिए अधिक प्रयास नहीं करना पड़ता, बल्कि मेरी कृपा से वह स्वयं ही उन गुणों से पार पा जाता है तथा ब्रह्म की प्राप्ति का अधिकारी हो जाता है । क्योंकि –

ब्रह्मणो हि प्रतिष्ठाह, -ममृतस्या-व्ययस्य च ।
शाश्वतस्य च धर्मस्य, सुखस्यै-कान्तिकस्य च ।। 27 ।।

भावार्थ :— साकार रूप में मैं ही कृष्ण हूँ और निराकार रूप में मैं ही ब्रह्म। जैसे भोजन में एक सुगंध होती है और एक स्वाद होता है। नाक की दृष्टि से सुगंध होती है और जीभ की दृष्टि से स्वाद, पर भोजन तो एक ही है। ऐसे ही ज्ञान की दृष्टि से मैं ही

ब्रह्म हूँ और भक्ति की दृष्टि से मैं ही कृष्ण, पर मूल रूप में मैं और ब्रह्म एक ही हैं और निर्गुण उपासना में प्रयोग किये जाने वाले अविनाशी अमृत, शाश्वत धर्म, एकान्तिक सुख और ब्रह्म आदि मेरे ही दूसरे नाम हैं।

इस प्रकार ओउम्-तत्-सत् इन भगवन्नामों के उच्चारणपूर्वक ब्रह्मविधा और योगशास्त्रमय श्रीमद्भगवद्गीता रूपी उपनिषद् के श्रीकृष्ण और अर्जुन के संवाद में 'गुण त्रय विभाग योग' नामक चौदहवाँ अध्याय समाप्त।

पन्द्रहवाँ अध्याय

श्रीभगवान् उवाच

ऊर्ध्व-मूल-मधःशाख, -मश्वत्थं प्राहु-रव्ययम् ।
छन्दांसि यस्य पर्णानि, यस्तं वेद स वेदवित् ॥ 1 ॥

भावार्थ :— पिछले अध्याय के अंतिम श्लोक में भगवान श्रीकृष्ण कहते हैं कि इन तीनों ही गुणों से ऊपर उठने का एकमात्र उपाय है- अनन्य भक्ति। लेकिन अनन्य भक्ति तब तक प्राप्त नहीं हो सकती, जब तक मनुष्य अपने शरीर, मन, बुद्धि और इन्द्रियों के साथ अपना संबंध मानता है, क्योंकि इनके साथ उसका संबंध ना कभी था और ना कभी होगा। इसलिए इन संबंधों से मोह त्याग कर पाने का उपाय बताते हुए श्रीकृष्ण अर्जुन से कहते हैं कि हे अर्जुन! यह संसार एक पीपल के वृक्ष की तरह हैं, जिसकी जड़ें ऊपर की तरफ है और शाखाएँ नीचें की तरफ। वेद इस संसार वृक्ष के पत्ते है और परमात्मा रूपी जड़ से अपने संबंधों का अनुभव करने वाला मनुष्य ही वेदों का असली ज्ञानी है, ना कि इन वेदों के कुछ भागों में दिये गये सांसारिक इच्छाओं की पूर्ति करने वाले कर्मकाण्डों को जानने वाला।

अधश्चो-र्ध्वम् प्रसृतास्-तस्य शाखा ।
गुण-प्रवृद्धा विषय-प्रवालाः ।
अधश्च-च मूला-न्यनु-सन्ततानि
कर्मानु-बन्धीनि मनुष्य-लोके ॥ 2 ॥

भावार्थ :— ब्रह्माजी इस वृक्ष का मुख्य तना है, क्योंकि परमात्मा की अध्यक्षता में ब्रह्माजी ही महामाया के सहयोग से इस सृष्टि की रचना करते है। ब्रह्माजी रूपी तने से तीन शाखाएँ निकली हुई है जो क्रमशः देवयोनि, मनुष्य योनि और नीच योनि को दर्शाती है। जिस प्रकार जल द्वारा सींचने से वृक्ष की शाखाएँ बढ़ती हैं, उसी तरह तीनों प्रकार के गुणों रूपी जल के सींचने से इस संसार वृक्ष की शाखाएँ बढ़ती है। जो कि ऊपर और नीचे दोनों तरफ फैलती है। इन शाखाओं में से देवयोनि और नीचयोनि रूपी शाखाएँ तो जीव द्वारा किये गये कर्मों का फल भोगने के लिए बनाई गई है। लेकिन, मनुष्य योनि रूपी शाखा यदि सतोगुण द्वारा सींची जाती है, तो वे ऊपर परमात्मा की तरफ तथा रजोगुण अथवा तमोगुण द्वारा सींची जाने वाली शाखाएँ क्रमशः मध्य तथा नीचे की ओर फैलती है अर्थात् मनुष्य रूपी शाखा से मनुष्य अपने विवेक या अज्ञान का प्रयोग करके

देवयोनि या नीच योनि रूपी शाखा में जा सकता है या फिर परमधाम रूपी जड़ तक भी पहुँच सकता है। इस संसार रूपी वृक्ष में जो नयी-नयी कोपले हैं, वे इन्द्रियों के विषय हैं, जिससे मनुष्य इस संसार वृक्ष की सुंदरता में फंसकर विभिन्न योनियों में भटकता रहता है। सांसारिक बंधन इस वृक्ष की नयी-नयी जड़ें हैं जो मनुष्य की आत्मा को इस भौतिक संसार में उलझा कर रखती है।

न रूप-मस्येह तथोप-लभ्यते

नान्तो न चादिर्-न च सम्प्रतिष्ठा ।

अश्वत्थ-मेनं सुविरूढ-मूल-

मसंग-शास्त्रेण दृढेन छित्त्वा ॥ 3 ॥

भावार्थ :— श्रीकृष्ण आगे कहते हैं कि इस वृक्ष को समझना इतना आसान नहीं है क्योंकि यह वृक्ष प्रत्यक्ष रूप में देखने को नहीं मिलता हैं, साथ ही सामान्यतया वृक्षों की जड़े नीचें की तरफ होती है और शाखाएँ उपर की तरफ। जबकि इस संसार वृक्ष की जड़ उपर की तरफ है और शाखाएँ नीचे की तरफ। न तो इसकी जड़ों के विस्तार का अंत है, न ही इसकी शाखाओं के और न ही यह देखा जा सकता है। इसलिये इन दृढ़ जड़ों वाले संसार वृक्ष को केवल तीनों प्रकार के गुणों से उपर उठकर ही जाना, समझा तथा छेदन किया जा सकता है। और-

ततः पदं तत् परि-मार्गितव्यं

यस्मिन् गता न निवर्तन्ति भूयः ।

तमेव चाद्यं पुरूषं प्रपद्ये

यतः प्रवृत्तिः प्रसृता पुराणी ॥ 4 ॥

भावार्थ :— इन तीनों गुणों से उपर उठकर फिर उस परमात्मा की खोज करनी चाहिये, जिसकी प्राप्ति होने के बाद मनुष्य को लौटकर वापस इस संसार में नहीं आना पड़ता। हे अर्जुन ! तू बस यह दृढ़ता से मान ले कि जिस परमात्मा रूपी जड़ से अनादिकाल से चली आ रही ये तीनों योनियों रूपी शाखाएँ विस्तार को प्राप्त हुई है, मैं उस आदि पुरूष परमात्मा की शरण में हूँ। वे ही मुझे इस वृक्ष का छेदन कर अपने पास पहुँचने का मार्ग दिखा सकते है। इस प्रकार-

निर्मान-मोहा जित-संग-दोषा

अध्यात्म-नित्या विनिवृत्त-कामाः ।

द्वन्द्वैर्-विमुक्ताः सुख-दुःख-सञ्ज्ञैर्-

गच्छन्-त्यमूढाः पद-मव्यय तत् ॥ 5 ॥

भावार्थ :— जिन मनुष्यों के जीवन का एकमात्र उद्देश्य परमात्मा की अर्थात् मेरी प्राप्ति का हो जाता है, वे केवल मेरी ही शरण होने के कारण संसार से मोहरहित हो जाते हैं, जिससे उनकी सांसारिक भोगों में आसक्ति नहीं रहती। साथ ही वे ममता, वासना, स्पृहा आदि दोषों को भी जीत लेते हैं। और इसके फलस्वरूप उनका अपनापन केवल मेरे साथ हो जाता है। हे पार्थ ! मेरे ऐसे भक्तों की संपूर्ण इच्छाएँ नष्ट हो जाती है। जिससे उनका हर सुख-दुःख तथा राग-द्वेष में समान भाव रहता है। उनके सामने अनुकूल-प्रतिकूल जैसी भी परिस्थिति आती है, वे उसे समान भाव से परमात्मा का प्रसाद समझकर ग्रहण करते हैं। मन की ऐसी ऊँची स्थिति वाले तथा मान, मोह, ममता आदि दोषों से रहित मेरे भक्त उस अविनाशी परमपद को अवश्य प्राप्त होते है।

न तद्-भासयते सूर्यो, न शशाङ्को न पावकः ।

यद्-गत्वा न निवर्तन्ते, तद्धाम परमं मम ॥ 6 ॥

भावार्थ :— श्रीकृष्ण अब पिछले श्लोक में वर्णित उस अविनाशी परमपद की व्याख्या करते हुए कहते हैं कि मेरा वह परमधाम दिव्य प्रकाश से युक्त है क्योंकि न सूर्य, न चन्द्र और न अग्नि का प्रकाश ही उसे प्रकाशित कर सकते है। वह तो स्वयं अपने ही प्रकाश से प्रकाशित होता है और इस परमधाम में पहुँचने के बाद बार-बार जन्म-मरण के चक्कर में लौटकर आना भी नहीं पड़ता।

ममैवांशो जीव-लोके, जीव-भूतः सनातनः ।

मनः षष्ठा-नीन्द्रियाणि, प्रकृति-स्थानि कर्षति ॥ 7 ॥

भावार्थ :— हे अर्जुन ! सभी जीव आत्मारूप होने के कारण मेरा ही अंश है, लेकिन वे प्रकृतिरूप शरीर के साथ अपना संबंध मानकर मन और इन्द्रियों के वश में हो जाते हैं, जिसके कारण वह अपने ही अंश परमात्मा तथा अपने ही नित्यस्थान परमधाम तक नहीं पहुँच पाते है। क्योंकि –

शरीरं यद्-वाप्नोति, यच्चा-प्युत्क्राम-तीश्वरः ।

गृहीत्वैतानि संयाति, वायुर्गन्धा-निवाशयात् ॥ 8 ॥

भावार्थ :— जब किसी शरीर की मृत्यु होती है तो मन सहित इन्द्रियों को अपना मानने के कारण उस मनुष्य की आत्मा उस जन्म में इन्द्रियों द्वारा किये गये कार्यों के फल सहित मन, बुद्धि तथा स्वभाव को लेकर एक नये शरीर में चली जाती है, जो उसे पुनर्जन्म में प्राप्त होता है। ये उसी प्रकार होता है, जैसे- इत्र के फोहे से वायु गन्ध को ग्रहण करके उसे अपने साथ ले जाती है और फोहा वहीं पड़ा रह जाता है। फिर –

श्रोत्रं चक्षुः स्पर्शनं च, रसनं घ्राण-मेव च ।

अधिष्ठाय मनश्-चायं, विषया-नुपसेवते ।। 9 ।।

भावार्थ :— अगली योनि में जन्म लेने के बाद भी वह आत्मा पिछले जन्मों के कर्मफल, मन, बुद्धि और स्वभाव के अनुसार ही इस नये जन्म में भी इन्द्रियों तथा उसके विषयों (देखना, सुनना, सुंघना, स्वाद लेना और स्पर्श करना) में फंसकर नये-नये कर्मों में लग जाती है और इस प्रकार ये चक्र चलता ही रहता है।

उत्क्रामन्तं स्थितं वापि, भुञ्जानं वा गुणान्वितम् ।

विमूढा नानु-पश्यन्ति, पश्यन्ति ज्ञान-चक्षुषः ।। 10 ।।

भावार्थ :— हे पार्थ ! जिस समय आत्मा इस शरीर को छोड़कर जाती है या जिस समय यह दूसरे शरीर में रहती है या फिर जिस समय वह अपने वर्तमान शरीर से भोगों का आनंद लेती है। इन तीनों ही स्थितियों में तीनों गुण (सत्, रज और तम) उसके शरीर के साथ ही रहते है और उसे प्रभावित करते रहते है। आत्मा के इस स्वरूप को अज्ञानी लोग न तो जानते हैं और न ही जानने का प्रयास करते हैं, जबकि ज्ञानी मनुष्य ये सब जानते है इसलिए वे इन गुणों से ऊपर उठकर अपनी आत्मा को परमात्मा में मिलाने का प्रयास करते हैं।

यतन्तो योगिनश्-चैनं, पश्यन्त्यात्म-न्यवस्थितम् ।

यतन्तोऽप्य-कृतात्मानो, नैनं पश्यन्-त्यचेतसः ।। 11 ।।

भावार्थ :— परमात्मा की प्राप्ति के प्रयासों में लगे ऐसे ज्ञानी लोग अपने मन को शुद्ध करके दृढ़निश्चय तथा पूर्ण श्रद्धा के साथ परमात्मा की प्राप्ति का प्रयास करते है। जिससे वे अपने ही हृदय में स्थित अपने आत्मा रूपी परमात्मा का अनुभव कर लेते हैं लेकिन जिनके मन में सांसारिक व्यक्तियों, वस्तुओं आदि का महत्व बना हुआ है और जो शरीरादि को अपना मानते हुए उससे सुख भोगने की आशा रखते है, ऐसे अज्ञानी मनुष्य परमात्मा की प्राप्ति तो चाहते है, परन्तु वे शरीर, मन, बुद्धि आदि प्रकृति से प्राप्त पदार्थों की सहायता से परमात्मतत्व को प्राप्त करना चाहते है, जबकि परमात्मा प्रकृति से प्राप्त पदार्थों की सहायता से नहीं, बल्कि संसार तथा शरीर से अपने संबंधों के प्रति मोह एवं आसक्ति के त्याग से होती है। इसलिए ऐसे मनुष्य परमात्मा की प्राप्ति नहीं कर पाते ।

यदादित्य-गतं तेजो, जगद्-भासयतेऽखिलम् ।

यच्चन्द्रमसि यच्चाग्नौ, तत्तेजो विद्धि मामकम् ।। 12 ।।

भावार्थ :— प्रकृति (संसार) से प्राप्त पदार्थों से अपना संबंध मानने के कारण मनुष्य उन पदार्थों के प्रभाव से प्रभावित हो जाता है और साथ ही, इन पदार्थों (शरीर, स्त्री, पुत्र, धन आदि) को अपना मानने के कारण मनुष्य को इन्हीं का महत्व दिखने लगता है, भगवान का नहीं। इसलिए जीव पर पड़े सांसारिक पदार्थों का प्रभाव हटाने के लिये भगवान श्रीकृष्ण अपने प्रभाव का वर्णन करते हुए १२-१५ वें श्लोक तक यह रहस्य प्रकट करते है कि उन पदार्थों में जो प्रभाव या महत्व देखने में आता है, वह वस्तुतः मेरा ही है, उनका नहीं। सर्वोपरि प्रभावशाली मैं ही हूँ। इस श्लोक में भगवान सूर्य, चन्द्र और अग्नि का उदाहरण देते हुए कहते है कि इनका तेज भी इनका अपना न होकर उनसे ही आया हुआ है। इसलिए इनका तेज भगवान को या उनके परमधाम को प्रकाशित नहीं कर पाता। जैसे बूंदी के लड्डू में जो मिठास है, वह उसकी अपनी न होकर चीनी की ही है। ऐसे ही सूर्य, चन्द्रमा और अग्नि में जो तेज है, वह उनका अपना न होकर भगवान का ही है। अतः भगवद् प्राप्ति के लिए इनका प्रयोग तो कर सकते है, पर पूर्णतया इन पर आश्रित नहीं हो सकते ।

गामाविश्य च भूतानि, धारया-म्यह-मोजसा ।
पुष्णामि चौषधीः सर्वाः, सोमो भूत्वा रसात्मकः ॥ 13 ॥

भावार्थ :— श्रीकृष्ण आगे कहते हैं कि मैं ही पृथ्वी में प्रवेश करके उस पर स्थित सभी चल-अचल प्राणियों को धारण करता हूँ अर्थात् पृथ्वी में जो संपूर्ण प्राणियों को धारण करने की शक्ति देखने में आती है, वह शक्ति पृथ्वी की अपनी न होकर भगवान की ही है।

चन्द्रमा में प्रकाश देने के साथ ही अमृत वर्षा की शक्ति भी है। शुक्लपक्ष में चन्द्रमा की मधुर किरणों से अमृत वर्षा होने के कारण ही लता-वृक्ष आदि पुष्ट होते हैं और फलते-फूलते है। जिनसे प्राप्त अन्न तथा अन्य खाद्य वस्तुओं को खाकर सभी जीव उत्तम स्वास्थ्य को प्राप्त होते है । लेकिन, चन्द्रमा में जो औषधियों, वनस्पतियों को पोषण देने की यह शक्ति है, वह भी उसकी अपनी न होकर भगवान की ही है। इस प्रकार भगवान ही चंद्रमा को निमित्त बनाकर सम्पूर्ण जीवों का पालन-पोषण करते है।

अहं वैश्वानरो भूत्वा प्राणिनां देह-माश्रितः ।
प्राणापान-समायुक्तः, पचाम्यन्नं चतुर्विधम् ॥ 14 ॥

भावार्थ :— यहाँ भगवान कहते हैं कि सभी जीवों को भोजन उपलब्ध कराने के बाद उनको पचाने का कार्य भी मैं ही करता हूँ। पेट के अंदर का जो ताप है, जिसके कारण

भोजन पचता है वह जठराग्नि भी मेरा ही स्वरूप है। हे अर्जुन ! मैं ही शरीर में रहने वाली दस प्रकार की वायु में से मुख्य दो प्रकार की वायु प्राण और अपान से युक्त होकर चारों प्रकार के अन्नों (चबाकर खाया जाने वाला, निगला जाने वाला, चूसा जाने वाला तथा चाट कर खाया जाने वाला) को जठराग्नि से पचाता हूँ। साथ ही-

सर्वस्य चाहं हृदि सन्निविष्टो
मत्तः स्मृतिर्-ज्ञान-मपोहनं च ।
वैदैश्-च सर्वै-रहमेव वेद्यो
वेदान्त-कृद्-वेदविदेव चाहम् ॥ 15 ॥

भावार्थ :– मैं प्रत्येक मनुष्य के अत्यंत नजदीक उसके हृदय में रहता हूँ। अतः किसी भी साधक के लिये मैं आसानी से प्राप्त हूँ और जब उसे संसार से परायापन और मुझसे अपनेपन की स्मृति होती है तो उसकी वह स्मृति भी मेरा ही स्वरूप है। मैं ही आत्मा द्वारा मेरी प्राप्ति के लिए जाना जाने योग्य ‘तत्वज्ञान’ हूँ। इसी प्रकार मेरी प्राप्ति की राह में आने वाले संशय, भ्रम, विपरीत भाव, तर्क-वितर्क आदि दोष भी मेरी कृपा से ही दूर होते है। मैं ही वेदों का वो अंश हूँ जिसमें परमात्मा की प्राप्ति का रास्ता बताया गया है। वेदों द्वारा जानने योग्य भी मैं ही हूँ। मैं ही संपूर्ण वेदों का सर्वश्रेष्ठ ज्ञाता भी हूँ क्योंकि सारे वेद मुझसे ही प्रकट हुए है। बड़े-बड़े विद्वान भी मेरा आश्रय लिये बिना वेदों के असली तत्व को नहीं जान सकते । साथ ही-

द्वाविमौ पुरूषौ लोके, क्षरश्-चाक्षर एव च ।
क्षरः सर्वाणि भूतानि, कूटस्थोऽक्षर उच्यते ॥ 16 ॥

भावार्थ :– हे अर्जुन ! इस सृष्टि के दो भाग माने जाते है (१) शरीर सहित सभी नाशवान पदार्थ (२) अविनाशी आत्मा । शरीर आदि सभी वस्तुओं का नाश होता है इसलिए इन्हें ‘क्षर’ नाम से कहा गया है तथा जिसका कभी नाश नहीं होता और जिसके स्वरूप में भी कभी बदलाव नहीं होता, उस आत्मा को ‘अक्षर’ अर्थात् अविनाशी नाम से कहा गया है। लेकिन-

उत्तम पुरूषस्-त्वन्यः, परमात्मे-त्युदाहृतः ।
यो लोक-त्रय-माविश्य, बिभर्-त्यव्यय ईश्वरः ॥ 17 ॥

भावार्थ :– शरीर और आत्मा इन दोनों से भी उत्तम पुरुष तो अन्य ही है, जिसे परमात्मा नाम से कहा गया है अर्थात् वह आत्मा जो सभी प्रकार के मोह, राग-द्वेष तथा

अवगुणों से परे है। वहीं परमात्मा तीनों लोकों में अर्थात् सर्वत्र समान रूप से व्याप्त होकर संपूर्ण प्राणियों का भरण-पोषण करते है।

नोट :– परमात्मा का अंश होते हुए भी आत्मा की दृष्टि व खिंचाव नाशवान शरीर की तरफ रहता है। इसलिये उसे सर्वश्रेष्ठ नहीं कहा गया है।

यस्मात् क्षर-मतीतोऽह, –मक्षरादपि चोत्तमः ।

अतोऽस्मि लोके वेदे च, प्रथितः पुरूषोत्तमः ॥ 18 ॥

भावार्थ :— शरीर से श्रेष्ठ इन्द्रियाँ है, इन्द्रियों से श्रेष्ठ मन है और मन से श्रेष्ठ बुद्धि है लेकिन इनसे भी श्रेष्ठ है आत्मा, क्योंकि ये सभी नाशवान है जबकि आत्मा अविनाशी है और परमात्मा का अंश भी है। लेकिन, परमात्मा आत्मा से भी ऊपर है क्योंकि परमात्मा का अंश होते हुए भी आत्मा नाशवान शरीर और संसार के साथ अपना संबंध मान लेती है और उसी के राग-द्वेष में फंसी रहती है। जबकि परमात्मा इन सभी बंधनों से अत्यंत परे है।

अब भगवान अर्जुन पर विशेष कृपा करते हुए इसी श्लोक में यह रहस्य भी प्रकट करते हैं कि वह परमात्मा मैं ही हूँ तथा मुझे ही वेदों में पुरूषोत्तम नाम से कहा गया है। इतना ही नहीं–

यो मामेवम-सम्मूढो, जानाति पुरूषोत्तमम् ।

स सर्व-विद्-भजति मां, सर्व-भावेन भारत ॥ 19 ॥

भावार्थ :— हे भरतवंशी अर्जुन ! जो आत्मा संसार तथा शरीर से अपना संबंध-विच्छेद करके मुझ परमात्मा से अपने संबंध का अनुभव कर लेती है, वही आत्मा मुझे पुरूषोत्तम नाम से भी जान भी लेती है। फिर उस मनुष्य के लिए कुछ भी जानने योग्य तत्व शेष नहीं रहता और उसका मन नाशवान संसार से हटकर परमात्मा में लग जाता है। इस अवस्था को प्राप्त मनुष्य के द्वारा हर पल केवल मेरा ही भजन होता है।

इति गुह्य-तमं शास्त्र, मिद-मुक्तं मयानघ ।

एतद्-बुद्ध्वा बुद्धिमान्-स्यात्, कृत-कृत्यश्-च भारत ॥ 20 ॥

भावार्थ :— भगवान इस श्लोक में यह बताते हैं कि उन्होंने अर्जुन को ही इस ज्ञान को देने के लिये इसलिए चुना, क्योंकि अर्जुन निष्पाप है। उनके मन में अपने साथ बुरा करने वालों के प्रति भी प्रेम है। वे उन्हें भी किसी तरह का नुकसान नहीं पहुँचाना चाहते। भगवान् श्रीकृष्ण अर्जुन से आगे कहते हैं कि ये सब जो मैंने तुम्हें बताया है, वह बहुत ही

गोपनीय शास्त्र है, लोग इस ज्ञान की प्राप्ति के लिये जन्मों-जन्मों तक भटकते रहते हैं। साथ ही यह शास्त्र इसलिये भी खास है क्योंकि इसका ज्ञान तुम्हें मेरे द्वारा प्राप्त हुआ है। अपनी प्राप्ति के विषय में जितना मैं बता सकता हूँ, उतना दूसरा कोई नहीं । भगवान मानो यह कह रहे हैं कि मेरे द्वारा दिये गए इस ज्ञान में किसी प्रकार का संशय रहने की संभावना ही नहीं है। इसलिए इस परमगोपनीय ज्ञान को जो मनुष्य पूरी तरह से जान लेता है वही ज्ञानवान है फिर, उसके लिये कुछ भी जानना शेष ही नहीं रहता क्योंकि उसने सभी प्रकार के ज्ञानों को देने वाले परमात्मा को जान लिया है और जिसे जानकर उसका मनुष्य जन्म सफल हो गया है।

इस प्रकार ओउम्-तत्-सत् इन भगवन्नामों के उच्चारणपूर्वक ब्रह्मविद्या और योगशास्त्रमय श्रीमद्भगवद्गीता रूपी उपनिषद् के श्रीकृष्ण और अर्जुन के संवाद में 'पुरूषोत्तमयोग' नामक पंद्रहवाँ अध्याय समाप्त हुआ ।

सोलहवाँ अध्याय

नोट :- भगवान श्रीकृष्ण ने अपने और अर्जुन के अभी तक के संवाद में अनेकों स्थान पर दो तरह के मनुष्यों के स्वभाव के बारे में बताया है। एक वे जिनमें स्वभाव से ही दूसरों के हित की भावना होती है अर्थात दैवीगुणों से युक्त मनुष्य तथा दूसरे वे जिनका स्वभाव ही दूसरों का बुरा चाहने या करने का होता है अर्थात् आसुरी गुणों वाले मनुष्य। लेकिन, अर्जुन को अन्य विषयों के बारे में समझाते हुए तथा उसके प्रश्नों के उत्तर देते हुए, वे इन दोनों प्रकार के मनुष्यों के लक्षणों के बारे में अर्जुन को नहीं बता पाए । इसलिए पन्द्रहवें अध्याय के अंत तक अन्य विषयों तथा अर्जुन के सभी प्रश्नों का समाधान करने के बाद वे इस अध्याय में इन दोनों प्रकार के मनुष्यों के लक्षण अर्जुन को बताना प्रारंभ करते है। इसके लिए सबसे पहले वे दैवी संपदा वाले मनुष्यों के २६ लक्षण बताना आरंभ करते हुए कहते हैं कि –

श्रीभगवान् उवाच

अभयं सत्त्व-संशुद्धिर्, -ज्ञान-योग-व्यवस्थितिः ।
दानं दमश्-च यज्ञश्-च, स्वाध्यायस्-तप आर्जवम् ।। 1 ।।

भावार्थ :– हे अर्जुन ! ऐसे मनुष्य भय से सर्वथा रहित होते है। इनका मन शुद्ध होता है। साथ ही ज्ञान प्राप्ति के लिये भी इनके मन में दृढ़ निश्चय होता है। समय, परिस्थिति और प्राणियों की आवश्यकतानुसार ये दान देने के लिये सदा तत्पर रहते है। इनके मन, इन्द्रियों और शरीर द्वारा कोई भी कार्य शास्त्र-विरूद्ध नहीं होता। दूसरों के हित के लिये ये सदा कार्य करते रहते है, जिसे यज्ञ कर्म नाम से भी जाना जाता है। शास्त्रों के पठन-पाठन द्वारा वे स्वयं के अंतःकरण की बुराइयों का पता लगाकर उन्हें अच्छाइयों में बदलने का प्रयास भी करते रहते है। इतना ही नहीं, अपने कर्तव्यपालन के मार्ग में आने वाली हर कठिनाई को वे समान भाव से सहन करते है। साथ ही, इनके मन, वाणी और कार्यों में भी समानता होती है, कोई बनावट नहीं होती ।

अहिंसा सत्य-मक्रोधस्, -त्यागः शान्ति-रपैशुनम् ।
दया भूतेष्व-लोलुप्त्वं, मार्दव ह्री-रचापलम् ।। 2 ।।

भावार्थ :– उनके द्वारा कभी किसी का बुरा नहीं होता, वे सदा सत्य बोलते है, किसी भी परिस्थिति में उन्हें क्रोध नहीं आता तथा उनके अंदर किसी भी सांसारिक वस्तु अथवा

भोगों को प्राप्त करने की इच्छा नहीं होती । न उनके मन में न ही किसी की प्रति राग अथवा मोह होता है और न ही किसी के प्रति द्वेष (ईर्ष्या, शत्रुता) । जिससे उनके मन में सदा एक शांति बनी रहती है। वे कभी किसी की निन्दा (चुगली) नहीं करते । हर प्राणी के प्रति उनमें स्वभाव से ही दया होती है। दूसरों को भोगों को भोगते हुए देखकर भी उनका मन नहीं ललचाता। इतना ही नहीं, उनका बुरा करने वालों के प्रति भी उनके मन में कोमलता होती है। शास्त्र विरूद्ध कार्य करने में उन्हें लज्जा का एहसास होता है तथा वे प्रत्येक कार्य को शान्तिपूर्वक करते है। जिससे उनका काम सुचारू रूप से तथा समय पर हो जाता है।

तेजः क्षमा धृतिः शौच, –मद्रोहो नातिमानिता ।
भवन्ति सम्पदं दैवी, –मभि-जातस्य भारत ॥ 3 ॥

भावार्थ :– इनके चेहरे पर एक अनोखा ही तेज होता है। अपने प्रति बुरा करने वालों को भी ये क्षमा कर देते है। धैर्य उनका एक और खास लक्षण है। वे बुरी से बुरी परिस्थिति में अपना धैर्य नहीं खोते और बाहरी (शरीर, वाणी, अपने आस-पास की जगह, आदि) तथा आंतरिक (मन के भावों की) शुद्धता का भी पूरा ध्यान रखते है। इनके मन में किसी के भी प्रति बदले की भावना नहीं होती, क्योंकि वे हर प्राणी में परमात्मा के ही अंश को देखते है। साथ ही, उन्हें किसी से अपने मान, आदर-सत्कार आदि की भी चाह नहीं होती । हे अर्जुन ! ये सभी दैवी संपदा (देवताओं के गुण) प्राप्त मनुष्यों के लक्षण है। ये लक्षण परमात्मा की राह में लगने से किसी भी मनुष्य में स्वभाविक रूप से आने लगते है, लेकिन अपने में ये लक्षण दिखाई देने पर उसे अपने में इन लक्षणों के होने का अभिमान नहीं होना चाहिये ।

दम्भो दर्पोऽडभिमानश्च, क्रोधः पारूष्य-मेव च ।
अज्ञानं चाभि-जातस्य, पार्थ सम्पद-मासुरीम् ॥ 4 ॥

भावार्थ :– अब श्रीकृष्ण आसुरी संपदा (राक्षसों के गुणों) से संपन्न मनुष्यों के लक्षण बताते हुए कहते हैं कि ऐसे मनुष्यों में झूठा दिखावा करना, अपनी शक्ति और धन का घमण्ड करना आदि लक्षण होते है। साथ ही, इन्हें अपने शरीर का और अपने ज्ञान का भी अभिमान होता है। क्रोध में आकर दूसरों का बुरा करने में, उन्हें दुःख देने में ऐसे मनुष्यों को सुख का अनुभव होता है। इनके मन, वाणी तथा व्यवहार में भी कठोरता होती है। साथ ही इन्हें करने योग्य, ना करने योग्य, अच्छा-बुरा, आत्मा-परमात्मा आदि की समझ भी नहीं होती, जिससे वे सदा न करने योग्य कार्यों में ही लगे रहते हैं।

नोट :- माता-पिता द्वारा बच्चों पर क्रोध करना आसुरी संपदा नहीं है, क्योंकि उनके क्रोध के पीछे भी बच्चों का हित ही होता है, अहित नहीं ।

दैवी सम्पद्-विमोक्षाय, निबन्धा-यासुरी मता ।
मा शुचः सम्पदं दैवी, -मभि-जातोऽसि पाण्डव ।। 5 ।।

भावार्थ :— हे अर्जुन ! दैवी संपदा से युक्त मनुष्यों के लिये मुक्ति के द्वार सदा खुले रहते है, जबकि आसुरी संपदा से युक्त मनुष्य इन सांसारिक बंधनों में फंसकर जन्म-मरण के चक्करों में ही पड़े रहते है। अर्जुन को निमित्त बनाकर इस श्लोक में भगवान् श्रीकृष्ण मानो अपने दैवी संपदा से युक्त भक्तों को भरोसा दिलाते हैं कि तुम्हें शोक (चिन्ता) नहीं करना चाहिए, क्योंकि मेरे दैवी संपदा से युक्त भक्तों के लिये तो मेरे द्वार सदा ही खुले हैं।

द्वौ भूत-सर्गौ लोकेऽस्मिन्, दैव आसुर एव च ।
दैवो विस्तरशः प्रोक्तः, आसुरं पार्थ मे शृणु ।। 6 ।।

भावार्थ :— भगवान श्रीकृष्ण आगे बताते है कि हे पार्थ! इस संसार में ये जो दो तरह के मनुष्य होते है- दैवी संपदा से युक्त और आसुरी संपदा से युक्त इनमें से दैवी संपदा से युक्त मनुष्यों का तो मैंने हमारे संवाद में अब तक कई जगह वर्णन कर दिया । इसलिये, अब तू मुझसे आसुरी संपदा से युक्त मनुष्यों (जो कि केवल अपने शरीर की रक्षा और पोषण में लगे हैं) के बारे में विस्तार से सुन ।

प्रवृत्तिं च निवृत्तिं च, जना न विदु-रासुराः ।
न शौचं नापि चाचारो, न सत्यं तेषु विद्यते ।। 7 ।।

भावार्थ :— आसुरी मनुष्यों को ज्ञान ही नहीं होता कि क्या सही है और क्या गलत । कौन से काम में प्रवृत्त होना (लगना) चाहिए और कौन से काम से निवृत्त (हटना)। साथ ही वे इसे जानने की इच्छा भी नहीं रखते और कोई दूसरा अगर उन्हें बताना भी चाहे तो वे उसकी हंसी उड़ाते है। इनमें से कुछ लोगों को तो सही और गलत की जानकारी होती भी है, पर वे भी सांसारिक भोगों में इतना रम चुके हैं कि वे इससे बाहर निकलना ही नहीं चाहते। ऐसे मनुष्य भीतरी (मन की) और बाहरी (शरीर, वाणी आदि की) शुद्धता का भी ध्यान नहीं रखते। दूसरों के प्रति उनका व्यवहार भी स्वार्थ से भरा होता है तथा अपने को सही साबित करने के लिये वे झूठ तक का सहारा ले लेते है । साथ ही-

असत्य-मप्रतिष्ठं ते, जगदाहु-रनीश्वरम् ।
अपरस्पर-सम्भूतं, किमन्यत्-काम-हैतुकम् ॥ 8 ॥

भावार्थ :— ऐसे मनुष्यों में से कई तो यह भी कहते हैं कि यह संसार बिना किसी आश्रय (ईश्वर) के टिका हुआ है और साथ ही, वे धर्म, ईश्वर आदि में भी कोई श्रद्धा नहीं रखते। उनके अनुसार यह संसार केवल स्त्री और पुरुष के संबंधों का ही नतीजा है। इसलिये काम (वासना) ही इस संसार के होने का एकमात्र कारण है। ईश्वर को इसका कारण बताना तो दुनिया को बहकाना है। इतना ही नहीं—

एतां दृष्टि मवष्टभ्य, नष्टात्मानोऽल्प-बुद्धयः ।
प्रभवन्-त्युग्र-कर्मणः, क्षयाय जगतोऽहिताः ॥ 9 ॥

भावार्थ :— वे शरीर में आत्मा होने को भी नहीं मानते । उनके अनुसार तो केवल शरीर है और प्राण है । ईश्वर, परलोक आदि का उन्हें ज्ञान ही नहीं होता और अगर होता भी है तो वह सही दिशा में नहीं होता । जिसके कारण उनके द्वारा चोरी, डकैती, हत्या, दूसरों का बुरा करना जैसे भयानक कार्य होते है। दूसरों की उन्नति वे सह नहीं सकते और अपना थोड़ा सा भी स्वार्थ सिद्ध करने के लिये वे दूसरों के साथ कितना भी बुरा कर सकते हैं। साथ ही, वे सिर्फ किसी भी तरह कमाओं, खाओ-पीओ और मौज करो के सिद्धान्त पर चलते है। आगे भविष्य में क्या होगा, परलोक में क्या होगा, ये बातें उनकी समझ में नहीं आती ।

काम-माश्रित्य दुष्पूरं, दम्भ-मान-मदान्विताः ।
मोहाद्-गृहीत्वा-सद्-ग्राहान्, प्रवर्तन्तेऽशुचिव्रताः ॥ 10 ॥

भावार्थ :— अपनी शक्ति और धन के अभिमान में चूर ऐसे व्यक्ति अपनी अनेक ऐसी इच्छाओं में घिरे रहते हैं जो कभी पूरी नहीं हो सकती या उनकी एक इच्छा पूरी हो भी जाये तो दूसरी जन्म ले लेती है। ये लोग अपने अज्ञान से मिथ्या (गलत) सिद्धांतों को ग्रहण करते है। जिससे वे शास्त्रों, वेदों, कुल-परम्पराओं आदि की मर्यादा को नहीं मानते, बल्कि इनके विपरीत चलने में, इनको भ्रष्ट करने में ही वे अपनी बहादुरी और अपना गौरव समझते है ।

चिन्ता-मपरिमेयां च, प्रलयान्ता-मुपाश्रिताः ।
कामोप-भोग-परमा, एतावदिति निश्चिताः ॥ 11 ॥

भावार्थ :— हे अर्जुन ! ऐसे मनुष्य सदा किसी न किसी सांसारिक इच्छा पूर्ति की चिन्ता में ही उलझे रहते हैं। केवल परमात्मा की प्राप्ति की ही चिन्ता उन्हें नहीं होती ।

उनकी सदा यही इच्छा रहती है कि अनेक सुख-सुविधायें देने वाली सामग्रीयों को इकट्ठा कर लें और अनेक भोगों को भोगें । भोगों को संग्रह करने में वे पाप-पुण्य, आत्मा- परमात्मा, स्वर्ग-नरक, जन्म-मरण आदि को भी भूल जाते है और इस संसार को तथा उसके भोगों को ही सब कुछ मानते है । वे कहते है कि बस जो है, यहीं है । इसके ऊपर और कुछ है ही नहीं । साथ ही –

आशा-पाश-शतैर्-बद्धाः, काम-क्रोध-परायणाः ।
ईहन्ते काम-भोगार्थ, मन्यायेनार्थ-सञ्चयान् ।। 12 ।।

भावार्थ :— आसुरी प्रवृति वाले मनुष्य आशा (उम्मीदों) रूपी सैकड़ों रस्सियों से बंधे रहते है । हमेशा वे यही सोचते रहते हैं कि क्या करने से हमारे पास और अधिक धन आ जाएगा, कैसे हमारा शरीर नीरोग रहेगा, लोग हमें आदर देंगे आदि, जिससे उनकी इच्छाएँ कभी मिटती ही नहीं । अपनी विभिन्न इच्छाओं की पूर्ति करने में लगे रहने और उनकी इच्छापूर्ति में बाधा डालने वालों का अहित करने या सोचने में ही उसके जीवन का अधिकांश भाग बीत जाता है । इतना ही नहीं, धनसंग्रह करने और सांसारिक सुखों को भोगने के लिये बेईमानी, विश्वासघात, दूसरों का हक मारना आदि अनेक प्रकार के पाप करने से भी वे पीछे नहीं हटते ।

इदमद्य मया लब्ध, –मिमं प्राप्स्ये मनोरथम् ।
इदमस्तीद-मपि मे, भविष्यति पुनर्धनम् ।। 13 ।।

भावार्थ :— ऐसे व्यक्ति लोभ के वशीभूत होकर नित नयी इच्छाएँ करते रहते हैं । वे सोचते रहते हैं कि भिन्न-भिन्न उपायों से इतना धन तो हमने आज प्राप्त कर लिया, इतना और प्राप्त कर लेंगे तथा इतना धन व्यापार से, बेटे के विवाह से, टैक्स की चोरी से आ जाएगा आदि । जैसे –जैसे उनका लोभ बढ़ता जाता है, वैसे-वैसे उनकी इच्छाएँ भी बढ़ती जाती है । वे यह सोच ही नहीं पाते कि हमारे जीवन का जो मुख्य लक्ष्य है- परमात्मा की प्राप्ति और जिसके लिए हमें मानव जन्म मिला है। उस लक्ष्य की प्राप्ति के लिये हमने अब तक क्या किया अथवा हमें आगे क्या करना चाहिये ।

असौ मया हतः शत्रुर्, –हनिष्ये चापरानपि ।
ईश्वरोऽह-महं भोगी, सिद्धोऽहं बलवान् सुखी ।। 14 ।।

भावार्थ :— वे सदा यही सोच कर खुश होते रहते हैं कि हमने अपने कई पुराने शत्रुओं को तो हरा दिया है या दण्ड दे दिया है और कई दूसरे शत्रुओं को भी हम देख लेंगे । हम धन, बल, बुद्धि आदि में दूसरों से कितना आगे हैं । सभी भोग हैं, हमारे पास ।

हमारे समान सुखी और कौन है और जो लोग भजन-ध्यान करते हैं, वे तो किसी के बहकावे में आये हुए है।

आढ्योऽभि-जनवानस्मि, कोऽन्योऽस्ति सदृशो मया ।
यक्ष्ये दास्यामि मोदिष्य, इत्य-ज्ञान-विमोहिताः ॥ 15 ॥

भावार्थ :— अभिमान के कारण उनके मन में विचार आता है कि हमारे पास कितना धन है और कितने बड़े पहुँच के व्यक्ति तथा पदाधिकारी हमारे पक्ष में है। हम तो ऐसे यज्ञ, दान आदि करेंगे जैसे आज तक किसी ने ना किये हो, जिससे कि हमारा नाम होगा, लोग हमें इज्जत देंगे और हम आनंद से, मौज से रहेंगे और इस तरह अभिमान, क्रोध और लोभ के वश में हुए आसुरी प्रवृत्ति वाले मनुष्य जीवन के वास्तविक ज्ञान से दूर होकर सांसारिक बंधनों में ही फंसे रहते है।

अनेक-चित्त-विभ्रान्ता, मोह-जाल-समावृताः ।
प्रसक्ताः काम-भोगेषु, पतन्ति नरकेऽशुचौ ॥ 16 ॥

भावार्थ :— हे अर्जुन ! ऐसे मनुष्य अपने लक्ष्य के प्रति सदा भ्रमित रहते है कि मुझे क्या चाहिये और कितना चाहिये, जिसके कारण वे सदा और अधिक की इच्छा करते रहते हैं और उन इच्छाओं को पूरा करने के उपायों में ही वे सदा लगे रहते हैं। कभी परिवार का मोह, कभी धन का और कभी सुख का मोह उन्हें घेरे ही रखता है। ये मोहजाल उनके लिये जीते जी तो नरक है ही, मरने के बाद भी ऐसे मनुष्य घोर यातना और दुःख दिये जाने वाले नरकों में ही गिरते हैं।

आत्म-सम्भाविताः स्तब्धा, धन-मान-मदान्विता ।
यजन्ते नाम यज्ञैस्-ते, दम्भेनाविधि-पूर्वकम् ॥ 17 ॥

भावार्थ :— श्रीकृष्ण आगे कहते हैं कि अपने आप को श्रेष्ठ मानकर अपनी श्रेष्ठता की अकड़ रखने वाले और धन, मान, पद आदि के घमंड में चूर रहने वाले ऐसे मनुष्य केवल दिखावे के लिये तथा अपनी प्रसिद्धि के लिये ही पूजा-पाठ करते है, मंदिरों को सजाते हैं और बड़े- बड़े लोगों को आमंत्रण देते है। वे अगर अच्छे कर्म करते भी है तो उन कर्मो को करते समय उनके मन में दूसरों के हित की भावना न होकर अपनी स्वार्थपूर्ति की अथवा दिखावे की भावना ही होती है। इतना ही नहीं-

अहड्,कारं बलं दर्पम्, कामं क्रोधं च संश्रिताः ।
मामात्म-पर-देहेषु, प्रद्विषन्तोऽभ्य-सूयकाः ॥ 18 ॥

भावार्थ :– ऐसे आसुरी प्रकृति के मनुष्य अहंकारी, हठी, घमण्डी, क्रोधी और अपने आप को दूसरों से श्रेष्ठ मानने वाली प्रवृत्ति के होते हैं। यद्यपि उनमें खुद में सात्विक मनुष्यों वाले गुण नहीं होते, लेकिन वे फिर भी दूसरों में ही दोष ढूढ़ते रहते हैं और इसी में उन्हें आनंद भी आता है। साथ ही, वे दूसरों की सफलता देखकर उनसे ईर्ष्या करने लगते हैं और कोई उनकी किसी बात का विरोध करे तो वे क्रोधित होकर उसे कष्ट पहुँचाने का भी प्रयास करते हैं। चूँकि मैं प्रत्येक प्राणी के हृदय में स्थित हूँ और इसलिये मैं समय-समय पर अंतरात्मा की आवाज के रूप में उन्हें बुरे कर्मो से बचाने के लिये सावधान भी करता हूँ, लेकिन फिर भी वे मेरी बात नहीं मानते और बाद में उस गलती का दोष भी वे मुझपर ही डालते है।

तानहं द्विषतः क्रूरान्, संसारेषु नराधमान् ।

क्षिपाम्यजस्र-मशुभा, –नासुरीष्वेव योनिषु ॥ 19 ॥

भावार्थ :– ऐसे बिना कारण ही केवल अपने स्वार्थ के लिये दूसरों से बैर करने वाले तथा उनका अहित करने वाले लोग सभी सांसारिक प्राणियों में सबसे नीची श्रेणी के होते हैं क्योंकि नरकों में रहने वाले जीव तथा पशु-पक्षी, वृक्ष-लता आदि नीची योनियों में रहने वाले जीव तो अपने पूर्वजन्मों के कर्मो का फल भोगकर शुद्ध हो रहे है और ये आसुरी प्रवृत्ति वाले मनुष्य अन्याय, पाप आदि के कारण पशु-पक्षी, वृक्ष-लता आदि नीची योनियों तथा नरकों में जा रहे है। श्रीकृष्ण कहते है कि ऐसे क्रूर, निर्दयी तथा सबके वैरी मनुष्यों के स्वभाव तथा कर्मो के अनुसार ही मैं उनको बार-बार नीच योनियों में गिराता रहता हूँ ताकि वे अपने कर्मो का फल भोगकर शुद्ध होते रहें ।

आसुरीम् योनि-मापन्ना, मूढा जन्मनि जन्मनि ।

मामप्राप्यैव कौन्तेय, ततो यान्-त्यधमां गतिम् ॥ 20 ॥

भावार्थ :– अब भगवान श्रीकृष्ण इस श्लोक में अत्यंत दुःख के साथ कहते हैं कि अनेक योनियों में भटकने के बाद जीव को मनुष्य योनि में अपने उद्धार का मौका मिलता है क्योंकि अन्य सभी योनियों में तो जीव केवल अपने कर्मो का फल भोग सकते है, परन्तु परमात्मा की प्राप्ति नहीं कर सकते क्योंकि उनमें वो समझ ही नहीं होती, लेकिन मनुष्यों में तो विवेक होते हुए भी वे उसका उपयोग मेरी प्राप्ति के लिये नहीं करते, बल्कि सांसारिक बंधनों में फंसकर और नीचे गिरते चले जाते है। हे कुन्तीनंदन । इनके कुछ पाप तो ऐसे होते हैं जो नीच योनियों में जाने पर भी पूरे नहीं होते और जिनके लिये उन्हें भयंकर नरकों की यातना भोगनी पड़ती है।

त्रिविधं नरकस्येदं, द्वारं नाशन्-मात्मनः ।
कामः क्रोधस्-तथा लोभस्, -तस्मा-देतत् त्रयं त्यजेत् ।। 21 ।।

भावार्थ :— इस श्लोक में मनुष्यों को इन नीच योनियों तथा नरकों में जाने से बचने का उपाय बताते हुए श्रीकृष्ण कहते हैं कि काम, क्रोध और लोभ ये तीनों सभी बुराइयों की जड़ हैं तथा आत्मा को परमात्मा के रास्ते से हटाकर नरक के रास्ते पर ले जाने वाले है। मुक्ति की प्राप्ति की राह पर चल रहे साधकों को इन तीनों का ही त्याग कर देना चाहिये अर्थात् वे जीवन- निर्वाह के सभी कर्म करें, पर उन्हें अपना कर्तव्य समझकर करें और उन कर्मों से वे किसी प्रकार के अनुकूल फल की आशा भी न रखें । साथ ही अपने उन कर्मों के फल को परमात्मा को सौपकर केवल उनके ध्यान में ही लीन रहे ।

एतैर्-विमुक्तः कौन्तेय, तमो-द्वारैस्-त्रिभिर्-नरः ।
आचर-त्यात्मनः श्रेयस्, -ततो याति परां गतिम् ।। 22 ।।

भावार्थ :— हे कुन्तीनंदन ! काम (इच्छा), क्रोध और लोभ ये तीनों नरक के द्वार है। इनके रहने से बुद्धि में अज्ञान छाया रहता है। मनुष्य यह सोच ही नहीं पाता कि मेरे साथ ये धन-संपत्ति, स्त्री-पुरूष, घर-परिवार वालें आदि इस जन्म के पहले भी नहीं थे और मृत्यु के बाद भी नहीं रहेंगे । अतः इनसे मोह करने से अथवा काम, क्रोध और लोभ में मुझे क्या लाभ होगा और अगर इस जन्म में भी अगर मेरी मुक्ति नहीं हुई तो मुझे फिर से अनेक योनियों में जाकर जन्म-मरण के चक्करों में भटकना पड़ेगा। अतः मनुष्य को इस बात की विशेष सावधानी रखनी चाहिए कि वह इनसे मुक्त होकर अपने कल्याण का प्रयास करे, जिससे वह जन्म-मृत्यु के चक्करों से छूटकर परमगति को प्राप्त हो जाएगा ।

यः शास्त्र-विधि-मुत्सृज्य, वर्तते काम-कारतः ।
न स सिद्धि-मवाप्नोति, न सुखं न परां गतिम् ।। 23 ।।

भावार्थ :— अब दैवी प्रवृति के मनुष्यों को पहचानने का तरीका बताते हुए श्रीकृष्ण आगे कहते हैं कि जो मनुष्य शास्त्रों में बताये गये नियमों के अनुसार अपना जीवन-निर्वाह करता है, वह मनुष्य दैवी प्रकृति का होता है और जो मनुष्य शास्त्रविधि को छोड़कर मनमाना आचरण करता है, वह आसुरी प्रवृत्ति का होता है। उनके अंतर्मन में काम, क्रोध और लोभ के कारण सदा ही अशांति बनी रहनी है और मन शुद्ध न होने के कारण न तो उन्हें सुख की प्राप्ति हो पाती है और न ही परमगति की प्राप्ति हो पाती है। क्योंकि–

तस्माच्-छास्त्रं प्रमाणं ते, कार्य-कार्य-व्यवस्थितौ ।
ज्ञात्वा शास्त्र-विधानोक्तं, कर्म कर्तु-मिहार्हसि ॥ 24 ॥

भावार्थ :— हे अर्जुन ! साधारण मनुष्यों के लिये क्या करने योग्य है और क्या नहीं – वे इस बात को नहीं जानते, जिसके कारण वे आसुरी संपत्ति से युक्त कार्यों में लग जाते है। इसलिये उन्हें करने योग्य और नहीं करने योग्य का निर्णय करने के लिये अपने शास्त्रों को सामने रखना चाहिये। हे अर्जुन ! तू भी पाप-पुण्य का निर्णय अपने मनमाने ढंग से कर रहा है, अतः तुझे भी इस विषय में शास्त्रों को सामने रखकर निर्णय लेना चाहिये।

नोट :- आज के युग में हमारे पास सभी वेदों और शास्त्रों के सार के रूप में स्वयं भगवान श्रीकृष्ण द्वारा कही गई गीता है, जिसमें हम अपने जीवन के हर प्रश्न का उत्तर खोज सकते है और उसके अनुसार जीवन यापन कर परमगति को प्राप्त कर सकते है।

इस प्रकार ओउम्-तत्-सत् इन भगवन्नामों के उच्चारण के साथ ब्रह्मविद्या और योगशास्त्रमय श्रीमद्भगवद्गीता रूपी उपनिषद् के श्रीकृष्ण और अर्जुन के संवाद में "दैवासुर संपद् विभाग योग" नामक सोलहवाँ अध्याय पूर्ण हुआ ।

सत्रहवाँ अध्याय

नोट :- सोहलवें अध्याय के अंत में श्रीकृष्ण ने शास्त्रविधि का त्याग करके मनमाने ढंग से आचरण करने वाले पुरूषों को सिद्धि, सुख और परमगति न मिलने की बात कही। इसे सुनकर अर्जुन के मन में आया कि शास्त्रविधि को ठीक-ठीक जानने वाले लोग तो बहुत कम है। अधिकतर लोग तो ऐसे है जो शास्त्रविधि को तो नहीं जानते पर अपनी कुल परम्परा, वर्ण, आश्रम आदि के अनुसार भिन्न-भिन्न देवी-देवताओं का श्रद्धापूर्वक पूजन करते है। तो ऐसे मनुष्यों की क्या स्थिति है। यह जानने के लिये अर्जुन पहले श्लोक में प्रश्न करते हैं कि–

अर्जुन उवाच

ये शास्त्र-विधि-मुत्सृज्य, यजन्ते श्रद्धयान्विताः ।
तेषां निष्ठा तु का कृष्ण, सत्त्वमाहो रजस्-तमः ।। 1 ।।

भावार्थ :– हे श्रीकृष्ण ! जिन मनुष्यों के मन का भाव बड़ा श्रेष्ठ है, श्रद्धा भक्ति भी है, पर शास्त्र-विधि को नहीं जानते और यदि वे जान जाएँ तो पालन करने भी लग जाएँ, पर उन्हें इस विषय में कुछ ज्ञान ही नहीं, उनकी क्या स्थिति होती है अर्थात् जो मनुष्य शास्त्रविधि को नहीं जानते और जिन्हें सन्तों का साथ भी नहीं मिलता पर वे जिस भी देवता की पूजा करते हैं, पूरी श्रद्धा से करते है। उनकी निष्ठा कौन सी है– सात्विकी, राजसी या तामसी ।

श्रीभगवान् उवाच

त्रि-विधा भवति श्रद्धा, देहिनां सा स्वभावजा ।
सात्त्विकी राजसी चैव, तामसी चेति तां श्रृणु ।। 2 ।।

भावार्थ :– अर्जुन के प्रश्न का उत्तर देते हुए भगवान श्रीकृष्ण कहते हैं कि श्रद्धा तीन प्रकार की होती है– पहली तो सन्तों के साथ से आती है, दुसरी प्रकार की श्रद्धा शास्त्रों के अध्ययन से आती है और तीसरी प्रकार की श्रद्धा कुल परम्परा के रूप में हमें स्वभाविक रूप से प्राप्त होती है। यहाँ तीसरी प्रकार की स्वभाविक श्रद्धा के बारे में अर्जुन ने पूछा है। आगे भगवान् कहते हैं कि यह स्वभाविक श्रद्धा भी तीन प्रकार की होती है– सात्विकी, राजसी और तामसी। इन तीनों को तुम मेरे द्वारा अलग-अलग सुनो।

सत्त्वानु-रूपा सर्वस्य, श्रद्धा भवति भारत ।
श्रद्धामयोऽयं पुरूषो, यो यच्छ्रद्धः स एव सः ॥ 3 ॥

भावार्थ :– हे अर्जुन ! मन के भावों के अनुसार ही श्रद्धा होती है, मन में सात्विक, राजस या तामस जैसे भाव होंगे, उसी प्रकार उनकी श्रद्धा भी उनके भावों के अनुसार ही देवताओं, असुरों या भूतों-प्रेतों के प्रति होगी और इस प्रकार उनकी अंतिम गति भी उसी के अनुसार होगी ।

यजन्ते सात्त्विका देवान्, यक्ष-रक्षांसि राजसाः ।
प्रेतान् भूतगणांश्च-चान्ये, यजन्ते तामसा जनाः ॥ 4 ॥

भावार्थ :– सात्विक (दैवी) प्रवृति वाले मनुष्य भिन्न-भिन्न देवताओं का पूजन करते है। राजसी मनुष्य धन संग्रह करने की इच्छा से यक्षों का अथवा अपनी स्वार्थपूर्ति तथा दूसरों के विनाश के लिये राक्षसों का पूजन करने की प्रवृति वाले होते हैं। जबकि तामस मनुष्यों में निद्रा, आलस्य तथा प्रमाद की प्रमुखता होने से वे अपनी कामनाओं की बिना मेहनत के और आसानी से पूर्ति की इच्छा रखते हैं, जिससे वे भूत-प्रेतों का पूजन करते है।

नोट :- यहाँ प्रेत शब्द के अंतर्गत पितर नहीं आते है। पितरों का पूजन करने वाले मनुष्य तो सात्विक ही कहलाते है।

अशास्त्र-विहितं घोरं, तप्यन्ते ये तपो जनाः ।
दम्भा-हङ्कार-संयुक्ताः, काम-राग-बलान्विताः ॥ 5 ॥
कर्शयन्तः शरीरस्थं, भूत-ग्राम-मचेतसः ।
मां चैवान्तः शरीरस्थं, तान्-विद्ध्यासुर-निश्चयान् ॥ 6 ॥

भावार्थ :– कुछ लोगों के मन में श्रद्धा तथा भक्ति नहीं होती, लेकिन वे पूजा-पाठ तथा भक्ति के नाम पर अनर्थक अनुष्ठान तथा क्रियाएँ करते रहते हैं। जैसे कुछ लोग कांटों की सेज पर लेटते हैं या कई वर्षों तक अपना एक हाथ हवा में उठा कर रखते हैं या फिर सांसारिक सुखों की कामना में कई कठिन व्रत रखते हैं। उनकी ये श्रद्धा वास्तविक ज्ञान से काफी दूर होती है। ऐसे लोगों को अपने तप, व्रत और अनुष्ठान के प्रभाव के बारे में दृढ़ विश्वास होता है लेकिन उनका यह विश्वास अज्ञान के कारण होता है। जो लोग दूसरों के प्रति अशिष्ट आचरण करते है और स्वयं के शरीर को अनावश्यक कष्ट देने को ही भक्ति समझते है, ऐसे अज्ञानियों को तू आसुरी निश्चय (आसुरी सम्पदा) वाले ही समझ ।

आहारस्-त्वपि सर्वस्य, त्रिविधो भवति प्रियः ।
यज्ञस्-तपस्-तथा दानं, तेषां भेद-मिमं श‍ृणु ॥ 7 ॥

भावार्थ :— हे पार्थ ! मनुष्य के स्वभाव के अलावा उनके भोजन, यज्ञ, दान और तप आदि के तरीके से भी हम उनकी प्रवृति को पहचान सकते हैं। मनुष्य का मन स्वभाविक रूप से ही किस प्रकार के भोजन में ललचाता है, उसके अनुसार उसकी सात्विक, तामसी या राजसी निष्ठा मानी गई है। इसी प्रकार यज्ञ, दान और तप भी सात्विक मनुष्य निष्काम भाव से करते है, राजसी मनुष्य अपनी कामनाओं की पूर्ति के लिये तथा तामसी मनुष्य दूसरों का अहित करने के लिये करते हैं। इसलिए तू उनके इस भेद को ठीक प्रकार से समझ ।

आयुः-सत्त्व-बलारोग्य, सुख-प्रीति-विवर्धनाः ।
रस्याः स्निग्धाः स्थिरा हृद्या, आहाराः सात्त्विक-प्रियाः ॥ 8 ॥

भावार्थ :— अब श्रीकृष्ण भोजन के तीनों प्रकारों में से सात्विक मनुष्यों को प्रिय लगने वाले भोजन के बारे में बताते हुए कहते है कि ऐसा भोजन आयु बढ़ाने वाला, जीवन को शुद्ध करने वाला तथा बल, स्वास्थ्य, सुख और तृप्ति प्रदान करने वाला होता है। ऐसे भोजन में अनाज, दाल, फल, सब्जियाँ, दूध, घी, मक्खन तथा अन्य शाकाहारी पदार्थ सम्मिलित है। शाकाहारी आहार सत्वगुणों को विकसित करने के लिये लाभकारी तथा आध्यात्मिक जीवन के लिये अनुकूल है । लेकिन-

कट्वम्ल-लवणा-त्युष्ण, -तीक्ष्ण-रूक्ष-विदाहिनः ।
आहारा राजसस्येष्टा, दुःख-शोकामय-प्रदाः ॥ 9 ॥

भावार्थ :— जब शाकाहारी भोजनों को भी अत्यधिक, मिर्च, चीनी, नमक इत्यादि के साथ पकाया जाता है तो वे राजसिक बन जाते हैं। इस प्रकार राजसिक भोजन बहुत कड़वे, बहुत खट्टटे, बहुत नमकीन, बहुत गर्म, बहुत तीक्ष्ण, बहुत शुष्क, बहुत मिर्च इत्यादि से युक्त होते हैं। ऐसे भोजन खाते समय तो बहुत प्रिय लगते है, परन्तु ये खाद्य पदार्थ परिणाम में दुःख, शोक तथा रोगों को देने वाले होते हैं ।

यात-यामं गत-रसं, पूति पर्युषितं च यत् ।
उच्छिष्ट-मपि चामेध्यं, भोजनं तामस-प्रियम् ॥ 10 ॥

भावार्थ :— तामसी मनुष्यों को पसंद आने वाले भोजन के बारे में बताते हुए श्रीकृष्ण कहते हैं कि ऐसे मनुष्यों को बहुत अधिक पके हुए अथवा कम पके हुए बिना मौसम के

फल, सब्जी आदि भोज्य पदार्थ, मशीन आदि से जिनका सार निकाल लिया गया है ऐसे डिब्बाबंद भोजन, दूध आदि, गन्ध वाले पदार्थ जैसे शराब, प्याज, लहसुन आदि तथा बासी भोजन, जूठा भोजन, मांस, मछली, अंडा आदि शास्त्रनिषिद्ध तथा अपवित्र भोजन पसंद आते है ।

नोट :- लेकिन यदि सात्विक भोजन को भी बहुत अधिक आसक्ति के साथ खाया जाए तो वह राजसी तथा स्वाद के लिए भूख से अधिक खाया जाए तो वह तामसी हो जाता है। ऐसे ही भिक्षा में अथवा विषम परिस्थितियों में यदि रूखा-सूखा, तीखा और बासी भोजन प्राप्त हो जो कि राजसी और तामसी है, पर उसे भी भगवान को भोग लगाकर केवल पेट भरने की भावना से खाया जाय तो वह भोजन भी सात्विक हो जाता है, पर मांस-मदिरा आदि के सेवन को तो किसी भी स्थिति में सात्विक भोजन नहीं कहा जा सकता ।

अफला-काङ्क्षिभिर्-यज्ञो, विधि-दृष्टो य इज्यते ।
यष्टव्य-मेवेति मनः, समाधाय स सात्त्विकः ॥ 11 ॥

भावार्थ :– भोजन में रूचि के अनुसार तीनों प्रकार के मनुष्यों की पहचान बताकर श्रीकृष्ण अब यज्ञ करने के तरीकों द्वारा तीनों प्रकार के मनुष्यों की पहचान बताते हैं। वे कहते हैं कि जब सात्विक मनुष्य यज्ञ करते है तो उनके मन में उस यज्ञ द्वारा किसी प्रकार का फल प्राप्त करने की इच्छा नहीं होती, बल्कि वे तो केवल संसार की भलाई के लिए शास्त्रों में दी गई विधि के अनुसार यज्ञों को करते है।

अभि-सन्धाय तु फलं, दम्भार्थ-मपि चैव यत् ।
इज्यते भरत-श्रेष्ठ, तं यज्ञं विद्धि राजसम् ॥ 12 ॥

भावार्थ :– जो यज्ञ मनचाहे फल की प्राप्ति के लिए अथवा अपने दुःखों और शत्रुओं से मुक्ति की इच्छा से किया जाता है, वह यज्ञ राजस हो जाता है। साथ ही मान-बड़ाई तथा प्रसिद्धि की इच्छा से किया जाने वाला यज्ञ भी राजस कहलाता है, लेकिन इन दोनों प्रकार के यज्ञों में से भी जो यज्ञ किसी इच्छा-पूर्ति के लिये किया जाता है, वह तो फिर भी शास्त्रविधि द्वारा किया जाता है, पर जो यज्ञ सिर्फ दिखावे के लिये किया जाता है उसमें तो शास्त्रविधि की भी परवाह नहीं की जाती । साथ ही –

विधि-हीन-मसृष्टान्नं, मन्त्र-हीन-मदक्षिणम् ।
श्रद्धा-विरहितं यज्ञं, तामसं परिचक्षते ॥ 13 ॥

भावार्थ :– कुछ लोग ऐसे भी होते है जो किसी मजबूरी में या किसी नियम को पूरा करने के लिए बिना इच्छा के यज्ञ करते है। ऐसे यज्ञों में न तो शास्त्रों के नियमों का

पालन होता है, न ही उचित मंत्र होते है और न अन्नदान या दक्षिणा ही दी जाती है। यहाँ तक कि जिस देवता की प्रसन्नता के लिये यज्ञ किया जाता है। यज्ञ करने वाले के मन में उस देवता के प्रति श्रद्धा भी नहीं होती । इस प्रकार के यज्ञ को तामस यज्ञ कहा जाता है ।

देव-द्विज-गुरू-प्राज्ञ, -पूजनं शौच-मार्जवम् ।
ब्रह्मचर्य-महिंसा च, शारीरं तप उच्यते ॥ 14 ॥

भावार्थ :– भोजन और यज्ञ के भेद बताने के बाद श्रीकृष्ण तप के बारे में बताते हुए कहते हैं कि तप भी तीन प्रकार के होते है- सात्विक, राजस और तामस । इनमें से सात्विक तप को भी तीन प्रकार से किया जाता है। मन से, शरीर से और वाणी से । सबसे पहले शरीर द्वारा किये जाने वाले सात्विक तप के बारे में बताते हुए श्रीकृष्ण कहते हैं कि सभी प्रकार के देवी-देवता, ब्राह्मण, गुरूजन (माता-पिता, गुरु, अपने से बड़े) तथा जीवन्मुक्त महापुरूष (जो मनुष्य सांसारिक मोहमाया से ऊपर उठकर केवल संसार की भलाई और ईश्वर की भक्ति में लग गया हो) का हृदय से आदर करना, अपने शरीर तथा आस –पास की शुद्धि, जीवन जीने के तरीके में सरलता, ब्रह्मचर्य का पालन करना अर्थात् केवल संतान प्राप्ति हेतु शास्त्रों में बताये गये दिनों में ही पति/पत्नी का संग करना तथा अहिंसा का पालन करना, ये पाँचों शरीर रूपी तप कहे गये है ।

अनुद्वेग-करं वाक्यं, सत्यं प्रिय-हितं च यत् ।
स्वाध्याया-भ्यसनं चैव, वाङ्मयं तप उच्यते ॥ 15 ॥

भावार्थ :– हे अर्जुन ! अति उत्साह में कुछ भी सही-गलत बोलने से बचना, सदा सत्य तथा प्रिय बोलना, दूसरे का हित करने वाली बातें बोलना, भगवद्चरित्र, शास्त्र, वेद आदि का अध्ययन करना तथा सदा भगवन्नाम का अभ्यास करना वाणी संबंधी तप कहा जाता है ।

नोट :- साथ ही ऐसा सत्य या प्रिय बोलने से भी बचना चाहिए, जिससे दूसरों का अहित हो। जब तक बहुत आवश्यक न हो, ऐसी अवस्था में चुप रहना ही उत्तम है ।

मनः प्रसादः सौम्यत्वं, मौनमात्म-विनिग्रहः ।
भाव-संशुद्धि-रित्येतत्, तपो मानस-मुच्यते ॥ 16 ॥

भावार्थ :– इसी प्रकार हे अर्जुन ! तप मन से भी किया जाता है। जिसमें हर अनुकूल- प्रतिकूल परिस्थिति में मन का समान भाव से प्रसन्न रहना, मन में किसी के

लिये हिंसा, क्रूरता, कुटिलता, ईर्ष्या आदि भावों का ना रहना अर्थात् सभी के प्रति सौम्यभाव होना, मननशीलता का होना, जिससे मन सदा ज्ञान प्राप्ति के विषय में चिंतन करे, मन को इन्द्रियों के भोगों से बचाकर ईश्वर प्राप्ति की तरफ लगाना तथा प्रत्येक कार्य को करते समय स्वार्थ और अभिमान का त्याग कर दूसरों के हित के बारे में सोचना, यह सब मन संबंधी तप कहा जाता है।

श्रद्धया परया तप्तं, तपस्-तत्-त्रिविधं नरैः ।
अफला-काड्.क्षिभिर्-युक्तैः, सात्त्विकं परिचक्षते ॥ 17 ॥

भावार्थ :— श्रीकृष्ण आगे कहते हैं कि इस प्रकार जो मनुष्य शरीर, मन और वाणी को वश में तथा शुद्ध करके परमात्मा पर विश्वास तथा श्रद्धा रखते हुए एवं किसी भी प्रकार की विघ्न-बाधाओं की परवाह न करते हुए उत्साह और आदरपूर्वक इन तीनों प्रकार के तपों को भलीभांति करता है, उसके द्वारा किया गया तप सात्विक तप कहलाता है ।

सत्कार-मान-पूजार्थम्, तपो दम्भेन चैव यत् ।
क्रियते तदिह प्रोक्तं, राजसं चल-मध्रुवम् ॥ 18 ॥

भावार्थ :— हे अर्जुन ! इन तीनों प्रकार के तपों में से किसी भी प्रकार का तप, उपवास या नियम जब केवल इस उद्देश्य से किया जाता है कि लोग हमें अच्छा मानेंगे, हमारा सम्मान करेंगे, हमारा नाम-आदर होगा, तो ऐसा तप राजस कहा जाता है। ऐसे तप का फल नाशवान् होता है अर्थात् जो तप शास्त्रविधि द्वारा केवल दूसरों को दिखाने के लिये किया जाता है, उप तप का फल इस लोक में ही मिलकर समाप्त हो जाता है। इसलिये राजस तप का फल ना स्वर्ग होता है, ना नरक; बल्कि इसी लोक में प्रशंसा, समृद्धि आदि के रूप में मिलकर समाप्त हो जाता है ।

मूढग्राहे-णात्मनो यत्, पीडया क्रियते तपः ।
परस्योत्-सादनार्थम् वा, तत्-तामस-मुदाहृतम् ॥ 19 ॥

भावार्थ :— तामस तप में अज्ञानतापूर्वक अपने आप को कष्ट देकर तप किया जाता है। तामस मनुष्य ऐसी क्रियाएँ, जिसमें अपने शरीर को अथवा मन को कष्ट हो, तप मानते है। साथ ही, वे दूसरों को दुःख देने के उद्देश्य से ही तप करते है। उनका भाव रहता है कि शक्ति तथा मनचाही वस्तु प्राप्त करने के लिये तप करने में मुझे चाहे कितना भी कष्ट सहना पड़े, पर इससे प्राप्त शक्ति या वस्तु से मुझे दूसरों का अहित करना है, उसे नीचा दिखाना है। इसके लिए वे मनमाने ढंग से उपवास करना, सर्दी-गर्मी को सहन

करना आदि तप भी कर सकते है। इस प्रकार दूसरों को कष्ट देने के उद्देश्य से किया गया तप तामस तप कहलाता है।

दातव्य-मिति यद्दानं, दीयतेऽनुपकारिणे ।
देशे काले च पात्रे च, तद्-दानं सात्त्विकं स्मृतम् ॥ 20 ॥

भावार्थ :— भोजन, यज्ञ और तप के बाद अब दान के भी तीन भेद बताते हुए श्रीकृष्ण सर्वप्रथम सात्विक दान के बारे में कहते हैं कि सात्विक दान दूसरों की आवश्यकता की पूर्ति करने के उद्देश्य से अपना कर्तव्य मान कर किया जाता है। वे आगे कहते हैं कि ऐसा दान उपयुक्त स्थान, उचित समय या लेने वाले व्यक्ति की उस वस्तु की आवश्यकता को समझकर किया जाता है। इस प्रकार के दान में दान लेने वाले व्यक्ति से अपने किसी स्वार्थ पूर्ति की या नाम, यश आदि की उम्मीद नहीं की जाती। लेकिन–

यत्-तु प्रत्युप-कारार्थम्, फल-मुद्दिश्य वा पुनः ।
दीयते च परि-क्लिष्टं, तद्-दानं राजसं स्मृतम् ॥ 21 ॥

भावार्थ :— राजसी दान यह सोचकर दिया जाता है कि इस दान को करने से हमारा नाम होगा, इज्जत बढ़ेगी या फिर हमें पुण्य मिलेगा, हमारा परलोक सुधरेगा। इस दान को बहुत कष्ट पूर्वक दिया जाता है। जैसे इतना देने से ही काम चल जाएगा या ज्यादा देने से लेने वाले का स्वभाव बिगड़ जाएगा आदि। इस प्रकार के दान को राजस दान कहते है। जबकि–

अदेश-काले यद्-दान, -मपात्रेभ्यश्च दीयते ।
असत्-कृत-मवज्ञातं, तत्-तामस-मुदाहृतम् ॥ 22 ॥

भावार्थ :— तामस दान तो बिना मन के और लेने वाले के प्रति उपेक्षा का भाव रखकर दिया जाता है। जैसे– तामस मनुष्य के पास यदि कोई मनुष्य दान लेने आ जाए और वह उस मनुष्य को दान दे भी दे तो तामस मनुष्य यह दान किसी न किसी मजबूरी के तहत करेगा और वह लेने वाले के प्रति अच्छी भावना भी नहीं रखेगा, साथ ही उसे अफसोस भी होगा कि इतने का नुकसान हो गया। ऐसा मनुष्य दान देते समय उपयुक्त समय, उचित स्थान तथा लेने वाले की आवश्यकता के अनुसार दान नहीं करता, बल्कि किसी न किसी मजबूरी के तहत करता है।

नोट :– सात्विक दान, तप और यज्ञ का फल स्वर्ग तथा उनसे भी ऊँचे लोकों की प्राप्ति

होता है। राजस दान, तप और यज्ञ नाम, शोहरत तथा किसी इच्छित फल की प्राप्ति आदि के लिये किये जाते है। इसलिए उनका फल यहीं इसी लोक में मिलकर समाप्त हो जाता है। परन्तु, तामस यज्ञ, दान और तप करने वाले मनुष्य अधोगति (नीची योनि) को प्राप्त होते है।

अब अगले श्लोक में श्रीकृष्ण बताते है कि सात्विक मनुष्यों द्वारा किये गए तप, दान और यज्ञ में भी यदि कुछ त्रुटि (कमी) रह जाए तो सुधारने के लिये उन्हें क्या करना चाहिए।

ओउम् तत्-सदिति निर्देशो, ब्रह्मणस्-त्रिविधः स्मृतः ।
ब्राह्मणास्-तेन वेदाश्-च, यज्ञाश्-च विहिताः पुरा ॥ 23 ॥

भावार्थ :– श्रीकृष्ण कहते हैं कि हे अर्जुन ! ओउम्, तत् और सत् इन तीनों नामों से परमात्मा की व्याख्या की गई है क्योंकि परमात्मा ने ही वेदों को बनाया है और फिर ऋषि- मुनियों ने उन वेदों का अध्ययन कर सृष्टि के कल्याण के लिये यज्ञों की परंपरा चलाई है। इसलिये यज्ञ की विधि में कोई कमी रह जाये, तो ओउम्-तत्-सत् का जाप करने से उस कमी की पूर्ति हो जाती है। इसी प्रकार निष्काम भाव से किये गए यज्ञ, दान, तप आदि की विधि में भी कोई कमी रह जाने से, जिस परमात्मा ने सबको बनाया है उसका नाम लेने से वह कमी ठीक हो जाती है ।

तस्मा-दोमित्यु-दाहृत्य, यज्ञ-दान-तपः-क्रियाः ।
प्रवर्तन्ते विधानोक्ताः, सततं ब्रह्म-वादिनाम् ॥ 24 ॥

भावार्थ :– इसलिये वेद, शास्त्र और वैदिक सिद्धांतों को मानने वाले व्यक्ति जो अपनी यज्ञ, दान और तप रूपी प्रत्येक क्रियाएँ शास्त्रविधि के अनुसार करते है, वे अपनी इन क्रियाओं को ओउम् इस परमात्मा रूपी नाम का उच्चारण करके ही शुरू करते है ताकि उनकी शास्त्रविधि में यदि कोई भूल रह भी जाएँ तो परमात्मा का नाम लेने से उनकी वो भूल ठीक हो जाएँ ।

तदित्य-नभि-सन्धाय, फलं यज्ञ-तपः-क्रियाः ।
दान-क्रियाश्च विविधाः, क्रियन्ते मोक्ष-काङ्क्षिभिः ॥ 25 ॥

भावार्थ :– अब ओउम्, तत् और सत् के अर्थ को समझाने के क्रम में श्रीकृष्ण ओउम् के महत्व को समझाने के बाद अब तत् को समझाते हुए कहते हैं कि तत् का अर्थ होता है 'वह' । यानि वह परमात्मा ही सब कुछ है और तत् शब्द उस परमात्मा के लिये

समर्पण का सूचक है अर्थात् मनुष्यों को अपने सारे कर्म, सारे कर्तव्य, सारी पूजा और अपनी श्रद्धा परमात्मा को ही समर्पित कर देनी चाहिये। सब कुछ उसी का है। इसी भाव को मन में रखते हुए तथा फल की इच्छा न करते हुए मनुष्य को यज्ञ, दान और तप करने चाहिये।

सद्-भावे साधु-भावे च, सदित्येतत्-प्रयुज्यते।
प्रशस्ते कर्मणि तथा, सच्छब्दः पार्थ युज्यते ॥ 26 ॥

भावार्थ :— सत् का अर्थ होता है सत्य। परमात्मा अनेक नामों, अनेक रूपों तथा अनेक प्रकार की लीलाओं को करते हुए भी सभी स्थान, समय और प्राणी में स्थित है और यही सबसे बड़ा सत्य है। इसलिए इस शब्द 'सत्' को सृष्टि की सबसे बड़ी सत्ता के बारे में समझाने में तथा सभी श्रेष्ठ भावों को दिखाने में भी प्रयोग किया जाता है। जैसे सत्चरित्र, सत्कार आदि। इसी प्रकार सभी श्रेष्ठ कर्मों में अथवा श्रेष्ठ आचरणों में भी 'सत्' शब्द का प्रयोग होता है। जैसे सदाचार, सत्कर्म, सद्व्यवहार आदि। साथ ही–

यज्ञे-तपसि दाने च, स्थितिः सदिति चोच्यते।
कर्म चैव तदर्थीयं, सदित्येवाभि-धीयते ॥ 27 ॥

भावार्थ :— परमात्मा ही सबसे बड़ा सत्य है। ऐसा मानकर निष्काम भाव से जब उनकी प्राप्ति के उद्देश्य से यज्ञ, दान, तप तथा अन्य श्रेष्ठ कर्म किये जाते है तो उन्हें भी सत् (सत्कर्म) ही कहा जाता है तथा सात्विक मनुष्यों की इन कर्मों को करने से जो स्थिति बनती है, वह भी सत् ही होती है। इसलिये जब यज्ञ, तप, दान अथवा परमात्मा के निमित्त अन्य श्रेष्ठ कर्म किये जाते है और उनके कर्मफल के बारे में चिन्ता न करके उन्हें परमात्मा पर छोड़ दिया जाता है, साथ ही खुद को कर्ता न मान कर तथा खुद पर अभिमान किये बिना जब मनुष्य अपने कर्तव्यों को पूरा करता हुआ परमात्मा की तरफ बढ़ता है तो उसके द्वारा किया गया प्रत्येक कर्म भी सत् ही कहलाता है।

नोट :– ओउम् तत् सत् का शाब्दिक अर्थ होता है कि परमात्मा ही सबसे बड़ा सत्य है और मैं अपने सभी कार्यों तथा भावों को उन्हीं को समर्पित करता हूँ। इस प्रकार जब भी यज्ञ, दान, तप आदि कोई भी श्रेष्ठ कार्य ओउम् तत् सत् का उच्चारण करके परमात्मा में पूर्ण श्रद्धा के साथ निष्काम भाव से किये जाते है तो उन कर्मों को करने में होने वाली त्रुटियाँ दूर हो जाती है।

अश्रद्धया हुतं दत्तं, तपस्-तप्तं कृतं च यत्।
अस-दित्युच्यते पार्थ, न च तत्-प्रेत्य नो इह ॥ 28 ॥

भावार्थ :– हे अर्जुन ! यज्ञ, दान, तप तथा अन्य पवित्र कर्म भी बिना श्रद्धा के किये जाएँ तो वे कर्म भी असत् हो जाते है। उनका फल साधक को न तो इस लोक में उनकी इच्छा पूर्ति के रूप में ही मिलता है और न ही मृत्यु के बाद स्वर्गादि लोकों की प्राप्ति के रूप में, लेकिन अगर इन्हीं कर्मो को फल की इच्छा त्यागकर श्रद्धापूर्वक किया जाए तो इनका फल अंतःकरण की शुद्धि के साथ ही अंत में परमात्मा की प्राप्ति होता है।

नोट :– पाप कर्म भी बिना फल (दण्ड) की इच्छा के विधिपूर्वक किया जाता है, लेकिन उसका फल बहुत बुरा होता है। क्योंकि इनको करने के पीछे का उद्देश्य दूसरों का अहित करना होता है ।

इस प्रकार ओउम् तत् सत् – इन भगवन्नामों के उच्चारणपूर्वक ब्रह्मविद्या तथा योगशास्त्रमय श्रीमद्भगवद्गीता रूपी उपनिषद् के श्रीकृष्ण और अर्जुन के सवांद में 'श्रद्धात्रयविभागयोग' नामक सत्रहवाँ अध्याय पूर्ण हुआ ।

अठारहवाँ अध्याय

नोट :– श्रीकृष्ण जैसे गुरू को पाकर अर्जुन अपनी कोई भी जिज्ञासा अधूरी नहीं छोड़ना चाहते हैं, इसलिये वे अपनी अगली जिज्ञासा श्रीकृष्ण के सामने प्रकट करते हुए कहते हैं कि–

अर्जुन उवाच

सन्न्यासस्य महाबाहो, तत्त्व-मिच्छमि वेदितुम् ।
त्यागस्य च हृषीकेश, पृथक्-केशि-निषूदन ।। 1 ।।

भावार्थ :– हे श्रीकृष्ण ! मैं त्याग और सन्यास के तत्व को अलग-अलग भलीभांति समझना चाहता हूँ तथा उनके अंतर को भी समझना चाहता हूँ क्योंकि जब तक मैं इसे अच्छी प्रकार से समझ नहीं लेता, तब तक अपने जीवन में योग को पूरी तरह उतारते समय मन में कुछ शंकाएँ रह जाएँगी, जिनका समाधान हुए बिना मन दुविधाओं में फंसा रहेगा । इस पर–

श्रीभगवान् उवाच

काम्यानां कर्मणां न्यासं, सन्न्यासं कवयो विदुः ।
सर्व-कर्म-फल-त्यागं, प्राहुस्-त्यागं विचक्षणाः ।। 2 ।।
त्याज्यं दोष-वदित्येके, कर्म प्राहुर्-मनीषिणः ।
यज्ञ-दान-तपः-कर्म, न त्याज्य-मिति चापरे ।। 3 ।।

भावार्थ :– श्रीकृष्ण अर्जुन को समझाते हुए कहते हैं कि हे अर्जुन ! कुछ विद्वान कर्मों के त्याग को सन्यास मानते है। वे केवल कुछ नियत कर्म करते है जैसे शरीर की आवश्यकताओं की पूर्ति के लिए किये जाने वाले दैनिक कार्य, लेकिन वे धन, सम्पदा, प्रतिष्ठा, परिवार से संबंधित कार्यों को त्याग देते हैं जबकि कुछ बुद्धिमान लोग त्याग पर अधिक बल देते है। वे अपने परिवार, समाज, देश आदि के प्रति अपने कर्तव्य कर्मों का त्याग नहीं करते बल्कि इन कर्मों से किसी भी प्रकार के अच्छे या बुरे फल के प्राप्ति की इच्छा को त्याग देते हैं। तीसरा मत कहता हैं कि सभी प्रकार के कर्मों का पूरी तरह से त्याग कर देना चाहिये, जबकि कुछ अन्य विद्वानों का मानना है कि दूसरे सभी कर्मों का भले ही त्याग कर दें, पर यज्ञ, दान और तप रूपी कर्मों का त्याग नहीं करना चाहिये।

नोट :– भगवान् श्रीकृष्ण सन्यास के बारे में पिछले कुछ अध्यायों में बता चुके हैं। इसलिए अब वे त्याग के बारे में अर्जुन को बताना आरम्भ करते हैं।

निश्चयं श्रृणु मे तत्र, त्यागे भरत-सत्तम ।
त्यागो हि पुरुष-व्याघ्र, त्रिविधः सम्प्रकीर्तितः ॥ 4 ॥

भावार्थ :— हे भरतवंशियों में श्रेष्ठ अर्जुन ! अब मैं त्याग के विषय में अपना मत कहता हूँ, उसको तुम सुनो । त्याग तीन प्रकार का कहा गया है।

नोट :- तीन प्रकार के त्याग के बारे में भगवान् श्रीकृष्ण श्लोक ७ से ६ तक विस्तार से बताते है। लेकिन उससे पहले-

यज्ञ-दान-तपः-कर्म, न त्याज्यं कार्यमेव तत् ।
यज्ञो दानं तपश्च-चैव, पावनानि मनीषिणाम् ॥ 5 ॥

भावार्थ :— श्रीकृष्ण त्याग के विषय में चौथे प्रकार के विद्वानों के मत का समर्थन करते हुए कहते हैं कि यज्ञ, दान और तप रूपी कर्मों को छोड़ना नहीं चाहिये, बल्कि उनको तो जरूर करना चाहिये क्योंकि यज्ञ, दान और तप रूपी कर्म सात्विक मनुष्यों को और भी ज्यादा पवित्र करके उन्हें ईश्वर के करीब ले आते है। लेकिन ये यज्ञ, दान और तप सात्विक होने चाहिए, राजसी या तामसी नहीं ।

एतान्यपि तु कर्माणि, सङ्गं त्यक्त्वा फलानि च ।
कर्तव्यानीति मे पार्थ, निश्चितं मत-मुत्तमम् ॥ 6 ॥

भावार्थ :— हे अर्जुन ! यज्ञ, दान और तप रूपी कर्मों के साथ ही शास्त्रों द्वारा बताये गये जीवन - निर्वाह के दूसरे कर्म भी आसक्ति (मोह) और फल की इच्छा का त्याग करके जरूर करने चाहिये । जब इच्छा, ममता और मोह का त्यागकर कर्मों को केवल अपना कर्तव्य समझकर प्राणिमात्र के हित के लिये किया जाता है, तो वे कर्म बांधने वाले नहीं, बल्कि मुक्ति देने वाले हो जाते हैं। श्रीकृष्ण कहते हैं कि यह मेरा निश्चित किया हुआ उत्तम मत है, जिसमें संदेह की कोई गुंजाइश ही नहीं हैं ।

नियतस्य तु सन्न्यासः, कर्मणो नोपपद्यते ।
मोहात् तस्य परित्यागस्, -तामसः परि-कीर्तितः ॥ 7 ॥

भावार्थ :— मनुष्य के जीवन-निर्वाह के प्रतिदिन के कार्य जैसे - शारीरिक, पारमार्थिक, रोजगार संबंधी, लोक कल्याण के कार्य आदि ये सभी नियत कर्म कहलाते हैं। श्रीकृष्ण कहते हैं कि इन कर्मों का त्याग करना उचित नहीं है, क्योंकि इन कर्मों का अज्ञानता, हठ, आलस्य, प्रमाद (लापरवाही), अनावश्यक निद्रा आदि के वश में होकर त्याग करना तामस त्याग कहा गया है ।

दुःख-मित्येव यत्-कर्म, काय-क्लेश-भयात्-त्यजेत् ।
स कृत्वा राजसं त्यागं, नैव त्याग-फलं लभेत् ॥ 8 ॥

भावार्थ :— जब मनुष्य अपने कर्तव्य कर्मों का त्याग केवल इसलिये करना चाहें कि उन्हें करने में उसे शारीरिक कष्ट होगा, खर्च होगा, परेशानी होगी या उसमें उनका कोई निजी स्वार्थ पूरा नहीं होगा तो कर्मों के इस प्रकार के त्याग को राजस त्याग कहा जाता हैं। इस प्रकार से कर्मों के त्याग के फल के रूप में शान्ति नहीं मिलती, बल्कि ऐसे त्याग का फल दण्डस्वरूप अवश्य मिलता है, लेकिन अगर किसी मनुष्य के मन में सच्चा वैराग्य हो जाए और वह ईश्वर प्राप्ति के उद्देश्य से आवश्यक कर्मों का भी त्याग करके केवल ईश्वर प्राप्ति की राह में लग जाए तो उसका त्याग राजस त्याग नहीं है, क्योंकि उसका कर्मों के त्याग के पीछे का उद्देश्य आलस्य, अज्ञानता, शारीरिक दुःख से बचना आदि नहीं है, बल्कि वह तो इस जीवन के सबसे बड़े उद्देश्य की पूर्ति के लिये कार्य कर रहा है।

कार्य-मित्येव यत्-कर्म, नियतं क्रियतेऽर्जुन ।
सङ्गं त्यक्त्वा फलं चैव, स त्यागः सात्त्विको मतः ॥ 9 ॥

भावार्थ :— अब सात्विक त्याग को समझाते हुए श्रीकृष्ण कहते हैं कि जब नियत कर्मों को भी अपना कर्तव्य मानकर किसी भी प्रकार के फल की इच्छा का त्याग करके केवल लोकहित की भावना से किया जाता है तो ऐसा त्याग सात्विक त्याग हो जाता है। सात्विक त्याग में नियत कर्म का त्याग नहीं होता बल्कि उनमें मोह, आलस्य, उदासीनता, कर्मफल की इच्छा आदि का त्याग कर कार्य को और अधिक सावधानी, तत्परता, विधिपूर्वक तथा निष्कामभाव से किया जाता है। जिससे उस कार्य से होने वाले पाप-पुण्य भी कर्ता को नहीं लगते।

न द्वेष्ट्य-कुशलं कर्म, कुशले नानु-षज्जते ।
त्यागी सत्त्व-समाविष्टो, मेधावी छिन्न-संशयः ॥ 10 ॥

भावार्थ :— जो कर्म शास्त्रों के अनुकूल हैं, उन्हें कुशल कर्म अथवा नियत कर्म कहते हैं, लेकिन जो कर्म शास्त्रों के विरुद्ध हैं, उन्हें अकुशल कर्म कहते हैं। श्रीकृष्ण कहते हैं कि जो मनुष्य कुशल कर्मों को करते हुए उनके मोह में नहीं फंसता और उनसे किसी प्रकार के आनंद की इच्छा भी उसकी नहीं होती तथा अकुशल कर्मों का त्याग करते समय उसका उन कर्मों से किसी प्रकार की घृणा या बुरा भाव नहीं होता। वही असली त्यागी, बुद्धिमान, हर तरह के संदेहों से छूटा हुआ तथा अपने स्वरूप में स्थित सच्चा योगी है।

न हि देह-भृता शक्यं, त्यक्तुं कर्म-ण्यशेषतः ।
यस्तु कर्म-फल-त्यागी, स त्यागी-त्यभिधीयते ॥ 11 ॥

भावार्थ :— अब श्रीकृष्ण त्याग के विषय में तीसरे प्रकार के विद्वानों के मत का विश्लेषण करते हुए कहते हैं कि कर्मों में इतनी सावधानी बरतने की अपेक्षा कर्मों का पूरी तरह से त्याग कर देना श्रेष्ठ इसलिए नहीं है, क्योंकि जब तक आत्मा इस शरीर में है, तब तक कर्मों का पूरी तरह से त्याग होना संभव ही नहीं है। मनुष्य अपनी यज्ञ, दान, तप आदि क्रियाओं को छोड़ सकता है, लेकिन वह चलना-फिरना, खाना- पीना, बोलना आदि आवश्यक क्रियाओं को कैसे छोड़ सकता है। जब तक मनुष्य का इस शरीर के साथ संबंध है, वह कार्यरहित नहीं हो सकता, पर वह अपने द्वारा किये गये प्रत्येक कर्म में फल की इच्छा का त्याग कर सकता है। इसलिये हे अर्जुन ! जो मनुष्य प्रत्येक कार्य में फल की इच्छा का त्यागी है, वही असली त्यागी है ।

अनिष्ट-मिष्टं मिश्रं च, त्रिविधं कर्मणः फलम् ।
भवत्य-त्यागिनां प्रेत्य, न तु सन्नयासिनां क्वचित् ॥ 12 ॥

भावार्थ :— जो मनुष्य किसी भी कर्म को फल की इच्छा से करते है। उसे उस कर्म का तीन प्रकार का फल (अच्छा, बुरा या मिला-जुला) अवश्य मिलता है। परन्तु जो मनुष्य कर्म तो करते हैं, परन्तु उन कर्मों से किसी प्रकार के फल की आशा नहीं रखते, बस अपना कर्तव्य समझकर लोकहित की भावना से कर्मों को करते रहते है और फल को प्रभु की इच्छा पर छोड़ देते है। साथ ही, किसी भी प्रकार की अनुकूल या प्रतिकूल परिस्थिति प्राप्त होने पर समान भाव रखते है, उन्हें अपने कर्मों का किसी प्रकार का कर्मफल अर्थात पाप और पुण्य दोनों ही प्राप्त नहीं होते जिससे वे जन्म-मरण के चक्र से छूटकर मुक्ति को प्राप्त कर लेते हैं, लेकिन-

पञ्चैतानि महाबाहो, कारणानि निबोध मे ।
सांख्ये कृतान्ते प्रोक्तानि, सिद्धये सर्व-कर्मणाम् ॥ 13 ॥

भावार्थ :— हे अर्जुन ! सांसारी मनुष्य के लिये कर्म करते हुए कर्मफल की इच्छा का त्याग करना आसान नहीं हैं। इसलिये कर्मों के त्याग के बारे में विस्तार से बताने वाले सांख्ययोग में कर्म के होने में आवश्यक पाँच कारण बताए गए है, जिनको जानकर मनुष्य आसानी से कर्मफल का त्याग कर सकता है। इनको भी तू मुझ से समझ ले।

अधिष्ठानं तथा कर्ता, करणं च पृथग्-विधम् ।
विविधाश्च पृथक्-चेष्टा, दैवं चैवात्र पञ्चमम् ॥ 14 ॥

भावार्थ :— श्रीकृष्ण आगे कहते हैं कि हे अर्जुन ! किसी भी कर्म के होने के पाँच कारण है- शरीर, शरीर को अपना मानने वाला कर्ता (मैं पन), कार्य के साधन (पाँच ज्ञानेन्द्रियाँ, पाँच कर्मेन्द्रियाँ, मन, बुद्धि और अहंकार), कार्य करने के इन तेरह साधनों की अलग-अलग चेष्टाएँ, अर्थात् आँख द्वारा देखना, कान द्वारा सुनना आदि तथा पाँचवा कारण है दैव अर्थात् मनुष्य का स्वभाव, उसके संस्कार । इन पाँचों का मेल होने से ही कार्य पूरा होता है।

शरीर-वाड्-मनोभिर्-यत्, कर्म प्रारभते नरः ।
न्याय्यं वा विपरीतं वा, पञ्चैते तस्य हेतवः ॥ 15 ॥

भावार्थ :— मनुष्य शरीर, मन और वाणी से जो भी कर्म करता है, अर्थात् कभी शरीर की प्रधानता से, कभी मन की प्रधानता से और कभी वाणी की प्रधानता से वो जो भी कर्म करता है, फिर चाहे वह शास्त्रों के अनुकूल हो या शास्त्रों के विरूद्ध, उसमें ये पाँचों ही कारण होते है।

तत्रैवं सति कर्तारि,-मात्मानं केवलं तु यः ।
पश्यत्य-कृत-बुद्धित्वान्, न स पश्यति दुर्मतिः ॥ 16 ॥

भावार्थ :— सभी कर्मों के होने के पीछे इन पाँचों के ही कारण होने पर भी जो अज्ञानी मनुष्य इन कर्मों के होने के लिए आत्मा को ही कारण मानते है, वे ठीक नहीं समझते क्योंकि उनकी बुद्धि में अज्ञानता है। श्रीकृष्ण कहते हैं कि आत्मा किसी भी कार्य को नहीं करती, वह तो केवल पिछले जन्मों के अच्छे-बुरे कर्मों का फल भोगने के लिये ही पुनर्जन्म लेती है। जो मनुष्य आत्मा और शरीर के इस भेद को नहीं समझता, वह अज्ञानी ठीक नहीं समझता, उसकी बुद्धि शुद्ध नहीं है।

यस्य नाहड्-कृतो भावो, बुद्धिर्-यस्य न लिप्यते ।
हत्वापि स इमाँल्-लोकान्, न हन्ति न निबध्यते ॥ 17 ॥

भावार्थ :— जिसमें मैं कर्ता हूँ, ऐसा अहंभाव नहीं है और जिसकी बुद्धि में मुझे मनचाहा फल मिलेगा, ऐसा स्वार्थभाव भी नहीं है, वह सब-कुछ करता हुआ भी किसी पाप-पुण्य के बंधन में नहीं बंधता । जैसे- संसार में सभी क्रियाएँ सूर्य के प्रकाश में होती है, लेकिन सूर्य अपने आप को किसी कार्य का कर्ता नहीं मानता, वैसे ही शरीर में सभी क्रियाएँ आत्मा के होने से ही होती है, आत्मा के बिना शरीर का कोई बजूद नहीं, लेकिन जब आत्मा अपने आप को किसी कार्य का कर्ता न मान कर शरीर के वश में नहीं होती, बल्कि शरीर, मन और बुद्धि को अपने वश में रखते हुए कार्यों में कर्तापन के भाव से दूर

रहती है, तब वह आत्मा न कुछ करती है और ना कराती है ।

नोट :- जिस प्रकार जब एक सेवक किसी कार्य को अपने मालिक के निर्देशों पर ना चलते हुए मनमाने ढंग से करता है, तो उस कार्य के अच्छा या बुरा होने का जिम्मेदार वह स्वयं होता है, लेकिन अगर वह उस कार्य को पूरी तरह से मालिक के निर्देशानुसार करता है और उसके फल की चिन्ता को भी मालिक पर ये सोच कर छोड़ देता है कि इस कार्य का जो भी फल होगा, मालिक देख लेंगे, मुझे तो बस उनका कार्य करना है तो उस कार्य के अच्छा या बुरा होने का जिम्मेदार स्वयं मालिक होता है। साथ ही, ऐसा सेवक मालिक का प्रिय भी बन जाता है। उसी प्रकार सभी कार्यों के फल को ईश्वर पर छोड़कर तथा अपने नियत कर्मों को पूरी श्रद्धा और तत्परता से करने से उस कार्य के फल की जिम्मेदारी ईश्वर अपने उपर ले लेते है और ऐसे साधक को ईश्वर का प्रेम भी प्राप्त होता है ।

ज्ञानं ज्ञेयं परिज्ञाता, त्रिविधा कर्म-चोदना ।
करणं कर्म कर्तेति, त्रिविधः कर्म-सङ्ग्रहः ॥ 18 ॥

भावार्थ :— श्रीकृष्ण आगे कहते है कि ज्ञान, ज्ञेय (जिस बारे में ज्ञान होता है) और परिज्ञाता (जिसको ज्ञान होता है) –इन तीनों के मेल से ही कर्म करने की प्रेरणा मिलती है। जैसे- पहले प्यास का ज्ञान होता है, प्यास जिससे पूरी होगी अर्थात् जल, वह ज्ञेय है और जिसको ज्ञान होता है अर्थात् मनुष्य, पशु-पक्षी आदि परिज्ञाता है। किसी कार्य की प्रेरणा के लिये इन तीनों का होना आवश्यक है। फिर कार्य की प्रेरणा होने पर उस कार्य को करने के लिये कर्ता, कर्म और करण आवश्यक है। यहाँ करण वो साधन है, जिसके द्वारा कर्म होता है, जैसे- मन, बुद्धि, इन्द्रियाँ आदि तथा इन साधनों द्वारा जो चेष्टाएँ की जाती है, उसे कर्म कहते है, जैसे- चलना फिरना, उठना-बैठना आदि और जो इन साधनों को तथा उनके द्वारा किये गये कर्मों को अपना मानता है, वह कर्ता कहलाता है। इस प्रकार किसी कार्य के होने में कुल छः घटक महत्वपूर्ण होते है- ज्ञान, ज्ञेय और परिज्ञाता जिसके होने से कार्य करने का विचार मन में आता है तथा कर्ता, कर्म और करण जिनके द्वारा उस कार्य को किया जाता है।

ज्ञानं कर्म च कर्ता च, त्रिधैव गुण-भेदतः ।
प्रोच्यते गुण-सङ्ख्याने, यथा-वच्छृणु तान्यपि ॥ 19 ॥

भावार्थ :— हे अर्जुन ! गुणसंख्यान (गुण, कर्म तथा उपयोग के अनुसार प्रत्येक पदार्थ की गणना करने वाला शास्त्र) में कर्म के पूरा होने में आवश्यक छः मुख्य कारणों ज्ञान, ज्ञेय, परिज्ञाता तथा कर्ता, कर्म और करण के तीन मुख्य घटकों ज्ञान, कर्म और

कर्ता के तीन-तीन भेद बताए गये है। जिसे तुम अच्छी प्रकार से सुनो।

सर्व-भूतेषु येनैकं, भाव-मव्यय-मीक्षते ।
अविभक्तं विभक्तेषु, तज्ज्ञानं विद्धि सात्त्विकम् ॥ 20 ॥

भावार्थ :— ज्ञान, कर्म और कर्ता में से श्रीकृष्ण सबसे पहले ज्ञान के तीन भेदों को बताते हुए सात्विक ज्ञान का वर्णन करते है। वे कहते हैं कि सात्विक ज्ञान दुनिया का सर्वश्रेष्ठ ज्ञान है, जिसकी प्राप्ति कर मनुष्य तीनों प्रकार के गुणों से उपर उठकर परमात्मा की प्राप्ति कर सकता है। इस ज्ञान में यद्यपि मनुष्य को प्रत्येक व्यक्ति अथवा वस्तु के गुण, स्वभाव तथा उसके साथ अपने संबंधों आदि के बारे में पूरा ज्ञान रहता है लेकिन चूँकि उसे प्रत्येक व्यक्ति तथा वस्तु के अंदर परमात्मा के ही दर्शन होते है, इसलिये उसे किसी खास व्यक्ति या वस्तु के प्रति मोह या ईर्ष्या नहीं होती। उसके मन में सबके प्रति समान भाव रहता है। इसके विपरीत-

पृथक्त्वेन तु यज्ज्ञानं, नाना-भावान्-पृथग्-विधान् ।
वेत्ति सर्वेषु भूतेषु, तज्ज्ञानं विद्धि राजसम् ॥ 21 ॥

भावार्थ :— जिस ज्ञान में मनुष्य प्रत्येक व्यक्ति या वस्तु को उसके स्वभाव, रूप-रंग, उसके साथ अपने संबंध आदि के अनुसार अलग-अलग मानता है। उसे राजस ज्ञान कहते है। इस ज्ञान में मनुष्य प्रत्येक व्यक्ति तथा वस्तु में परमात्मा को स्थित नहीं मानता। उनके साथ उसका संबंध उसके अपने स्वार्थ, मोह, द्वेष आदि के अनुसार तय होता है। लेकिन-

यत्तु कृत्स्न-वदेकस्मिन्, कार्ये सक्त-महैतुकम् ।
अतत्त्वार्थ-वदल्पं च, तत्-तामस-मुदाहृतम् ॥ 22 ॥

भावार्थ :— तामस ज्ञान में मनुष्य अपने शरीर को ही सब कुछ मानता है, उसे आत्मा और शरीर के अलग-अलग होने के बारे में कुछ भी ज्ञान नहीं होता। उसका हर ज्ञान शास्त्र के विरूद्ध तथा वास्तविक ज्ञान से काफी दूर होता है। साथ ही, उसे अगर कोई समझाना भी चाहे तो उनकी बातों को वह स्वीकार नहीं करता क्योंकि इस ज्ञान में अज्ञानता की प्रधानता होती है।

नियतं संग-रहित, -मराग-द्वेषतः कृतम् ।
अफल-प्रेप्सुना कर्म, यत्तत्-सात्त्विक-मुच्यते ॥ 23 ॥

भावार्थ :— ज्ञान के भेद बताकर अब श्रीकृष्ण कर्म के तीन भेद बताते हुए सबसे

पहले सात्विक कर्म की व्याख्या करते हैं। वे कहते हैं कि जिस नियत कर्म को करने की जो विधि शास्त्रों में बताई गई है, उसके अनुसार जब उस कर्म को किया जाए तथा उसे करते समय या करने के बाद कर्ता में उस कार्य को करने का न अभिमान हो, न किसी भी प्रकार के अनुकूल फल की इच्छा हो और वह उसे किसी भी प्रकार के मोह (लगाव) या द्वेष से भी रहित होकर करे तो ऐसा कर्म सात्विक कर्म कहलाता है।

नोट :- गीता स्वयं संपूर्ण वेदों का सार होने के कारण एक शास्त्र ही है। इसलिए मनुष्य किसी भी कार्य को करने का सही तरीका गीता का आश्रय लेकर जान सकता है।

यत्तु कामेप्सुना कर्म, साहङ्कारेण वा पुनः ।
क्रियते बहुलायासं, तद्-राजस-मुदाहृतम् ।। 24 ।।

भावार्थ :— हे अर्जुन ! जब कोई कर्म पूरी शास्त्रविधि से किया जाए, लेकिन उसे करने के पीछे कर्ता का उद्देश्य किसी वस्तु, सुख, भोग, आदर-सम्मान आदि की प्राप्ति करने का हो, तो वह कर्म राजस कहलाता है। ऐसे व्यक्तियों में अपने द्वारा किये गये कर्म का अभिमान रहता है कि मुझसे ज्यादा अच्छी तरह से इस कर्म को कोई और कर ही नहीं सकता था और इसी सम्मान अथवा लाभ प्राप्ति की इच्छा के ही कारण वह उस कार्य को भी पूरे परिश्रम के साथ करता है। लेकिन फल की इच्छा तथा अहंकार के कारण शास्त्रविधि तथा पूरे परिश्रम के साथ किया गया उसका वह कर्म भी राजस हो जाता है।

अनुबन्धं क्षयं हिंसा, -मनवेक्ष्य च पौरुषम् ।
मोहा-दारभ्यते कर्म, यत्तत्-तामस-मुच्यते ।। 25 ।।

भावार्थ :— तामस कर्म में अज्ञानता की प्रधानता होती है, तामसी प्रवृति का मनुष्य कार्य को करने से पहले या करते समय कुछ विचार ही नहीं करता कि इस कार्य को करने का सही तरीका क्या है। यह कार्य अच्छा है या बुरा, इसका क्या परिणाम निकलेगा, इससे दूसरों का बुरा तो नहीं होगा, मेरे पास इसे करने की योग्यता, सामर्थ्य आदि है भी या नहीं आदि । इस प्रकार जो कर्म परिणाम, हानि, हिंसा, सामर्थ्य आदि को न समझकर केवल मन की इच्छा को पूरा करने के लिये बिना सोचे-समझे किया जाता है, वह कर्म तामस कहलाता है।

मुक्त-संगोऽनहं-वादी, धृत्युत्साह-समन्वितः ।
सिद्ध्य-सिद्ध्योर्-निर्विकारः, कर्ता सात्विक उच्यते ।। 26 ।।

भावार्थ :— कर्म के भेद बताने के बाद भगवान श्रीकृष्ण कर्ता के भेद बताने के क्रम में सबसे पहले सात्विक कर्ता के बारे में बताते हुए कहते हैं कि ऐसा कर्ता किसी कार्य को किसी भी व्यक्ति या वस्तु के मोह के कारण नहीं करता बल्कि उसका उद्देश्य तो केवल अपने कर्तव्य की पूर्ति होता है जिससे उसके अंदर कार्य को करते समय या कार्य के पूरा होने के बाद अपनी योग्यता को लेकर किसी प्रकार का अहंभाव (घमण्ड) नहीं आता । इतना ही नहीं, वह प्रत्येक कार्य को पूरे धैर्य तथा उत्साह के साथ करता है तथा कार्य को करते समय परिस्थितियाँ चाहे उसके अनुकूल हो या प्रतिकूल, उसके मन में समान भाव रहता है। ऐसा आसक्ति (मोह, लगाव) तथा अहंकार से रहित, धैर्य तथा उत्साह से भरा हुआ और प्रत्येक परिस्थिति में समान रहने वाला कर्ता सात्विक कर्ता कहलाता है। सात्विक कर्ता में एक उच्च कोटि के योगी के सारे लक्षण होते है।

रागी कर्म-फल-प्रेप्सुर, -लुब्धो हिंसात्मकोऽशुचिः ।
हर्ष-शोकान्वितः कर्ता, राजसः परिकीर्तितः ॥ 27 ॥

भावार्थ :— राजसी कर्ता कार्य को किसी न किसी व्यक्ति या वस्तु के मोह या लगाव के कारण करता है, साथ ही उसे उस कार्य से किसी न किसी अनुकूल फल की इच्छा भी होती है। लोभ उसके स्वभाव में होता है। उसे कितना भी मिल जाए, वह उससे अधिक पाने के प्रयास में लगा रहता है। यहाँ तक कि अपने स्वार्थ के लिये वह दूसरे का नुकसान करने से भी पीछे नहीं हटता, इसलिये उसके मन के भाव भी शुद्ध नहीं होते । उसके मन में मोह, द्वेष, लोभ, दूसरों का अहित करना आदि भाव चलते रहते है। जिसके कारण वह हमेशा सफलता, असफलता, सुख-दुःख, मोह-ईर्ष्या आदि में ही उलझा रहता है। इन लक्षणों से युक्त कर्ता राजसी कहलाता है।

अयुक्तः प्राकृतः स्तब्धः, शठोऽनैष्कृतिकोऽलसः ।
विषादी दीर्घ-सूत्री च, कर्ता तामस उच्यते ॥ 28 ॥

भावार्थ :— श्रीकृष्ण आगे कहते हैं कि तामसी कर्ता को अपने द्वारा किये जाने वाले काम को करने के तरीके के बारे में पूरा ज्ञान ही नहीं होता, साथ ही वह उस कार्य को असावधानीवश (लापरवाही से) करता है। इतना ही नहीं वह हमेशा अपनी ही ऐंठ-अकड़ में रहता है तथा दूसरों के समझाने पर भी उनकी बातें नहीं सुनता। वह अज्ञान के कारण अपना भला चाहने वालों के साथ भी बुरा ही करता है। उसके चाहे कितने भी काम अधूरे पड़े हो, पर उसे बेकार में समय बर्बाद करना और बेकार की बातें सोचते रहना ही अच्छा लगता है। अगर वह किसी काम में लग भी जाए तो वह थोड़े समय में होने वाले काम में

बहुत अधिक समय लगा देता है तथा काम ठीक से भी नहीं होता । साथ ही, अपने इन अवगुणों के कारण वह जीवन में कुछ भी हासिल नहीं कर पाता, जिससे वह सदा दुःखी रहता है। ऐसे लक्षणों वाला कर्ता तामसी कहलाता है।

बुद्धेर्-भेदं धृतेश्चू-चैव, गुणतस्-त्रिविधं शृणु ।
प्रोच्यमान-मशेषेण, पृथक्त्वेन धनञ्जय ॥ 29 ॥

भावार्थ :– श्रीकृष्ण ने इस अध्याय के चौदहवें श्लोक में कर्मों से बंधन होने के पाँच कारण बताएँ है। फिर अठारहवें श्लोक में इन पाँच कारणों में से कर्ता, कर्म और करण को मुख्य बताया । इसी क्रम में कर्ता और कर्म के तीन-तीन भेद बताने के बाद अब वे कार्य करने के साधन (करण) के भेद बताना आरंभ कर रहे है। कार्य करने के इन तेरह साधनों में से इन्द्रियों, मन और अहंकार के भेद नहीं होते, इसलिये वे इनको संचालित करने वाली बुद्धि के तीन भेद बताते हैं, साथ ही बुद्धि को अपने निश्चय पर दृढ़ रखने वाली शक्ति धृति (धारण शक्ति) के भी तीन भेद बता रहे हैं। श्रीकृष्ण कहते हैं कि बुद्धि और धृति के विषय में जो भी जानने योग्य आवश्यक बातें हैं, उन सबको मैं पूरा-पूरा कहूँगा, उनको तुम ध्यान देकर ठीक प्रकार सुनो ।

प्रवृत्तिं च निवृत्तिं च, कार्याकार्ये भयाभये ।
बन्धं मोक्षं च या वेत्ति, बुद्धिः सा पार्थ सात्त्विकी ॥ 30 ॥

भावार्थ :– श्रीकृष्ण सबसे पहले सात्विकी बुद्धि को समझाते हुए कहते हैं कि जो बुद्धि प्रवृत्ति मार्ग और निवृत्ति मार्ग का भेद समझाती है, वह बुद्धि सात्विकी है। इसी प्रकार, सात्विकी बुद्धि शास्त्रों में बताये गये तरीके से करने योग्य तथा नहीं करने योग्य कार्यों का भेद भी जानती है अर्थात् सात्विकी बुद्धि जानती है कि किस कार्य को करते समय उसे भय लगना चाहिये और किस कार्य को करते समय नहीं। साथ ही, सात्विकी बुद्धि से युक्त मनुष्यों को यह भी ज्ञान रहता है कि चाहे वह कितने भी शुभ कर्म कर ले, लेकिन अगर वह उन कर्मों को फल की इच्छा से तथा राग द्वेष से युक्त होकर करता है कि वे कर्म बन्धन देने वाले ही हैं और सांसारिक मोह माया से छूटकर निष्काम भाव से प्राणिमात्र का हित चाहते हुए परमात्मा की प्राप्ति का प्रयास करना ही मोक्ष का द्वार है ।

नोट :– प्रवृत्ति मार्ग यानि कि गृहस्थी में रहते हुए ही कर्मों में फल की इच्छा और आसक्ति को त्याग देना और अपनी बुद्धि का केवल लोकहित के लिये उपयोग करना तथा निवृत्ति मार्ग अर्थात् देहाभिमान को त्याग कर एवं संसार से विरक्त हो सन्यास धारण कर केवल परमात्मा में लग जाना ।

यया धर्मम्-अधर्मम् च, कार्यम् चाकार्य-मेव च ।
अयथावत् प्रजानाति, बुद्धिः सा पार्थ राजसी ॥ 31 ॥

भावार्थ :— राजसी बुद्धि वह होती है जो सही और गलत में ठीक प्रकार से भेद नहीं कर पाती, ये जानते हुए भी कि क्या सही है और क्या गलत; वह मोह, लोभ, स्वार्थ आदि में फंसकर गलत कार्यों में लग जाती है। साथ ही राजसी बुद्धि से युक्त मनुष्य धर्म-अधर्म, कर्तव्य-अकर्तव्य को जानते हुए भी भ्रम की स्थिति में रहता है और इनसे संबंधित सही निर्णय नहीं ले पाता ।

अधर्मम् धर्म-मिति या, मन्यते तमसावृता ।
सर्वार्थिन् विपरीतांश्-च, बुद्धिः सा पार्थ तामसी ॥ 32 ॥

भावार्थ :— अब तामसी बुद्धि के बारे में समझाते हुए श्रीकृष्ण कहते है कि तामसी बुद्धि वह होती है जो शास्त्रों में कहीं हर बात को गलत मानती है। उसे ईश्वर पर अथवा वेदों तथा शास्त्रों में कही बातों पर विश्वास ही नहीं होता । तामसी बुद्धि वाले मनुष्य धर्म को अधर्म और अधर्म को धर्म मानते है। ऐसे मनुष्य केवल संसार को ही सत्य समझते है। दूसरे को छोटा और अपने को बड़ा मानना, दूसरे को मूर्ख और अपने को विद्वान मानना, अपवित्र वस्तुओं को पवित्र मानना तथा सांसारिक मर्यादाओं को उल्टा करके मानने में वे अपना बड़प्पन समझते है।

धृत्या यया धारयते, मनः प्राणेन्द्रिय-क्रियाः ।
योगेना-व्यभिचारिण्या, धृतिः सा पार्थ सात्त्विकी ॥ 33 ॥

भावार्थ :— बुद्धि के भेद बताने के बाद अब धृति के भेद बताते हुए श्रीकृष्ण कहते हैं कि हे अर्जुन ! धृति (दृढ़ निश्चय शक्ति) वह शक्ति है, जिसके कारण मनुष्य अपने निर्धारित लक्ष्य पर नजरें टिकाएँ रखता है और उसे पूरा करने के लिये पूरी तत्परता से प्रयास करता है। जो धृति परमात्मा की प्राप्ति के अलावा और किसी भी लक्ष्य को धारण नहीं करती तथा इस लोक और परलोक के सुख-भोग आदि की प्राप्ति की इच्छा में भी नहीं फंसती, उस धृति को अव्यभिचारिणी धृति कहा जाता है। इस अव्यभिचारिणी धृति (दृढ़ निश्चय शक्ति) की मदद से जब मनुष्य मन, प्राण (सांस) और इन्द्रियों की क्रियाओं को अपने वश में करके उसे भजन, ध्यान और निष्काम कर्मों में लगाता है, तो ऐसी धृति सात्त्विकी कही जाती है। इस धृति का उद्देश्य केवल परमात्मा की प्राप्ति होता है।

यया तु धर्म-कामार्थान्, धृत्या धारयतेऽर्जुन ।
प्रसंगेन फलाकाङ्क्षी, धृतिः सा पार्थ राजसी ॥ 34 ॥

भावार्थ :— बहुत से मनुष्यों के जीवन का लक्ष्य केवल धर्म, अर्थ (धन) और काम (वासना) की प्राप्ति होता है और उनकी धृति (दृढ़ निश्चय शक्ति) भी केवल इन तीनों की प्राप्ति तक ही सीमित होती है। जीवन के चौथे तथा मुख्य लक्ष्य मोक्ष की प्राप्ति की उन्हें कोई चिन्ता नहीं होती । जिससे वे अपने हर कार्य को किसी न किसी फल प्राप्ति की इच्छा से करते है। यहाँ तक कि वे पूजा-पाठ, भजन-कीर्तन आदि भी अपनी किसी न किसी इच्छा की पूर्ति के लिये ही करते है। ऐसी धृति राजसी है।

यया स्वप्नं भयं शोकं, विषादं मदमेव च ।

न विमुञ्चति दुर्मेधा, धृतिः सा पार्थ तामसी ॥ 35 ॥

भावार्थ :— धृति (दृढ़ निश्चय शक्ति) तामसी मनुष्यों में भी होती है, लेकिन उनकी यह धृति अत्यधिक नींद के सुख, किसी बात का भय, चिंता, दुःख और अपनी श्रेष्ठता के घमण्ड को ही धारण किये रहती है। उदाहरण के लिये यदि किसी मनुष्य को किसी बात का दुःख है तो तामसी धृति (दृढ़ निश्चय शक्ति) के कारण उसका दृढ़ निश्चय होता है कि उसका दुःख दूर हो ही नहीं सकता, इसलिये वह इस दुःख से बाहर निकलने की कोशिश भी नहीं करता, इसी प्रकार कई अन्य मनुष्यों में किसी वस्तु, जीव, मनुष्य आदि का भय होता है और उस भय को दूर करने की कोशिश न करके वे उस भय के साथ ही अपना पूरा जीवन बिताते है।

सुखं त्विदानीं त्रिविधं, शृणु मे भरतर्षभ ।

अभ्यासाद्-रमते यत्र, दुःखान्तं च निगच्छति ॥ 36 ॥

यत्तदग्रे विषमिव, परिणामेऽमृतोपमम् ।

तत्सुखं सात्त्विकं प्रोक्त, –मात्म-बुद्धि-प्रसादजम् ॥ 37 ॥

भावार्थ :— मनुष्य में कर्म करने की तरफ झुकाव भविष्य में मिलने वाले सुख के लोभ से होता है। इसलिए श्रीकृष्ण अब अर्जुन को सुख के भी तीन भेद बताते है। ताकि वे सन्यास और त्याग को गहराई से समझ सके । वे कहते हैं कि सात्विक सुख वो होता है जिसे प्राप्त करने के लिये अभ्यास करना पड़ता है लेकिन इसे प्राप्त करने के बाद सभी प्रकार के दुःख हमेशा के लिये समाप्त हो जाते है। जब मनुष्य की बुद्धि सांसारिक मान, बड़ाई, आदर, भोग आदि से ऊपर उठकर पूरी तरह परमात्मा में लग जाती है, तब मनुष्य को जो सुख प्राप्त होता है, वह सात्विक सुख कहलाता है। जब मनुष्य इस सुख की प्राप्ति के प्रयासों में लगा होता है तो उसे सांसारिक भोगों तथा मान, बड़ाई, धन आदि से मिलने वाले सुख को त्यागना विष की तरह अर्थात बहुत मुश्किल लगता है, लेकिन

अभ्यास करते-करते जब मनुष्य शरीर और संसार के मोह से ऊपर उठकर परमात्मा की प्राप्ति के सुख को पा लेता है जो कि सदा रहने वाला और कभी न नष्ट होने वाला है तो उसे अभ्यास करने के समय की मुश्किलें भी अमृत के समान मालूम पड़ती है। जैसे खेलते हुए बच्चे को पढ़ना विष की तरह लगता है, लेकिन अगर वही बच्चा पढ़-लिख कर कुछ बन जाए तो वही पढ़ाई उसके लिये अमृत के समान हो जाती है।

विषयेन्द्रिय-संयोगाद्, -यत्तदग्रेऽमृतोपमम् ।
परिणामे विषमिव, तत्सुखं राजसं स्मृतम् ॥ 38 ॥

भावार्थ :— जितने भी प्रकार के सांसारिक सुख हैं, वे सभी राजसी कहे गये है क्योंकि जब इन्द्रियों को अपने पसंद के विषय प्राप्त होते है, तो उन्हें बड़ा सुख प्राप्त होता है। जैसे आँखों द्वारा अपनी पसंद की चीजें देखना, कानों द्वारा अपनी पसंद की बातें सुनना आदि। इन्द्रियों को जब यह सुख प्राप्त होता है, तो उसे यह सुख अमृत के समान लगता है, लेकिन यह सुख स्थायी नहीं होता अर्थात थोड़ी देर ही टिकता है। सारी जिंदगी मनुष्य जिन भोगों में सुख ढूंढ़ता है, मृत्यु होने पर वे सभी भोग यहीं छूट जाते है। साथ ही इनमें फंसे रहने के कारण वह परमात्मा की प्राप्ति की तरफ ध्यान नहीं दे पाता और जन्म मरण के चक्करों में ही फंसा रहता है। इसलिए अंत में इस सुख का परिणाम विष की तरह होता है।

यदग्रे चानुबन्धे च, सुखं मोहन-मात्मनः ।
निद्रालस्य-प्रमादोत्थं, तत्तामस-मुदाहृतम् ॥ 39 ॥

भावार्थ :— अब तामस सुख को समझाते हुए भगवान श्रीकृष्ण कहते है कि तमोगुणी मनुष्य अत्यधिक निद्रा, आलस्य और प्रत्येक कामों में लापरवाही आदि अवगुणों से युक्त होते है और उन्हें इन्हीं में सुख प्राप्त होता है। अज्ञान तथा इस क्षणिक सुख में फंसे होने के कारण वे यह सोच ही नहीं पाते कि इससे उनका कितना नुकसान हो रहा है अथवा वे दूसरों का कितना नुकसान कर रहे हैं। इसी तामसी सुख के लिए डॉक्टर पैसे लेकर भी मरीजों का ठीक से ईलाज नहीं करते, अध्यापक ठीक से पढ़ाते नहीं तथा ऑफिसर फाइलों को लटकाते रहते हैं आदि । ऐसे पापरूपी कर्मों के कारण उन्हें घोर नरकों की प्राप्ति होती हैं। इस सुख में न तो कर्म के आरंभ में सही और गलत का ज्ञान रहता है और न ही बाद में अपनी गलती का कोई अफसोस । यह सुख ज्ञान को जागने ही नहीं देता । इसलिए, ऐसे सुख को तामसिक कहा गया है।

नोट :- जब ऐसे लापरवाही तथा आलस्य रूपी तामसिक सुख के साथ राजसिक सुख रूपी कामना (इच्छा), लोभ आदि मिल जाते हैं तो अनेक तरह के पाप और अनर्थ होते है, जिसका परिणाम बड़ा भयंकर होता है। जैसे- तामसी गुणों से युक्त एक लापरवाह शिक्षक में अधिकाधिक पैसे कमाने का लोभ (राजस गुण) भी आ जाए तो इसके परिणामस्वरूप वह कई प्रकार के गलत कामों में लिप्त हो जाता है।

न तदस्ति पृथिव्यां वा, दिवि देवेषु वा पुनः ।
सत्त्वं प्रकृतिजैर्-मुक्तं, यदेभिः स्यात्-त्रिभिर्-गुणैः ॥ 40 ॥

भावार्थ :– हे अर्जुन ! पृथ्वी पर, स्वर्ग में अथवा इनके सिवाय और कहीं भी ऐसा कोई व्यक्ति, वस्तु या जीव नहीं है जो कि नश्वर न हो तथा प्रकृति के इन तीनों गुणों के अंदर ना आते हों ।

नोट :- श्रीकृष्ण अब तक ज्ञान, कर्म, कर्ता, बुद्धि, धृति और सुख के भेद बता रहे थे ताकि सभी मनुष्य अपना आत्म-निरीक्षण कर सके और ये जान सके कि वे इन तीनों गुणों में से किस श्रेणी में आते है और इसे जानकर वे अपने आप को इन गुणों से उपर उठाने का प्रयास कर सके ।

ब्राह्मण-क्षत्रिय-विशां, शूद्राणां च परन्-तप ।
कर्माणि प्रविभक्तानि, स्वभाव-प्रभवैर्-गुणैः ॥ 41 ॥

भावार्थ :– कार्य के होने में आवश्यक पाँच कारणों में से कर्ता और करण के भेदों के बारे में भगवान श्रीकृष्ण ने बता दिया । तीसरा और चौथा कारण है शरीर तथा इन्द्रियों की विभिन्न चेष्टाएँ । जिनके भेद नहीं होते । इसलिए श्रीकृष्ण अब पाँचवें कारण दैव (संस्कार, स्वभाव) के बारे में बताते हुए कहते है कि जिस मनुष्य का जिस प्रकार का स्वभाव होगा, उसके कर्म भी उसी प्रकार के होंगे । हमारी प्राचीन सभ्यता में भी मनुष्यों को उनके कर्मों के अनुसार ही चार वर्णों में बांटा गया था- ब्राह्मण, क्षत्रिय, वैश्य और शूद्र । जिस मनुष्य का जिस कार्य को करने का स्वभाव, रूचि तथा क्षमता होती थी, वह उसी प्रकार के कार्य को कर सकता था तथा किसी भी कार्य को करने वाला बड़ा अथवा छोटा नहीं माना जाता था, लेकिन समय के साथ-साथ इस व्यवस्था को जाति से संबंधित माना जाने लगा । यहाँ श्रीकृष्ण भी मनुष्य के स्वभाव से उत्पन्न तीनों गुणों के अनुसार ही ब्राह्मण, क्षत्रिय, वैश्य और शूद्रों के कर्मों को बांट रहे है, जाति के अनुसार नहीं। वे कहते हैं कि हे अर्जुन । ब्राह्मण, क्षत्रिय, वैश्य और शूद्रों के कर्म स्वभाव से उत्पन्न हुए इन तीनों गुणों के द्वारा ही विभक्त किये गए है ।

शमो दमस्-तपः शौचं, क्षान्ति-रार्जव-मेव च ।
ज्ञानं विज्ञान-मास्तिक्यं, ब्रह्म-कर्म स्वभावजम् ॥ 42 ॥

भावार्थ :— अब भगवान श्रीकृष्ण सबसे पहले ब्राह्मण के स्वभाविक कर्म बताते हुए कहते है कि मन और इन्द्रियों को अपने वश में रखना, धर्म पालन की राह में आये हुए प्रत्येक कष्ट को खुशी-खुशी सहना, अपनी भीतरी (मन, बुद्धि) तथा बाहरी (खान-पान, व्यवहार आदि की) शुद्धता का ध्यान रखना, अपने में दण्ड देने की योग्यता होते हुए भी दूसरे के अपराधों को माफ कर देना, वाणी में सरलता तथा मन में सीधापन (सादापन) का होना, वेद-शास्त्र आदि का ज्ञान होना, यज्ञविधि को करना, परमात्मा, वेद आदि के लिए हृदय में आदर होना, परमात्मा की प्राप्ति के लिए वेदों द्वारा बताये गये रास्ते का अनुकरण करना आदि गुण ब्राह्मण के स्वभाव में ही होते हैं अर्थात् इन लक्षणों से युक्त मनुष्य ब्राह्मण की श्रेणी में आते है ।

शौर्यम् तेजो धृतिर्-दाक्ष्यं, युद्धे चाप्य-पलायनम् ।
दान-मीश्वर-भावश्-च, क्षात्रं कर्म स्वभावजम् ॥ 43 ॥

भावार्थ :— क्षत्रिय के स्वभाविक कर्म बताते हुए श्रीकृष्ण कहते हैं कि क्षत्रियों में शूरवीरता, तेज (प्रभाव) तथा धैर्य के साथ-साथ आवश्यक कूटनीति तथा चतुरता के साथ प्रजा का संचालन करना, धर्ममय युद्ध (ऐसा युद्ध जो अपने स्वार्थ के लिए न लड़ा जाए, बल्कि परिस्थितिवश और लोक कल्याण के लिये आवश्यक हो) से कभी पीछे न हटना, खुले हाथों से दान करना तथा अपने शासन द्वारा दूसरे का हित करने तथा उन्हें मर्यादा में चलाने का भाव होना आदि गुण एक क्षत्रिय में स्वभाविक रूप से होने चाहिये ।

कृषि-गौरक्ष्य-वाणिज्यं, वैश्य-कर्म स्वभावजम् ।
परिचर्यात्मकं कर्म, शूद्रस्यापि स्वभावजम् ॥ 44 ॥

भावार्थ :— खेती करना, गायों की रक्षा करना, उनकी वंश-वृद्धि करना और शुद्ध व्यापार करना ये सभी वैश्यों के स्वभाविक तथा नियत कर्म है। शुद्ध व्यापार का अर्थ है लोगों के हित की भावना से अनुचित मुनाफा न लेते हुए लोगों तक उस वस्तु को पहुँचाना । भगवान श्रीकृष्ण ने भी नन्दबाबा के रिश्ते से स्वयं को वैश्य मानते हुए वैश्य के स्वभाविक धर्म के अनुसार गौ रक्षा तथा गौपालन का कार्य किया था ।

चारों वर्णों के लोगों की सेवा करना और उनके काम में कोई रूकावट न आए- इस भावना को रखते हुए अपनी बुद्धि, योग्यता तथा बल के द्वारा सबकी सेवा करना शूद्र का स्वभाविक कर्म है। लेकिन-

नोट :— यदि किसी शूद्र के सभी कर्म ब्राह्मण, क्षत्रिय या वैश्य जैसे हैं तो उसे ब्राह्मण, क्षत्रिय या वैश्य ही मानना चाहिये। इसी प्रकार यदि किसी ब्राह्मण, क्षत्रिय या वैश्य के कर्म शूद्र जैसे हैं तो उन्हें भी शूद्र ही मानना चाहिए। श्रीमद्भागवत में भी कहा गया है कि जिस मनुष्य के वर्ण को बताने वाला जो लक्षण कहा गया है, वह यदि दूसरे वर्ण वालों में भी मिले तो उसे भी उस वर्ण का ही मान लेना चाहिये अर्थात् वर्ण कर्मों से निश्चित होते हैं, जन्म से नहीं ।

स्वे स्वे कर्मण्यभिरतः, संसिद्धिं लभते नरः ।

स्वकर्म-निरतः सिद्धिं, यथा विन्दति तच्छृणु ॥ 45 ॥

भावार्थ :— हे अर्जुन ! चाहे ब्राह्मण हो अथवा क्षत्रिय, वैश्य हो या शूद्र, अगर वह मनुष्य अपने-अपने कार्यों को स्वार्थ की भावना को त्यागकर प्रसन्नता पूर्वक और लगन से करे तथा उनका वह कर्म न ही किसी के प्रति मोह (आसक्ति) के कारण हो और न ही किसी से शत्रुता के कारण, साथ ही उन्हें उस कर्म से किसी प्रकार के फल प्राप्ति की इच्छा भी न हो तो वे सम्यक् सिद्धि को प्राप्त कर लेंगे, पर वे कर्मों को करते हुए ही सिद्धि को क्यों और कैसे प्राप्त कर लेते हैं, वह अब तुम मुझसे सुनो ।

यतः प्रवृत्तिर्-भूतानां, येन सर्वमिदं ततम् ।

स्वकर्मणा तमभ्यर्च्य, सिद्धिं विन्दति मानवः ॥ 46 ॥

भावार्थ :— श्रीकृष्ण कहते हैं कि पूर्वजन्म के कर्मों से प्राप्त स्वभाविक गुणों के अनुसार मनुष्य के जो नियत (स्वभाविक) कर्म है, उन्हें प्रत्येक मनुष्य को निष्काम भाव से तथा बिना किसी व्यक्ति या वस्तु के मोह के, केवल लोकहित की भावना से परमात्मा को समर्पित करते हुए करना चाहिये। इस प्रकार अपने कर्मों के द्वारा परमात्मा का पूजन करने से उस मनुष्य का संसार से संबंध-विच्छेद हो जाता है जिससे उसे अपनी आत्मा और परमात्मा की एकता का ज्ञान हो जाता है और उसकी परमात्मा से मिलन की इच्छा जागृत हो जाती है। इसके बाद तो कुछ भी जानने या करने योग्य बाकी ही नहीं रहता और वह मनुष्य परमात्मा को प्राप्त हो जाता है।

श्रेयान्-स्वधर्मो विगुणः, परधर्मात् स्वनुष्ठितात् ।

स्वभाव-नियतं कर्म, कुर्वन्-नाप्नोति किल्बिषम् ॥ 47 ॥

भावार्थ :— श्रीकृष्ण आगे बताते है कि कोई भी मनुष्य अपने आप को जिस वर्ण (ब्राह्मण, क्षत्रिय, वैश्य या शूद्र) का मानता है या वो जिस वर्ण के कार्य को अच्छी तरह

से कर सकता है, वही उस मनुष्य का नियत कर्म अथवा स्वभाविक धर्म हो जाता है। जैसे कोई मनुष्य अपने आप को शिक्षक मानता है तो पढ़ाना उसका स्वधर्म हो जाता है अर्थात् जो मनुष्य अपने आप को जिस वर्ण का मानता है, उस मनुष्य को अपना वर्ण निश्चित करने के बाद श्रीकृष्ण द्वारा बताये गये उसी वर्ण के स्वभाविक कर्मों का पालन करना चाहिये लेकिन ऐसा करने पर भी कई बार एक वर्ण के व्यक्ति को दूसरे वर्ण के व्यक्ति का काम ज्यादा सुविधापूर्ण तथा गुणों से भरा हुआ लगता है। तो इस दुविधा को दूर करने का मार्ग बताते हुए श्रीकृष्ण कहते हैं कि दूसरों के वर्णों के कार्य गुणों से भरे हुए तथा सुविधापूर्ण लगने पर भी गुणों की कमी वाले अपने स्वधर्म (नियत कर्म) का पालन करना ही श्रेष्ठ है क्योंकि मनुष्य अपने स्वभाविक गुणों के अनुसार अपने नियत कर्म को जितनी अच्छी तरह और कुशलता से कर सकता है, उतना दूसरों के नियत कर्म को नहीं जैसे एक डॉक्टर अपने डॉक्टरी के कार्य को (स्वधर्म को) जितनी कुशलता के साथ कर सकता है उतना वकील के कार्य को नहीं क्योंकि यह उसके लिए परधर्म है। साथ ही पूरी निष्ठा तथा निष्काम भाव से अपने नियत कर्म को करता हुआ मनुष्य पाप को भी प्राप्त नहीं होता। लेकिन–

नोट :– अगर किसी वर्ण का मनुष्य किसी विशेष आपदा की स्थिति में अथवा किसी मजबूरी में दूसरे वर्ण का काम करता है तो उसे उस कर्म का दोष नहीं लगता।

सहजं कर्म कौन्तेय, सदोष-मपि न त्यजेत् ।

सर्वारम्भा हि दोषेण, धूमेनाग्नि-रिवावृताः ॥ 48 ॥

भावार्थ :– हे अर्जुन ! अपने स्वभाविक गुणों के अनुसार किये जा रहे नियत कर्मों में अगर कुछ दोष भी हो तो मनुष्य को उनका त्याग नहीं करना चाहिए। जिस प्रकार अग्नि के साथ धुँआ होता ही है, उसी प्रकार प्रत्येक कर्म ने कुछ न कुछ अच्छाइयाँ तथा बुराइयाँ होती ही है। इसलिये मनुष्यों को दूसरों के कर्मों में अच्छाइयाँ तथा अपने कर्मों में कमियाँ न ढूँढ़ते हुए अपने स्वधर्म या नियत कर्म का पूरी ईमानदारी से पालन करना चाहिये।

नोट :– चोरी, डकैती आदि कर्मों को किसी का नियत कर्म नहीं माना जा सकता, क्योंकि ये कर्म शास्त्रों के विरूद्ध है तथा इनके लिये बहुत भारी दण्ड भुगतना पड़ता है।

असक्त-बुद्धिः सर्वत्र, जितात्मा विगत-स्पृहः ।

नैष्कर्म्य-सिद्धिम् परमां, सन्न्यासे-नाधि-गच्छति ॥ 49 ॥

भावार्थ :— इस प्रकार जिन मनुष्यों की बुद्धि किसी भी परिस्थिति में मोह अथवा द्वेष के बंधन में नहीं फंसती, जिनका मन हर पल ईश्वर के ध्यान में लगा हुआ है और समय के साथ-साथ अभ्यास करते हुए जिनका जीवन हर प्रकार की इच्छाओं (कामनाओं) से रहित हो जाता है। वे मनुष्य गृहस्थ धर्म में रहकर अपने कर्तव्यों को पूरा करते हुए भी कर्म के बंधन से मुक्ति की सिद्धि को प्राप्त कर लेते है।

सिद्धिं प्राप्तो यथा ब्रह्म, तथाप्नोति निबोध मे ।
समासेनैव कौन्तेय, निष्ठा ज्ञानस्य या परा ॥ 50 ॥

भावार्थ :— हे कौन्तेय ! इस अवस्था को प्राप्त होने के बाद जब उस साधक में किसी व्यक्ति, वस्तु आदि की थोड़ी भी इच्छा बाकी नहीं होती तो ऐसे साधक का मन पूर्णतया शुद्ध हो जाता है। यही असली सिद्ध अवस्था है। आठ प्रकार की सिद्धियाँ दूसरी भी होती है, जिसमें मनुष्य को भिन्न-भिन्न प्रकार की शक्तियाँ मिल जाती है, लेकिन यह वास्तविक सिद्धि नहीं है। जिस सिद्धि के मिलने पर इच्छाएँ बढ़ती रहें, वह वास्तव में सिद्धि नहीं, बंधन ही है। अंतःकरण की शुद्धि रूपी इस सिद्धि को प्राप्त करने के बाद साधक ब्रह्म को जिस प्रकार से प्राप्त कर सकता है। अब उसको तुम मुझसे संक्षेप में सुनो।

बुद्ध्या विशुद्धया युक्तो, धृत्यात्मानं नियम्य च ।
शब्दादीन्-विषयांस्-त्यक्त्वा, राग-द्वेषौ व्युदस्य च ॥ 51 ॥
विविक्त-सेवी लघ्वाशी, यत-वाक्-काय-मानसः ।
ध्यान-योग-परो नित्यं, वैराग्यं समुपाश्रितः ॥ 52 ॥
अहङ्कारं बलं दर्पम्, कामं क्रोधं परिग्रहम् ।
विमुच्य निर्ममः शान्तो, ब्रह्म-भूयाय कल्पते ॥ 53 ॥

भावार्थ :— जब एक साधक अंतःकरण की शुद्धि रूपी सिद्ध अवस्था को प्राप्त हो जाता है तो ब्रह्म प्राप्ति की राह पर आगे बढ़ने के लिये ऐसे साधक को शुद्ध सात्विकी बुद्धि से युक्त, वैराग्य के आश्रित तथा एकान्त को पसंद करने के स्वभाव वाला होना चाहिये। एकान्त स्थान में ईश्वर का ध्यान करना आसान होता है। साथ ही, उसे नियमित भोजन करने वाला होना चाहिये, भोजन न अधिक हो और न कम। अधिक भोजन से आलस्य तथा कम भोजन से भूख के कारण साधना में बाधा पड़ती है। साथ ही, ऐसे साधक की इन्द्रियाँ, मन, शरीर और वाणी भी उसके वश में होने चाहिये। उसे मन को आकर्षित करने वाली चीजों को देखना, सुनना, सुंघना, स्वाद लेना तथा स्पर्श

करना त्याग देना चाहिये। उसे न तो किसी व्यक्ति, वस्तु अथवा जीव के प्रति मोह होना चाहिये और न ही शत्रुता । इस अवस्था में पहुँचा हुआ योगी जब ध्यानयोग के द्वारा मेरी प्राप्ति के प्रयास में लग जाता है, तब वह अहंकार (ज्ञान का), बल (मनमानी करने का हठ), दर्प (जमीन, जायदाद तथा परिवार का घमण्ड), काम (इच्छा), क्रोध और परिग्रह (धन तथा भोगों का संग्रह करना) का त्याग करके एवं निर्मम (संसार से ममता रहित) तथा शान्त होकर ब्रह्म की प्राप्ति का पात्र हो जाता है ।

ब्रह्म-भूतः प्रसन्नात्मा, न शोचति न काङ्क्षति ।
समः सर्वेषु भूतेषु, मद्-भक्तिं लभते पराम् ॥ 54 ॥

भावार्थ :— जब मनुष्य इस सर्वोच्य अवस्था को प्राप्त कर लेता है, जिसे ब्रह्मभूत अवस्था भी कहते है, तो उसके मन में सदा एक प्रसन्नता का भाव रहता है क्योंकि तब उसके मन में एक परमात्मा को छोड़कर दूसरा कोई विचार आता ही नहीं । उसे न तो किसी व्यक्ति या वस्तु के मिलने की खुशी होती है और न ही खोने का दुःख क्योंकि उसमें किसी वस्तु की चाह बाकी ही नहीं रहती । संसार के सभी प्राणियों में उसे मेरा ही अंश दिखाई देने लगता है तथा उसे मुझसे एक अलग ही प्रकार का प्रेम हो जाता है। इस सर्वश्रेष्ठ अवस्था को प्राप्त करने के पश्चात मनुष्य ''पराभक्ति'' अर्थात् भगवान का दिव्य प्रेम और स्नेह प्राप्त कर लेता है और–

भक्त्या मामभि-जानाति, यावान् यश्चास्मि तत्त्वतः ।
ततो मां तत्त्वतो ज्ञात्वा, विशते तदनन्तरम् ॥ 55 ॥

भावार्थ :— जब एक साधक मेरी पराभक्ति को प्राप्त कर लेता है तो वह मेरी पराभक्ति द्वारा मुझे ''मैं जो हूँ जितना हूँ'' – इसको तत्व से जान लेता है अर्थात मेरे 'वासुदेवः सर्वम्' – (सब जगह वासुदेव ही है) इस रूप को जान लेता है। फिर उसे विश्व के सभी प्राणियों तथा वस्तुओं में मेरे ही दर्शन होते है और इस प्रकार मुझे तत्व से जानकर फिर वह तत्काल मेरी चेतना में ही प्रविष्ट हो जाता है ।

सर्व-कर्माण्यपि सदा, कुर्वाणो मद्-व्यपाश्रयः ।
मत् प्रसादा-दवाप्नोति, शाश्वतं पद-मव्ययम् ॥ 56 ॥

भावार्थ :— पिछले श्लोक में भगवान श्रीकृष्ण ने यह व्याख्या की थी कि भक्ति द्वारा भक्त उनकी पूर्ण चेतना में प्रवेश करते है तथा इससे संपन्न होकर वे सभी के साथ भगवान के संबंध को स्वीकार करते है। वे सांसारिक संपत्तियों को भगवान की संपत्ति के रूप में तथा सभी जीवों को भगवान के अभिन्न अंग के रूप में देखते है। वे स्वयं को

भगवान का तुच्छ सेवक समझते हैं। लेकिन, इस दिव्य चेतना में भी वे कर्मों का त्याग नहीं करते, बल्कि इसके विपरीत वे कर्ता होने का और कर्म के फल को भोगने वाला होने के अहम् का त्याग करते है। वे सभी कार्यों को परमेश्वर की भक्तिपूर्ण सेवा के रूप में देखते है और उनके संपादन के लिये भी वे भगवान का ही आश्रय लेते है और इसके पश्चात् जब वे शरीर का त्याग करते है तो वे भगवान के दिव्य लोक में जाते हैं। इसलिये-

चेतसा सर्व-कर्माणि, मयि सन्न्यस्य मत्परः ।
बुद्धि-योग-मुपाश्रित्य, मच्चित्तः सततं भव ॥ 57 ॥

भावार्थ :– हे अर्जुन ! तू यह दृढ़ता से मान ले कि संसार के सभी प्राणी, व्यक्ति, वस्तु आदि परमात्मा के ही अंश है और मुझे ये सब कुछ समय के लिये उपयोग करने के लिये मिले हैं, ये सब मेरे हैं ही नहीं । केवल वो परमात्मा ही मेरे है जिनका मैं भी एक अंश हूँ। ऐसा मानकर तू अपने सभी कर्म मुझ परमात्मा को अर्पण करता जा अर्थात् अपना हर कर्म यह सोच के कर कि यह कर्म मैं केवल प्रभु की प्रसन्नता के लिए कर रहा हूँ और इसमें मेरा कुछ भी स्वार्थ नहीं है। इस प्रकार पूरी तरह मेरे आश्रित होकर तथा हर परिस्थिति में समान भाव रखते हुए निरन्तर मेरे में ध्यान वाला हो जा ।

मच्चित्तः सर्व-दुर्गाणि, मत् प्रसादात् तरिष्यसि ।
अथ चेत्त्व-महङ्कारान्, –न श्रोष्यसि विनङ्क्ष्यसि ॥ 58 ॥

भावार्थ :– मेरे में निरन्तर मनवाला होने से तू मेरी कृपा से संपूर्ण बाधाओं को तर जाएगा अर्थात् मेरी प्राप्ति की राह में आने वाली बाधाओं को दूर करने के लिये तुझे कुछ भी प्रयास नहीं करना पड़ेगा । पर, वे साथ में यह भी कहते हैं कि अगर तू, 'ये सब कुछ जो मैंने तुझसे कहा है' को न मानकर अपने अज्ञान रूपी अहंकार युक्त विचारों (मैं सब कुछ जानता हूँ और ये सब-कुछ कहने-सुनने की बाते है) के कारण मेरी बात नहीं सुनेगा तो तेरा पतन हो जाएगा अर्थात् तू बार-बार जन्म-मरण के चक्करों में पड़कर दुःख भोगता रहेगा । क्योंकि-

यदहङ्कार-माश्रित्य, न योत्स्य इति मन्यसे ।
मिथ्यैष व्यवसायस्ते, प्रकृतिस्-त्वां नियोक्ष्यति ॥ 59 ॥

भावार्थ :– किसी भी कार्य को करने वाले तो तीनों प्रकार के गुण अथवा मनुष्य का स्वभाव ही होता है, मनुष्य स्वयं नहीं । इसलिये हे अर्जुन ! तू जो ये कह रहा है कि ''मैं'' युद्ध नहीं करूंगा, यह तो तेरा झूठा अहंकार है। युद्ध को करने वाला या ना करने वाला

तो तू है ही नहीं । अगर तू न भी चाहे तो अपने इन गुणों तथा क्षत्रिय स्वभाव के वश में होकर तू समय आने पर इस धर्ममय युद्ध को किये बिना नहीं रह सकेगा ।

स्वभावजेन कौन्तेय, निबद्धः स्वेन कर्मणा ।

कर्तुम् नेच्छसि यन्-मोहात्, करिष्यस्य-वशोऽपि तत् ।। 60 ।।

भावार्थ :– हे कुंतीनंदन ! सांसारिक बंधनों से मुक्त जो महापुरूष होते है, उनके बारे में ऐसा माना जाता है कि वे अपने स्वभाव तथा गुणों के वश में नहीं होते। फिर भी, उनके कार्यो में भी उनके स्वभाव तथा गुणों का थोड़ा असर आ ही जाता है तो फिर जो सांसारिक बंधनों तथा राग-द्वेष आदि में फंसे मनुष्य है, उनके तो हर कार्य को कराने वाला ही उनका स्वभाव तथा तीनों गुण होते है। श्रीकृष्ण आगे कहते हैं कि तू अपने संबंधियों के मोह के कारण जिस युद्ध को नहीं करना चाहता, तेरा क्षत्रिय स्वभाव तुझे उस युद्ध में किसी भी क्षण लगा ही देगा । साथ ही इस युद्ध को अगर तू शास्त्रों की आज्ञानुसार मोह तथा द्वेष को त्याग कर केवल अपना कर्तव्य समझकर करेगा तो तू सभी प्रकार के बंधनों से मुक्त हो जाएगा लेकिन यदि तू इसे गुण तथा स्वभाव के वश में होकर करेगा तो तेरा यही कर्म तुझे जन्म-मरण के चक्करों में बांध देगा ।

ईश्वरः सर्व-भूतानां, हृद्देशोऽर्जुन तिष्ठति ।

भ्रामयन्-सर्व-भूतानि, यन्त्रा-रूढानि मायया ।। 61 ।।

भावार्थ :– श्रीकृष्ण आगे कहते हैं कि हे अर्जुन! भले ही तुम मेरी आज्ञा का पालन करो या न करो, तुम्हारी स्थिति सदा मेरे प्रभुत्व में स्थित रहेगी क्योंकि जिस शरीर रूपी यंत्र में तुम रहते हो, वह मेरी ही माया शक्ति से निर्मित है। तुम्हारे पूर्व जन्मों के कर्मफलों के अनुसार ही मैंने तुम्हें यह शरीर प्रदान किया है और मैं इस शरीर रूपी यंत्र में हृदय में ही स्थित रहता हूँ तथा तुम्हारे विचारों, शब्दों और कर्मो का लेखा-जोखा रखता हूँ। साथ ही, वर्तमान में जो कर्म तुम करते हो उसके अनुसार ही मैं तुम्हारे भविष्य का निर्माण करता हूँ। तुम यह मत सोचो कि तुम मुझसे किसी भी प्रकार से स्वतंत्र हो। इसलिए, हे अर्जुन! तुम्हारे हित में यही है कि तुम मेरी शरण ग्रहण करो ।

तमेव शरणं गच्छ, सर्व-भावेन भारत ।

तत्-प्रसादात् परां शान्तिं, स्थानं प्राप्स्यसि शाश्वतम् ।। 62 ।।

भावार्थ :– भगवान श्रीकृष्ण के इतना समझाने पर भी अर्जुन के मन में कहीं न कहीं यह दुविधा है कि जिस श्रीकृष्ण को वे सदा से अपना सखा मानते आए है, वे ही सच्चिदानंदघन ईश्वर है। इसलिए भगवान श्रीकृष्ण को कहना पड़ा कि हे अर्जुन ! अगर

तू मेरी शरण में नहीं आना चाहता, तो अपने हृदय में स्थित उस परमात्मा की शरण में चला जा, उन की कृपा से तू सांसारिक माया के पर्दें को हटा पायेगा। जिससे तू गुणों तथा स्वभाव से ऊपर उठकर पहले उस परम शक्ति को और अंत में अविनाशी परमपद को प्राप्त हो जाएगा।

नोट :– सबके हृदय में स्थित परमात्मा तथा अर्जुन के सामने सारथि के रूप में उपस्थित श्रीकृष्ण एक ही है ।

इति ते ज्ञान-माख्यातं, गुह्याद्-गुह्यतरं मया ।
विमृश्यै-तदशेषेण, यथेच्छसि तथा कुरू ।। 63 ।।

भावार्थ :– श्रीकृष्ण आगे कहते है कि मैंने तुझे यह जो ज्ञान दिया है, यह बहुत ही गोपनीय है, जिसे पाने के लिए देवता तथा बड़े-बड़े ऋषि-मुनि भी जीवन भर भटकते रहते है तथा जिसे पाकर और उस पर चलकर जीव सदा-सदा के लिये सांसारिक बंधनों से मुक्त होकर परमपद को पा लेते है। इसलिए, अब तू मेरे दिये गये इस ज्ञान पर अच्छी तरह से विचार कर ले और फिर तू जैसा चाहता है, वैसा कर ।

सर्व-गुह्यतमं भूयः, शृणु मे परमं वचः ।
इष्टोऽसि मे दृढमिति, ततो वक्ष्यामि ते हितम् ।। 64 ।।

भावार्थ :– जब श्रीकृष्ण ने कहा कि ‘तू जैसा चाहता है, वैसा कर’ । तो यह सुनकर अर्जुन के मन में यह डर पैदा हो गया कि श्रीकृष्ण मेरा त्याग कर रहे है। इस विचार के आने से वे दुःखी हो गये । अर्जुन के इसी भय और दुःख को दूर करने के लिय उसे आश्वासन देते हुए श्रीकृष्ण कहते है कि हे अर्जुन ! तुम भय मत करो । तुम मेरे अत्यंत प्यारे हो, इसलिये मैं तुम्हारे हित की बात ही कहूँगा । अब मैं अपने हृदय की अत्यंत गोपनीय और श्रेष्ठ से श्रेष्ठ बात तुमसे फिर से कहूँगा और यदि तुमने पहले उनपर ध्यान नहीं दिया है, तो उन्हें फिर से ध्यान देकर सुनो क्योंकि तुम्हारें मेरी शरण में आने में मेरा कुछ भी स्वार्थ नहीं है, बल्कि इसमें तेरा ही भला है ।

मन्मना भव मद्-भक्तो, मद्याजी मां नमस्-कुरू ।
मामे-वैष्यसि सत्यं ते, प्रतिजाने प्रियोऽसि मे ।। 65 ।।

भावार्थ :– विवाह हो जाने पर जिस प्रकार लड़की मायके के प्रति अपना ‘मैं’ और ‘मेरा’ पन बदल देती है और मान लेती है कि अब तो ‘मैं’ अपने पति की हूँ और पिता के कुल के साथ उसका संबंध छूट जाता है। उसी प्रकार हे अर्जुन ! परमात्मा की राह पर

चलने वाले को भी अपना ''मैं'' पन बदल लेना चाहिये कि अब से मैं केवल परमात्मा का/की हूँ और केवल परमात्मा ही मेरे है और अब से यह संसार मेरा नहीं है। ऐसा मान लेने पर अपने आप ही परमात्मा का भजन तथा पूजन होने लग जाता है। इसी प्रकार, तू भी जब अपने मैं पन को मुझसे जोड़ कर मेरा भक्त और मेरे में ही मनवाला हो जाएगा तथा मुझे ही नमस्कार तथा मेरा ही पूजन करेगा तो तू मुझे ही प्राप्त हो जाएगा, यह मैं तेरे सामने सत्य प्रतिज्ञा करता हूँ क्योंकि तू मेरा अत्यंत प्रिय है।

सर्व-धर्मान् परित्यज्य, मामेकं शरणं व्रज ।

अहं त्वा सर्व-पापेभ्यो, मोक्षयिष्यामि मा शुचः ॥ 66 ॥

भावार्थ :— श्रीकृष्ण अब संपूर्ण गीता का ज्ञान ६५वें और ६६वें श्लोक में समेटते हुए कहते हैं कि हे अर्जुन ! तू सभी प्रकार के सही-गलत, पाप-पुण्य आदि की चिन्ता छोड़कर पूरी तरह से मेरी शरण में आ जा और जैसा मैं कहता हूँ, वैसा ही कर। उसके बाद तेरे हर अच्छे-बुरे की, पाप-पुण्य की जिम्मेदारी मेरी है। तू बस हर अच्छे-बुरे फल की चिन्ता छोड़कर अपने कर्तव्य को पूरी निष्ठा, तत्परता और ईमानदारी से पूरा करता जा और अपना कर्म करते समय भी तेरे मन में यही भावना रहनी चाहिये कि यह कर्म मैं लोकहित की भावना से भगवान की प्रसन्नता के लिये कर रहा हूँ। इसमें मेरा कोई स्वार्थ, मोह, अथवा द्वेष नहीं है। वे आगे कहते हैं कि मेरी शरण में आने के बाद तेरे जीवन निर्वाह की तथा तेरी मुक्ति की अर्थात् तेरी सारी प्रकार की जिम्मेदारी मेरी है।

इदं ते नातपस्काय, नाभक्ताय कदाचन ।

न चाशुश्रूषवे वाच्यं, न च मां योऽभ्यसूयति ॥ 67 ॥

भावार्थ :— हे अर्जुन ! जिस प्रकार बिना मांगे किसी को सलाह नहीं देनी चाहिये। उसी प्रकार मेरे द्वारा दिये गये इस ज्ञान को तुम कभी भी किसी अतपस्वी को, अभक्त को, जो सुनना नहीं चाहे उसे तथा जो मेरे में दोष दृष्टि रखते हैं अर्थात् मुझे गलत समझते है उनसे मत कहना, क्योंकि वे अपने अज्ञान के कारण इन बातों की गहराई को समझ नहीं पायेंगे। उन्हें लगेगा कि कृष्ण अपने किसी स्वार्थ को पूरा करने के लिये ये सब कह रहे है, जिससे वे मुझमें कमियाँ निकालने लगेंगे और उनकी इस ज्ञान को जानने में भी अरुचि हो जाएगी। लेकिन-

य इमं परमं गुह्यं, मद्-भक्ते-ष्वभि-धास्यति ।

भक्तिं मयि परां कृत्वा, मामे-वैष्यत्य-संशयः ॥ 68 ॥

भावार्थ :— मुझमें श्रद्धा, आदर और विश्वास रखने वाले मेरे जो भक्त मुझमें प्रेम

भाव रखने वाले मेरे अन्य भक्तों को रूपये, मान, बड़ाई आदि की चाह रखे बिना केवल उनके हित की भावना से हमारे इस संवाद को सुनाऐंगे, वे मुझे ही प्राप्त होंगे, इसमें कुछ भी संदेह नहीं है, लेकिन अगर इसे सुनाते समय कोई मुझमें बिना भक्ति वाला मनुष्य भी वहाँ आकर बैठ जाए या किसी कारण से मेरे में भक्ति वाला मनुष्य वहाँ से उठकर चला जाए तो इसका दोष गीता सुनाने वाले को नहीं लगता, क्योंकि वह तो उन्हीं को सुनाता है, जिनकी सुनने की इच्छा है। इस प्रकार–

न च तस्मान्-मनुष्येषु, कश्चिन्-मे प्रिय-कृत्तमः ।

भविता न च मे तस्मा, –दन्यः प्रियतरो भुवि ॥ 69 ॥

भावार्थ :– हे अर्जुन ! हमारे इस संवाद को समझकर जो मनुष्य इसे अपने जीवन में उतारेगा और साथ ही साथ वह मेरे प्रति श्रद्धा-भक्ति वाले मनुष्यों में इस ज्ञान को उनके कल्याण की भावना से फैलाएगा, उसके समान मेरा अत्यंत प्रिय कार्य करने वाला कोई भी नहीं है और संपूर्ण पृथ्वी पर उसके समान मेरा कोई प्रिय होगा भी नहीं।

अध्येष्यते च य इमं, धर्म्यम् संवाद-मावयोः ।

ज्ञान-यज्ञेन तेनाह, –मिष्टः स्यामिति मे मतिः ॥ 70 ॥

भावार्थ :– हे अर्जुन ! तुम्हारे और मेरे इस संवाद में संपूर्ण वेदों और उपनिषद्रों का सार है। इसलिये, जो मनुष्य श्रद्धा और विश्वास के साथ इसका केवल अध्ययन भी करेगा, उसके द्वारा मैं ज्ञानयज्ञ से पूजित होऊँगा, क्योंकि जब मनुष्य धैर्यपूर्वक इसका अध्ययन करके इसे समझने का प्रयास करता है तो धीरे-धीरे इसमें कही बातों का सार उसे समझ में आने लगता है, जिसे अपने जीवन में उतारकर वह मनुष्य इस जन्म-मरण रूपी भवसागर से मुक्ति पाकर मेरे परम-धाम को पा लेता है, साथ ही गीता के अध्ययन से उसे इस लोक में भी जीवन जीने का तथा अपनी हर समस्या से बाहर निकलने का तरीका मिल जाता है। इस प्रकार–

श्रद्धावा-ननसूयश्च, शृणुया-दपि यो नरः ।

सोऽपि मुक्तः शुभाँल्-लोकान्, प्राप्नुयात्-पुण्य-कर्मणाम् ॥ 71 ॥

भावार्थ :– हे अर्जुन ! मेरे और तुम्हारे इस संवाद का जो श्रद्धा और भक्ति से युक्त मनुष्यों में इसका सार समझाते हुए प्रचार प्रसार करेगा अथवा जो मनुष्य इसका अध्ययन करके इसे समझने और जीवन में उतारने का प्रयास करेगा, वह मनुष्य तो मेरा अत्यंत प्रिय होगा ही, लेकिन जो मनुष्य मुझमें पूरी श्रद्धा रखकर इसे केवल सुनता भी है

तथा सुनकर इसे अपने जीवन में उतारने का प्रयास करता है, ऐसा मनुष्य भी संपूर्ण पापों से मुक्त होकर बड़े-बड़े पुण्य करने वाले मनुष्यों को मिलने वाले लोकों को प्राप्त होता है।

नोट :– अगर गीता में कही बातों में कभी कोई संशय हो तो भगवान की कही बातों में गलती न निकालकर किसी गीता के जानकार के पास जाकर उस संशय को दूर कर लेना चाहिए ।

कच्चि-देतच्-छुतं पार्थ, त्वयैकाग्रेण चेतसा ।
कच्चि-दज्ञान-सम्मोहः, प्रनष्टस्-ते धनञ्जय ॥ 72 ॥

भावार्थ :– सृष्टि के सबसे गोपनीय तथा विलक्षण ज्ञान को स्वयं अपने श्रीमुख से अर्जुन को देने के बाद श्रीकृष्ण अर्जुन से पूछते हैं कि हे पृथानंदन ! क्या तुमने मेरे द्वारा दिये गये इस ज्ञान को ध्यानपूर्वक सुना और क्या इस ज्ञान को पाकर तुम्हारा अज्ञान से उत्पन्न परिवारिक मोह नष्ट हुआ?

अर्जुन उवाच

नष्टो मोहः स्मृतिर्-लब्धा, त्वत्-प्रसादान्-मयाच्युत ।
स्थितोऽस्मि गत-सन्देहः, करिष्ये वचनं तव ॥ 73 ॥

भावार्थ :– श्रीकृष्ण के प्रश्न को सुनकर अर्जुन बोले–हे अच्युत ! आपने विशेष कृपा करके मुझे यह जो ज्ञान दिया है, उसके कारण मेरा पारिवारिक मोह नष्ट हो गया है तथा मुझे अपने गुरूओं द्वारा दिये गये शास्त्रों के ज्ञान की भी स्मृति (याद) हो गई है। अब मैं हर प्रकार के संशय से रहित हो गया हूँ। अब मेरी न युद्ध करने की ही मन में है और ना ही नहीं करने की । अब तो मैं केवल आपकी आज्ञा का पालन करना चाहता हूँ। साथ ही, मेरी किसी कर्मफल की इच्छा भी अब शेष नहीं है, केवल आपकी आज्ञा के अनुसार संसार की भलाई के लिए और क्षत्रिय धर्म के अनुरूप, मेरे लिये जो भी कर्तव्य कर्म होगा, वही करूँगा।

संजय उवाच

इत्यहं वासुदेवस्य, पार्थस्य च महात्मनः ।
संवाद-मिम-मश्रौष, -मद्भुतं रोम-हर्षणम् ॥ 74 ॥

भावार्थ :– पिछले श्लोक में श्रीकृष्ण और अर्जुन का संवाद समाप्त हो गया तथा श्रीकृष्ण की आज्ञानुसार अर्जुन युद्ध के लिये तैयार भी हो गए। अब संजय धृतराष्ट्र को

कहते हैं कि हे राजन्। इस प्रकार मैंने श्रीकृष्ण और अर्जुन का परमगोपनीय तथा संपूर्ण विश्व का कल्याण करने वाला संवाद सुना और आपको सुनाया जो कि बहुत ही अद्भुत है और जिसे याद करने मात्र से मेरा मन खुशी से रोमांचित हो रहा है।

व्यास-प्रसादाच्-छुत्वा, -नैतद्-गुह्य-महं परम् ।
योगं योगेश्वरात्-कृष्णात्, साक्षात् कथयतः स्वयम् ॥ 75 ॥

भावार्थ :— संजय अब महर्षि व्यास को धन्यवाद देते हुए कहते हैं कि उन्हीं की कृपा से मुझे दिव्य दृष्टि प्राप्त हुई है, जिसके कारण मैं इस परमगोपनीय ज्ञान को साक्षात योगेश्वर श्रीकृष्ण से सुन पाया हूँ।

नोट :— इस श्लोक में संजय श्रीकृष्ण को योगेश्वर कहते है, अर्थात् जो योगियों में भी सर्वश्रेष्ठ हो तथा दूसरों को योग का ज्ञान देने की भी क्षमता रखता हो।

राजन् संस्मृत्य संस्मृत्य, संवाद-मिम-मद्भुतम् ।
केशवार्जुनयोः पुण्यं, हृष्यामि च मुहुर्-मुहुः ॥ 76 ॥

भावार्थ :— संजय आगे कहते हैं कि हे राजन् ! श्रीकृष्ण और अर्जुन के इस पवित्र और अद्भुत संवाद को याद करके मैं बार-बार हर्षित हो रहा हूँ। मैं यकीन ही नहीं कर पा रहा हूँ कि इतने परमगोपनीय ज्ञान को मुझे स्वयं सच्चिदानंदघन भगवान श्रीकृष्ण के मुख से सुनने का अवसर प्राप्त हुआ है, क्योंकि इस ज्ञान को पाकर मनुष्य युद्ध जैसे भयंकर कार्य को करते हुए भी परमात्मा की प्राप्ति कर सकता है। साथ ही वह चाहे किसी भी वर्ण, आश्रम तथा जाति का हो, अपना उद्धार कर सकता है।

तच्च संस्मृत्य संस्मृत्य, रूप-मत्यद्भुतं हरेः ।
विस्मयो मे महान् राजन्, हृष्यामि च पुनः पुनः ॥ 77 ॥

भावार्थ :— हे राजन् ! यद्यपि भगवान् ने रामावतार में माता कौशल्या तथा कृष्ण अवतार में माता यशोदा को अपना विश्वरूप दिखलाया था तथा कौरवों की सभा में दुर्योधन आदि को भी अपना विराट्रूप दिखलाया था। लेकिन उन्होंने अपने विश्वरूप के साथ अपना कालरूप पहली बार ही दिखलाया है। भगवान श्रीकृष्ण के उस अत्यंत अद्भुत कालरूपी विराट्रूप को याद कर-करके मुझे बड़ा भारी आश्चर्य हो रहा है और मैं हर्षित भी हो रहा हूँ।

यत्र योगेश्वरः कृष्णो, यत्र पार्थो धनुर्धरः ।
तत्र श्रीर्-विजयो भूतिर्, -ध्रुवा नीतिर्-मतिर्-मम ॥ 78 ॥

भावार्थ :— गीता के पहले श्लोक में धृतराष्ट्र की बातों में छिपा प्रश्न था कि युद्ध में मेरे पुत्रों की जीत होगी या पाण्डु पुत्रों की, तो गीता के अंतिम श्लोक में उस प्रश्न का उत्तर देते हुए संजय कहते हैं कि हे राजन् ! जिस पक्ष में योगेश्वर श्रीकृष्ण और उनकी आज्ञा को ही अपना धर्म मानने वाले गाण्डीवधारी अर्जुन है, उसी पक्ष में श्री (शुभ), विजय, विभूति (विशेष योग्यताएँ) और अटल नीति (न्याय, धर्म) है और मेरी सम्मति भी उधर ही है। वे इस श्लोक में स्पष्ट रूप से कह देते है कि युद्ध में पाण्डु पुत्रों की विजय निश्चित है। इसमें कोई भी संदेह नहीं है।

इस प्रकार ओउम्-तत्-सत् इन भगवन्नामों का उच्चारण करते हुए ब्रह्मविधा और योगशास्त्रमय श्रीमद्भगवद्गीता रूपी उपनिषद् के श्रीकृष्ण और अर्जुन के सवांद में 'मोक्ष सन्यास योग' नामक अठारहवाँ अध्याय समाप्त हुआ ।